알
고
리
즘
의　욕
망

네 곳의 기관에서 만난 멘토들,

재니스 펙
존 더럼 피터스
그래임 터너
아든 리드

당신들의 우정 어린 지지와 응원이
내게는 너무나도 큰 행운이었습니다.
감사합니다.

미디어 알고리즘의 욕망

자동화된 미디어는 우리의 일상을 어떻게 바꾸는가

마크 안드레예비치 지음
이희은 옮김

방송문화진흥총서 215

미디어 알고리즘의 욕망
자동화된 미디어는 우리의 일상을 어떻게 바꾸는가

지은이 마크 안드레예비치
옮긴이 이희은
펴낸이 이리라

책임편집 이여진
표지 디자인 엄혜리

2021년 10월 10일 1판 1쇄 펴냄
2022년 11월 10일 1판 2쇄 펴냄

펴낸곳 컬처룩
등록 번호 제2011 - 000149
주소 03993 서울시 마포구 동교로 27길 12 씨티빌딩 302호
전화 02.322.7019 | 팩스 070.8257.7019 | culturelook@daum.net
www.culturelook.net

Automated Media
by Mark Andrejevic
© 2020 Taylor & Francis
All rights reserved.
Authorized translation from the English language edition published by Routledge, a member
of the Taylor & Francis Group LLC
Korean Translation Copyright © 2021 Culturelook
Printed in Seoul

ISBN 979 - 11 - 85521 - 99 - 2 93300

culturelook

차례

일러두기

- 한글 전용을 원칙으로 하되, 필요한 경우 원어나 한자를 병기하였다.
- 한글 맞춤법은 '한글 맞춤법' 및 '표준어 규정'(1988), '표준어 모음'(1990)을 적용하였다.
- 외국의 인명, 지명 등은 국립국어원의 외래어 표기법을 따랐으며, 관례로 굳어진 경우는 예외를 두었다.
- 사용된 기호는 다음과 같다.

  신문 및 잡지 등 정기 간행물, 영화, TV 프로그램 제목 등:⟨ ⟩

  책(단행본):《 》

옮긴이의 말

1

때로 어떤 변화에 대한 두려움과 공포가 변화의 실제 발생보다 더 빠르게 퍼지기도 한다. 그 변화의 방향이나 형태를 정확히 모를 때, 혹은 실제로 그런 변화라는 것이 정말 일어나고 있는 것인지조차 모를 때라면 두려움은 더욱 커진다. 이른바 4차 산업 혁명이 이미 일어나고 있다거나 머지않아 인공 지능이 인간의 삶을 근본적으로 뒤흔들지도 모른다는 이야기에는 미래에 대한 기대와 설렘 못지않게 그러한 두려움과 공포도 함께 담겨 있다. 기업은 발 빠르게 관련 상품을 출시하고 정부는 관련 정책과 법안을 내놓는다. 서점에는 지금 당장 읽지 않으면 순식간에 기계만도 못한 사람이 될 것만 같은, 제목조차 엇비슷한 책들로 넘쳐난다. 이러다가 금방 세상에 뒤처지는 것 아닐까? 누구나 다 알고 있는데 나만 모르고 있는 것이 아닐까?

적어도 한번쯤은 미디어 기술과 환경의 변화를 뒤쫓아가느라 초조해하거나 마음을 졸인 경험이 있을 것이다. 《미디어 알고리즘의 욕망》은 이러한 새로운 기술 변화에 대한 설렘이나 기대 혹은 두려움이나 공포의 정체를 한 걸음 뒤로 물러나서 볼 수 있게 안내한다. 어려운 기술 용어를 많이 늘어놓지 않으면서도 우리가 살아가는 현실의 작동 방향을 선명하게 보여 준다.

사실 미디어 기술 변화 추세를 나열하면서 사회의 급격한 변화를 전망하는 예측이 우리에게 심어 두었던 환상이나 오해가 적지 않다. 기술이나 과학 용어는 그 분야 전문가가 아니라면 이해하기 어렵다거나, 나약하고 부족하며 편견으로 가득 찬 인간과는 달리 새로이 등장하는 미디어 기술은 가치 중립적이고 객관적이며 심지어 공정할 것이라거나, 자동화된 의사 결정에 따르는 사회는 인간의 변덕과 권력 다툼에 좌우되는 사회보다 더 예측 가능한 수준으로 통제 가능하리라는 기대 같은 것들이다. 이 책은 자동화된 미디어에 대한 이러한 환상이나 오해를 반박하기 위해 일상의 구체적인 사례들을 비판적으로 살펴보는 방식을 취한다.

《미디어 알고리즘의 욕망》은 시의성 있는 내용을 담고 있으면서도 이론적인 깊이를 지닌다. 저자인 마크 안드레예비치가 기술 변화와 연관된 미디어 환경을 문화적이고 정치적인 맥락에서 비평해 온 학자여서 가능한 일이다. 이 책은 데이터 기반의 네트워크 시대를 맞이하여 이전과는 다른 방식으로 작동하고 있는 감시 사회의 의미를 설명하고, 대중문화와 도시 공간에서부터 전쟁과 정치에 이르기까지 자동화된 미디어의 양상이 어떻게 나타나는지 살펴본다. 소셜 미디어와 검색 엔진에서부터 전쟁과 선거에 이르기까지 다양한 사례들을 언급하면서도 이러한 디지털 기술의 새로움을 나열하는 데 머물지 않는다. 오히려 점차 정교해지는 디지털 감시와 데이터 알고리즘에 의한 의사 결정이 어떻게 새로운 권력과 통제의 방식으로 자리하게 되는지 그 과정을 꼼꼼하면서도 비판적인 시각으로 보여 준다.

이 책의 뛰어난 점은 시의성 있는 소재와 주제를 다루면서도 결코 사례 나열에 그치지 않는다는 점이다. 이 책의 원제가 "자동화된 미디어Automated Media"이기는 하지만 역설적으로 그러한 미디어의 정의와 종류와 특성 같은 것에 대한 안내가 친절하게 되어 있지는 않다. 오히려 우리가 자동화된 미디어라고 믿고 있는 기술의 사회적, 정치적, 경제적, 역사적인 의미를 탐구하는 철학서에 가깝다. 그러니까 이 책은 자동화된 미디어가 무엇인지 알려주기보다는 왜 우리가 자동화된 미디어라는 환상에 빠져 있는지를 짚어 준다. 그리고 자동화된 미디어의 현실적인 이해관계와 득실을 따지기보다는, 사회 전체가 자동화된 미디어로 나아가는 방향 속에서 지금이야말로 인간이 최대치의 지적, 문화적, 사회적 능력을 발휘해야 하는 때임을 역설한다.

안드레예비치는 현재의 미디어 환경 변화로부터 한 걸음 물러서는 방식으로 글을 구성했다. 오늘날처럼 급변하는 미디어 네트워크 환경에서는 "글을 쓸 당시에 존재하는 기술에만 집중한 책은 기기가 바뀌어도 유지되는 더 넓은 논리와 경향을 추출하지 않는 한 몇 달 안에 낡은 책이 되어 버릴 것"(2장)이라고 판단했기 때문일 것이다. 따라서 이 책은 자동화된 미디어의 현황과 전개를 뒤쫓는 것이 아니라 그러한 흐름을 긴 호흡으로 탐색하며 인간과 사회를 넓은 눈으로 바라보고자 한다.

2020년에 출간된 이 책은 코로나19로 인한 팬데믹이 시작되기 전에 완성되어, 이에 대한 언급은 없다. 하지만 이 책을 읽다 보면 마치 팬데믹으로 인한 변화를 예측하기라도 한 듯한 느낌을 받는다. 자동화된 미디어에 의한 감시 사회는 어느 특정 인간 주체를 대상으로 하기보다는 감시 환경을 조성하는 데 중점을 둔다는 것, 그리고 정치와 교육 등 사회 전 분야로 자동화된 미디어 활용이 확대되면서 인간은 기계로부터 해방되기는커녕 점점 더 많은 시간과 노력을 데이터 전처리에 들여야 한다는 점 등이다. 실제로 우리는 팬데믹 상황에서 우리의 일거수일투족을 모두 데이터로 생산하는 환경에 익숙해지고 있다. 스마트폰으로는 방역을 위해 필요한 거의 모든 것의 정보가 전달되며, 학교 교육은 인간 사이의 거리를 멀리 두는 대신 인간과 기계와의 거리를 가까이하는 방식으로 재편되고 있다. 팬데믹 상황이 길어질수록 택배 노동자들의 움직임 하나하나는 관리 가능한 데이터 정보로 변환되고, 미디어는 알고리즘 생성을 통해 개인을 수용자가 아니라 표적(타깃)으로 취급한다.

안드레예비치는 이러한 데이터 생산과 저장이 자동화된 미디어를 위한 탈사회화의 과정이라 주장한다. 구체적으로는 '계단식 자동화 논리'라는 개념으로 현재의 자동화된 미디어 상황을 설명한다. 이 논리에 따르면 자동화된 미디어는 그 자체뿐 아니라 사회의 전 영역을 순차적으로 자동화한다. 일단 대량의 데이터가 자동으로 수집되고 나면 이를 자동화된 처리와 분석을 거쳐 가용한 정보로 만들고 마침내 이 정보를 바탕으로 자동화된 의사 결정과 판단으로 이어지게 된다는 것이다. 문제는 이러한 자동화 과정이 인간이 사회를 운영하는 데 필요한 자율성과 주체성에 심각한 손상을 초래할 수 있다는 데 있다. 그는 대량의 데이터가 반드시 현실을 더 잘 재현하는 것이 아니므로 빅 데이터에 의존한 자동화된 처리 과정 역시 반드시 더 나은 방안이 아니라는 점을 지적한다.

2

1장부터 3장까지는 자동화된 미디어의 개념 설명과 사회적 의미 그리고 이 책에서 핵심적으로 주장할 내용에 대한 이론적인 바탕을 담고 있다. 여기에서 캐나다의 미디어 이론가인 해럴드 이니스가 제시했던 '편향bias' 개념이 중요하게 논의된다. 이니스가 말하는 '편향'은 흔히 인간이 컴퓨터로부터 얻은 자동화된 결과를 더 객관적이고 정확한 것으로 선호할 때 사용하는 '자동화 편향'이라는 말과 다르다는 점에 유의해야 한다.

이니스의 편향은 특정한 역사적 맥락에서 인간이 미디어의 물질적 특성을 전유하는 과정에서 발행하는 관계의 양상을 의미하며, 안드레예비치는 이니스의 편향 개념에서 영감을 얻어 자동화된 미디어의 특성을 선점, 환경성, 프레임 없음의 세 가지 개념으로 정리한다. 이 개념들을 뒷받침하는 풍부한 사례와 분석이

이 책의 나머지를 구성한다.

4장에서는 데이터를 통해 사건을 미리 선점하는 예측 치안 방식의 사례에 초점을 두고, 5장은 센서를 통해 데이터를 수집하고 조작操作/operation하는 스마트 시티의 사례를 가지고 미셸 푸코의 환경성 개념을 확장하여 논의한다. 6장은 일상에 편재한 센서와 카메라가 무한한 감시망을 구축하는 방식을 설명함으로써 자동화된 미디어의 프레임(물질적이고 인식론적인 틀)조차 사라졌음을 보여 준다. 그리고 마지막 7장은 자동화된 미디어에서 인간의 주체성이 재구성됨에 따라 일어나는 자동화된 욕망을 논의한다.

이렇게 일곱 개의 장으로 이루어진 이 책은 결국 현재의 자동화된 미디어가 지닌 매우 정치적인 특성을 강조하는 관점을 보여 준다. 자동화가 현실 정치에 직접 관여한다는 의미가 아니라 자동화로 인해 정치에 필요한 인간의 능력이 크게 손상된다는 의미에서다. 우리는 우리 손안에 놓인 정보가 많고 다양할수록 더 합리적인 선택이 가능하다고 믿는 경향이 있다. 하지만 이 책은 그러한 가정에 반대한다. 사회에 대한 정보를 더 많이 더 총체적으로 습득하여 처리하지 못하는 것은 인간 주체의 결점이 아니라 오히려 인간 주체가 지닌 고유한 능력으로 보아야 한다는 것이다. 즉 인간은 맥락에 따라 필요한 정보와 데이터를 선별하고 선택할 수 있으며, 부분적인 정보를 가지고 전체를 이해하고 실행하는 능력이야말로 자동화된 미디어에 떠넘길 수 없는 인간의 영역이라고 보는 것이다.

이 책에서 의미하는 '미디어'는 방송과 인터넷과 스마트폰

등 일반적인 의미의 미디어는 물론이고 전쟁과 도시와 자동차 등 광범위한 의미의 미디어를 포괄한다. 그리고 감시 사회와 치안, 자동화된 미디어와 정치, 알고리즘과 스마트홈 등의 구체적인 사례를 언급하면서도 미디어 문화와 기술 연구의 전통이 쌓아 온 이론적인 깊이를 잃지 않는다. 이 책의 탁월한 점은 기술철학이나 감시 사회에 대한 이론적 계보의 고전적인 특성을 유지하면서도 지난 몇 년간 디지털 미디어 철학과 관련된 학문적인 흐름을 이론적으로 결합했다는 점이다.

마크 안드레예비치는 지난 20여 년 동안 미디어와 감시 사회와 권력이라는 키워드를 중심으로 활발한 연구 활동을 펼쳐 왔다. 그는 네 권의 단독 저서와 60여 편 이상의 연구 논문을 펴낸 중견 학자다. 현재 데이터마이닝과 온라인 감시 사회에 대한 문화적이고 사회적인 함의에 관한 연구를 단독으로 그리고 동료들과 협업으로 진행하고 있다.

《미디어 알고리즘의 욕망》은 안드레예비치가 펴낸 네 번째 책이자 가장 최근의 책이다. 이전에 펴낸 세 권의 책을 살펴보면, 그가 가진 학문적 관심사와 이론적 위치를 파악할 수 있다. 그의 첫 저서인 《리얼리티 TV: 관찰된다는 것*Reality TV: The Work of Being Watched*》(2004)은 리얼리티 쇼라는 텔레비전 프로그램 포맷을 사회적 맥락에서 살피고 있다. 리얼리티 쇼의 핵심인 '시선'과 '감시'를 중심으로 이 프로그램들이 문화적으로 어떤 의미를 지니고 있는지 설명한 선구적 책이다. 그는 리얼리티 쇼나 소셜 미디어의 웹캠 등으로 가능해진 '감시받음being watched'이 이제 현대인에게는 예외 상황이 아니라 실존 조건이 되었다고 설명한다. 시선과 감시에 대한 이러한 관심은 《미디어 알고리즘의 욕망》에서는 TV를 넘어 드론과 얼굴 인식 장치 등으로 확장한다.

　뒤이어 나온 《i스파이: 상호 작용 시대의 감시와 권력iSpy: Surveillance and Power in the Interactive Era》(2007)과 《정보 과잉: 과도한 정보가 우리가 생각하고 이해하는 방식을 어떻게 바꾸는가 Infoglut: How Too Much Information is Changing the Way We Think and Know》(2013)는 미디어의 리얼리티와 재현에 대한 문제 범위를 더욱 넓혀서 사회 전반의 감시 체계와 네트워크 사회를 고찰한다. 안드레예비치의 학문적 관심이 미디어 내용과 콘텐츠를 넘어서 미디어의 존재 조건과 구조 및 사회적 관력관계로 확장되는 시기에 쓴 책이라 할 수 있다. 《미디어 알고리즘의 욕망》은 안드레예비치가 수행해 온 20여 년의 연구 궤적을 따르면서도 이론적으로 더 집약된 성격을 보인다. 만일 이 책에서 설명하는 미디어와 감시와 데이터의 관계에 대해 더 구체적인 관심을 가진 독자라면, 그의 다른 책이나 논문에서도 흥미로운 주제를 만날 수 있을 것이다.

3

"자동화된 미디어"라는 이 책의 원제는 사뭇 간결하다. 공학이나 경영학에서 '자동화'라는 말이 업무 효율성을 나타내는 단순한 의미로 종종 사용되곤 해서 '자동화된 미디어'라는 제목만으로는 이 책이 지닌 비판적이고 복합적인 통찰성을 제대로 담아낼 수 없다고 생각했다. 국어사전에서는 자동화自動化를 "기계나 장치 따위가 사람의 힘을 빌리지 않고 스스로 움직이거나 작용하게 됨"으로 설명하고 있어서 마치 자동화란 인간의 개입이 없이 기계로만 이루어진 시스템을 의미한다고 오해하기 쉽다. 그러나 이 책이 설명하듯 모든 자동화는 철저하게 인간과 기계와 환경의 관계 속에서 이루어지며 그래서 더욱 사회적이고 정치적이다. 우리는 흔히 '알고리즘이 나를 어딘가로 이끌었다'며 마치 알고리즘이 인간의 개입 없이 스스로 작동하는 것처럼 오해하곤 한다. 포털이나 유튜브는 나의 취향 파악을 마친 것처럼 내가 보아야 할 뉴스나 오락물을 제공해 주고, 검색 엔진과 온라인 쇼핑몰은 마치 나의 욕망과 필요를 미리 알기라도 하듯 사야 할 상품 목록을 보여 준다는 이유에서다. 그러나 이 책은 그런 오해야말로 자동화된 미디어의 전형적인 방식이 우리 일상에 얼마나 깊이 들어와 있는지를 보여 주는 것이며 좀 더 비판적인 시각을 가져야 한다고 이야기한다.

이 책에서 자동화된 미디어의 이론적 쟁점으로 꼽은 '선점,' '환경성,' '프레임 없음'이라는 안드레예비치의 용어에 대해 설명이 필요할 듯하다. 먼저 '선점pre-emption'은 '선제적 방역'의 사례에서처럼 어감상 '선제'가 더 자연스러울 수도 있으나, 군사와 행정과 마케팅을 가리지 않고 사용되는 자동화된 알고리즘 미디어의 특성을 살리기 위해 '선점'으로 번역했다. 문맥에 따라 선제적이라는 말을 함께 사용하기도 했다. '환경성environmentality'이라는 용어는 푸코의 '밀리유millieu'라는 개념을 디지털 미디어로 확대한 것으로, 안드레예비치를 비롯한 기술철학자들이 최근 많이 사용하고 있는 개념이다. 이 책에서는 푸코의 용어가 직접 언급될 때를 제외하면 모두 '환경성'이라는 말로 번역했다. '프레임 없음framelessnes'은 '무한함'이나 '경계 없음'이라고도 쓸 수는 있으나, 이 책에서 '프레임'이 물질적인 틀뿐 아니라 시공간적인 위치성과 언론의 서사 구조까지도 모두 포괄하므로, 우리말로는 다소 어색하지만 '프레임 없음'이라는 말을 사용했다.

하나 더 말해 두어야 할 것은 5장 제목인 "조작 도시"에서의 '조작'이다. 여기서의 '조작'은 '일을 거짓으로 그럴듯하게 꾸며 냄造作/manipulation'이 아니라 '기계나 기구 따위를 일정한 방식에 따라 다루어 움직임操作/operation'을 의미한다. 안드레예비치는 하룬 파로키의 'operational image'라는 개념을 바탕으로 자동화 미디어가 재현의 차원을 넘어 조작의 차원에서 작동하고 있음을 설명한다. 즉 이 책에서의 '조작,' '조작적,' '조작주의'라는 말은 자동화된 미디어에서 기계와 기계 혹은 인간과 기계의 상호 작용을 위해 처리된 정보나 이미지의 특성을 나타내는 개념이다.

안드레예비치에 따르면 자동화된 미디어는 총체적이고 전면적인 정보 수집에 의존한다. 그래서 자동화된 미디어를 비판적으로 접근하는 이 책은 총체적이고 전면적인 정보 수집을 의도적으로 거부하고 그 대신 다소 높은 수준의 추상화된 접근 방식을 택한 것처럼 보인다. 하루가 다르게 새롭게 등장하는 각종 미디어와 테크놀로지를 나열하느라 막상 책이 출간되자마자 이미 낡은 것이 되어 버리는 그런 책이 아니라, 세부적인 정밀성을 다소 놓치더라도 충분한 추상화 과정을 거쳐 자동화 미디어를 이론적으로 파악하려는 책을 추구하는 것이다. 이는 그가 자동화된 미디어로 인해 인간이 점차 잃어간다고 했던 바로 그 능력, 그러니까 선택과 선별과 추상화와 판단이라는 인간의 능력을 극대화하기 위한 것으로 보이기도 한다. 말하자면 이 책은 주제에 관련된 데이터를 집대성한 자동화된 미디어로서의 책이라는 함정을 현명하게 피해 간다. 즉 이 책은 자동화된 미디어의 세 가지 특성과는 달리, 선점하지 않고(미래를 섣불리 예측하지 않고) 환경성을 구성하지 않으며(인간의 주체성에 가 닿고자 하며) 주장에는 관점이 있다(프레임 없음을 피해 간다).

이 책은 자동화된 미디어가 가져올 미래를 예측하지 않는다. 대신 다소 소박하고 고전적이기까지 한 대안이자 전망을 넌지시 제안한다. 세상이 급변하는 것으로 보인다고 해도 우리 인간은 생각보다 훨씬 더 뿌리 깊은 공공성의 신뢰 속에서 살아가고 있다는 점을 잊지 말아야 한다는 것이다. 자동화된 미디어가 강조하는 개인 맞춤형이라는 편리는 온 세계에 대한 포괄적 감시를 허용하는 근거로 작용할 뿐이다. 다가올 미래에 어떤 일이 벌어질지 몰라 자동화된 미디어에 의존하는 것은 해결책이 되지 못한다. 도리어 사안을 선별하고 인과 관계를 분석하며 서로 숙의하는 인간의 사회적 능력 발휘의 시공간만 점차 감소할 것이다. 그것이 이 책이 쉽지 않겠지만 기꺼이 걸어갈 가치가 있는 비판적 탐색의 길로 안내하는 이유다.

이 책은 2020년 방송문화진흥회 학술지원사업의 도움으로 번역될 수 있었다. 지난했던 번역 작업 동안 컬처룩의 이여진 편집자님은 든든한 버팀목이었다. 그의 꼼꼼한 작업과 세심한 배려가 없었다면 이 책의 번역은 아마 훨씬 더 늦어졌을 것이다. 개인적으로는 여전히 부끄러움이 많은 번역이지만, 앞으로의 공부로 부족함을 채워 나가겠다는 다짐도 해본다. 부디 이 책이 미디어를 공부하고 연구하는 사람들이나 미디어를 일상에서 활용하는 모두에게 즐거운 경험으로 가 닿기를 희망한다.

이희은

1장

/

자동화의 주체

발명가이자 미래학자이며 구글의 구루인 레이 커즈와일Ray Kurzweil은 불멸과 부활이라는 세속적인 환상을 갖고 있다. 그는 자신의 의식을 기계에 업로드하는 것이 기술적으로 가능할 날까지 살기 위해 매일 "수천 달러"어치의 비타민을 복용한다(Blodget, 2015). 이뿐 아니라 그는 이미 사망한 자신의 아버지가 AI(인공 지능) 형태로 환생할 수 있도록 아버지에 대한 정보를 모으고 있다. 커즈와일은 그렇게 수집한 자료와 기계 학습을 잘 결합하면 디지털 버전 아버지를 만들 수 있을 것이고, 만일 자신이 (인간과 기계의 의식이 서로 결합하는) '특이점singularity'[1]까지 살아남는다면 자신과 아

---

1   '특이점'은 어떤 기준이 더 이상 적용되지 않는 지점이라는 사전적 의미를 갖고 있다. 이 말이 유명해진 것은 버너 빈지Vernor Vinge가 1993년 "다가오는 기술적 특

버지는 아마도 영원토록 대화를 나눌 수 있게 될 것이라 상상한다. 그런 날이 오면, 그는 AI 아버지가 최소한 대화에서만큼은 실제 아버지를 그대로 재생산한다기보다 "우리 아버지보다도 더 아버지처럼" 될 것이라 믿는다(Berman, 2011). 언뜻 보면 그러한 설명이 포스트오이디푸스 정신분석학적으로 흥미로운 반전이 있는 것처럼 보이기도 한다. 실은 장사꾼 같은 미래학자의 과장법에 불과할 뿐인데도 그렇다. 하지만 이 설명에는 정신분석학적인 통찰이 숨어 있다. 바로 주체는 중요한 의미에서 자기 동일적이지 않다는 점, 즉 주체가 여전히 도달할 수 없는 주체의 영역이 있다는 점이다. 그렇다면 자기 동일적인 디지털 주체는 자기 자신과 전혀 닮지 않는다는 역설이 성립한다. 디지털 주체가 실제 주체보다도 '오히려 더욱' 일관되고 온전하게 구체적일 수 있는 것이다. 데이터로 구축된 시뮬레이션(가상 자아)이 실제 사람보다 '더 흡사하게' 누군가를 닮을 수 있다는 말은 아마도 실제 주체가 스스로 도달할 수 없을 만큼 이상화된 주체의 이미지에 더 가깝게

이점"이라는 에세이에서 '기술적 특이점technological singularity'이라는 용어를 소개하면서부터다. 이후 커즈와일이 2006년에 펴낸 《특이점이 온다Singularity is Near》에서 특이점을 "미래에 기술 변화의 속도가 매우 빨라지고 그 영향이 매우 깊어서 인간의 생활이 되돌릴 수 없도록 변화되는 시기"로 설명하면서 더욱 널리 알려진다. 커즈와일은 그 너머를 알 수 없을 정도로 커다란 기술적 변화가 일어나는 시점, 즉 인공지능의 발전이 가속화되어 인류의 지성을 모두 합한 것보다 더 뛰어난 초인공 지능 Super AI이 출현하는 시점을 '특이점'으로 명시한다. 따라서 흔히 '특이점'이라고 간략히 말하지만, 이는 실상 '기술적 특이점'을 의미하는 것이라 할 수 있다. — 옮긴이

일치할 수도 있다는 뜻이다. 그러나 만일 어떤 주체의 구성에서 차이와 불일치가 중요한 경우에는, 그 주체를 '완벽'하게 만들려는 시도는 오히려 그것을 없애려는 시도나 마찬가지다. 커즈와일의 목표가 주체성의 공간적이고 시간적인 한계를 벗어남으로써 디지털 불멸을 달성하는 것임을 고려하면, 그가 이 완벽한 형태의 주체를 열망하리라는 점은 놀랍지 않다.

아마 예상대로, 기술적인 불멸에 대한 약속은 모든 면에서 인간의 한계를 대체할 수 있는 자동화의 약속과 떼어놓을 수 없다. 주체의 운명에 관한 한, 자동화의 주요 문제는 단순히 기계적인 것(공장에서처럼)이 아니라 정보적인 것이다. 개별 인간의 디지털 모델을 만드는 일은 디지털 미디어 기술에 의해 촉진되는 데이터 수집의 자동화된 형식과 정보 처리 과정에 의존한다. 따라서 자동화된 미디어는 주체의 자동화를 예견한다. 예를 들어 데이터를 기반으로 한 타깃 마케팅을 생각해 보자. 정보만 충분하다면 마케팅 담당자들은 우리가 미처 경험하기도 전에 우리의 필요와 욕망을 충족시켜 줄 수 있다. 치안 예측 시스템은 급증하는 데이터베이스를 활용하여 범죄가 일어날 시점을 미리 추적한다. '스마트' 인터페이스는 노화나 우울증 그리고 행복이나 질병 등의 징후처럼 아직 우리가 감지할 수도 없는 변화를 미리 신호를 보내고 예측할 수 있도록 우리의 일상생활 리듬을 모니터하여 미세한 편차를 추적할 준비를 한다. 이러한 발전이 단순히 편의 문제만을 의미하는 것은 아니다. 즉 자동화가 주체의 욕구와 필요를 예상함으로써 주체에게 더 효과적으로 '봉사'할 수 있다는 개념, 혹은 반대로 반사회적인 욕망을 선점하여 더욱 효율적으로 사회 안전을 보장할 수도 있다는 개념만은 아니다. 오히려 이러한 발전은 주체 대상이 불확실성, 예측 불가능성, 불일치성 또는 저항을 보이는 순간처럼 어떤 인지할 수 있는 문제를 다룬다. 그 문제는 주체가 통제, 관리, 지배 체계를 위협하는 방식으로 예측 불가능하거나 완고하거나 비합리적일 수 있다는 점 때문에 생겨난다. 자동화된 주체는 완전히 자동화된 사회를 매끄럽고 마찰 없이 조작할 수 있도록 한다. 하지만 실제 주체는 도리어 그 일을 망쳐 버리겠다고 위협한다. 이는 예컨대 자율 주행 자동차를 실제로 배치할 때 흔히 겪게 되는 친숙한 감정으로, 자율 주행 자동차를 옹호하는 사람들은 인간의 예측 불가능한 행동을 완고한 장애물로 인식한다.

커즈와일의 설명에는 정신분석학적인 왜곡이 하나 더 있다. 그것은 무의식 없이 아버지의 모습을 되살리려는 포스트오이디푸스적인 시도다. 이렇게 자동화된 불멸의 아버지는 일종의 데이터를 집어삼키는 대'타자'(데우스 쿼드 마키나deus quod machina[2])로서의 AI를 반영하는데, 이는 인간 스스로는 할 수 없는 방식으로 세상을 이해하게 만든다. 자동으로 생성된 정보가 환경에 스며드는 혼란스러움에 직면하여, AI는 인간의 정보 처리 한계를 전면에 드러

---

2   '데우스 엑스 마키나deus ex machina'는 '기계로부터 내려온 신'이라는 뜻의 라틴어로, 주로 문학 작품에서 결말을 짓기 위해 뜬금없는 사건을 일으키는 플롯 장치를 의미한다. 반면 '데우스 쿼드 마키나'는 '기계로서의 신God as Machine,' 즉 기계신이라는 뜻으로, 기계 장치 자체가 신적인 대타자의 존재가 되는 것을 의미한다. ― 옮긴이

낸다. 자동화된 정보 처리라는 기술적인 공상은, 가능한 모든 정보를 흡수하여 이해하는 것이 불가능함을 그저 받아들이거나, 범접할 수 없는 형이상학적인 대상에 그 과정을 위임하는 대신, 인류 역사상 처음으로 인간 스스로 그러한 지위를 구축할 가능성을 예견한다. 그리고 그것을 노예화된 기계신의 형태로 작동시킬 가능성까지도 예견한다. 그러한 전망의 매력은 총체성의 관점을 이제 더 이상 믿음으로만 받아들일 필요가 없고 실제로 구축할 수 있다는 것이다. 마침내 모든 것을 알 수 있다. 인간이나 자연의 위기에 대한 추호의 의혹도 없다. 기후 변화는 확실하게 측정할 수 있을 것이다. 우리는 더 이상 변덕스러운 증언이나 기만에 기댈 필요 없이 곧장 데이터 기록으로 향할 수 있을 것이다. 커즈와일의 아버지에 대한 환상은 상상이거나 상징적인 것이 아니라 실제 대'타자'의 컴퓨터 설치물이다.

사회적인 탈숙련화

커즈와일은 구글에서 특권적 지위를 누리긴 하지만 분명 특이한 사람이다. 그러나 그가 현대적인 자동화 논리를 극한으로 몰아붙이면서도 고유의 경향에 충실했다는 의미에서만 그러하다. 유한성이 끝나는 지점인 '특이점'과 그에 따른 주체성에 대한 그의 공상은 현대 정보 사회에서 반복되는 주제를 잡아낸다. 그것은 정보만 충분하다면 어떤 것이든 자동화될 수 있다는 약속이며, 특히 이러한 자동화에는 아마 주체도 포함될 것이라는 약속이다. 개인 정보를 대규모로 데이터 마이닝data mining[3]하는 시대에 우리는 이러한 논리에 점차 익숙해지고 있다. 이는 우리가 무엇을 원하는지 '우리보다 자신들이 더 잘' 안다고 말하는 마케팅 담당자들의 주장에서 그대로 드러난다. 즉 우리가 괜찮은 (혹은 나쁜) 학생과 직원과 시민이 될 수 있을지 여부를 결정하기 위해, 그리고 우리가 과연 위험과 기회, 자산과 부채 중 어떤 것으로 보일 수 있을지의 여부를 결정하기 위해 점점 더 다양한 자동 심사 시스템이 배치되는 것이다. 주체는 소비에서 수행하는 역할(욕망을 가진 주체로서) 때문에 자동화의 목표 대상이 된다. 또한 생산에서 (노동과 창의성의 지점으로서), 정치에서(투표자, 시위자, 파괴자로서), 안전에서(피해자와 위협하는 자로서) 각각 자동화의 대상이 된다. 이 모든 역할은 현대의 삶을 형성하는 사회적이고 경제적인 과정이 가속화될 때 잠재적인 마찰 또는 저항의 지점을 나타낸다. 디지털 플랫폼은 점증적으로 빠른 속도로 정보를 만들어 내고 퍼뜨려 왔고,

---

3 데이터 마이닝은 대규모로 저장된 데이터 안에서 체계적이고 자동적으로 통계적 규칙, 패턴, 이상 징후 및 상관관계를 찾아내어 가치 있는 정보를 추출하는 과정이다. 용어 자체로만 보자면 데이터를 '채굴mining'하는 것처럼 오해될 수 있으나, 실제로는 대규모의 데이터로부터 필요한 패턴과 정보를 추출하는 과정을 일컫는 것이다. 이 용어는 과학적으로 명확히 정의된 것이 아니라 일종의 유행어처럼 사용되고 있으며, 주로 마케팅 분야에서 수익 증대나 비용 절감 혹은 위기 관리 등의 목적으로 시행되는 과정을 일컫는 경우가 많다. — 옮긴이

소비와 생산 과정 모두를 변형시켜 왔다.

우리는 제임스 베니거James Beniger(1999)가 "제어 혁명control revolution"이라 불렀던 일종의 반사활동기reflexive stage를 경험하고 있다. 베니거는 전자 정보 시스템이 물품 유통과 배급을 합리화하여 생산에 보조를 맞추는 데 어떻게 도움이 되었는지를 설명한다. 초기 자동화된 생산과 관료주의적인 합리화의 결합은 "대량 생산된 물품의 홍수"를 초래했는데, 이는 다시 "정보 처리 및 통신에 상응하는 인프라"(17)를 필요로 하는 증기 동력의 수송을 끌어냈다. 이러한 생산 중심 과정은 생산 속도와 양이 증가함에 따라 공장으로부터 외부로 흘러 퍼져 나갔다. 기계화 운송은 원료와 완제품을 유통하는 데 도움이 되었지만, 이를 위해서 다시 새로운 정보 제어 시스템이 필요했다. 여기에는 전보에서부터 결과적으로는 디지털 커뮤니케이션 테크놀로지까지 포함된다. 미디어 시스템은 생산과 수송을 위한 '신경 시스템'으로 작용할 뿐만 아니라 홍보와 광고를 통해 소비를 촉진하는 수단으로 작용하기도 한다. 주문 제작의 증가와 점차 넓어지는 정보 서비스의 증가로, 우리는 점점 더 소비자에 대한 구체적인 정보가 때로는 소비자들의 행동과 커뮤니케이션에 관한 메타데이터에 의해 만들어져 곧장 생산 과정으로 피드백되는 지점까지 이르게 되었다. 이제 소비와 사회성의 영역은 생산과 광고를 더욱 합리화하기 위해 공장과 광고 회사로 되돌아 흘러가는 정보 상품을 생산한다. 생산 자동화는 그 개념상 스스로를 자극하는 나선형 소비에 의해 비로소 완성된다.

산업 시대에는 생산의 초점이 자동화된 노동의 모습을 전면으로 드러냈다. 로봇은 신체적인 힘과 속도와 지구력과 신뢰성에서 자신들의 전임자였던 인간을 능가할 것을 약속했다. 그러나 자동적으로 생산된 정보가 생산, 유통, 소비의 합리화에 있어서 중심적인 임무를 수행하게 되면서, 인공 지능은 정신노동을 '로봇화'한다. 인공 지능은 커뮤니케이션, 정보 처리 및 의사 결정에서 인간의 역할을 확대하거나 대체할 것을 약속한다. AI는 정신적인 영역에서 자동화의 약속을 되살린다. 인간보다 더 빠르고 효율적이며 더욱 강하다는 것이다. 이러한 맥락에서, 자동화된 것은 용접이나 굴착 등 육체노동 형식이 아니라 상관관계와 결정을 생산하기 위해 정보를 수집하고 분류하고 처리하는 정보와 커뮤니케이션의 작업이다. 이는 로버트 라이시Robert Reich가 "상징분석가 symbolic analysts"(1992)라고 부른 직군의 일이다. 이 일은 의미를 만드는 과정이자, 관련된 정보와 정확한 이해와 효율적인 판단이 무엇인지를 이해하는 과정이다. 그러한 과정은 자동화될 수 있는 육체 작업의 형태와는 달라서, 의미와 재현의 개념을 반드시 재구성하지 않아도 된다. 그런데도 이전의 자동화에 대한 담론 중 일부는 자동화가 인간의 한계를 쉽게 능가하는 것처럼 묘사하는 경향이 있다. 이러한 설명에 따르면, 현재의 인간 세대와 AI의 관계는 존 헨리John Henry[4]와 증기굴착기의 관계와 같다. "앞으로 6년 안에

---

4   존 헨리는 19세기 미국의 건설 노동자로, 도로나 터널을 시공하는 공사 현장에

AI는 인간보다 더 훌륭하고 빠르게 번역할 수 있을 것이다. 10년 내에 AI가 트럭 운전사를 대체하기 시작할 것이다. …… 자기소개서를 써야 하는가? 그렇다면 AI를 이용하라"(Calderone, 2018). 혹은 〈뉴스위크*Newsweek*〉에 실렸던 글에서 말하듯, "AI와 자동화는 완벽할 필요까지는 없고 인간보다 낫기만 하면 되기 때문에 대부분의 인간 노동자들을 대체할 것이다"(Shell, 2018).

정신적 생산은 육체적 생산과 비슷하다. 이 두 가지 모두 인간을 기계로 증강하거나 대체함으로써 속도가 향상된다. 그러나 개념 처리 과정에서 과속 방지 턱 역할을 하는 것이 단지 인간의 계산 속도가 (육체적 생산의 경우처럼) 느리다는 점만은 아니다. 욕망과 판단으로 인해 일어나는 복잡성, 즉 주체의 분열을 수반하는 내적 긴장 역시 과속 방지 턱으로 작용한다. 이러한 긴장은 의식과 무의식 사이, 개인과 집단 사이, 그리고 문화와 자연 사이에서 발생한다. 따라서 커뮤니케이션 과정을 자동화하려면 주체를 재구성하는 일이 필요하다. 커즈와일의 방식을 빌려 말하자면, 주체를 실제 모습보다도 더 그럴싸하게 만드는 것이다. 일반적으로

서 암반을 깨뜨리기 위해 폭약을 넣는 구멍을 뚫는 일을 담당했다. 당시 건설사는 망치로 하던 이 일의 작업 효율을 높이기 위해 증기를 이용한 기계(증기굴착기)를 시범적으로 도입했다. 헨리는 인간 대표로 이 기계와 시합을 벌였다고 알려져 있다. 그는 끊임없는 망치질로 기계를 이겼지만, 직후 심장이 멎으며 숨을 거둔다. 미국에서 존 헨리는 노동 영웅으로 여겨지며, 버지니아와 앨라배마 등의 여러 지역에서 그에 관한 시와 노래가 전해진다. ─ 옮긴이

자동화는 작업 자체에 내재된 동기와 의도에서 벗어나 작업을 추상화한다. 따라서 자동화된 '지능'의 사례는 최신의 컴퓨터 성과에 초점을 맞추기 위해 주체성의 성찰성이라는 부분을 회피하는 경향이 있다. 이제 기계가 체스와 바둑과 일부 컴퓨터 게임에서 우리를 이길 수 있다는 사실에만 초점을 두는 것이다. 그러나 기계가 과연 우리에게 승리하기를 '원하는지,' 혹은 그들이 할 수 있는 수많은 다른 일들이 있는데 그렇게 쉽사리 이길 수 있는 생명체를 상대해야만 해서 지루하거나 우울하지는 않은지 등은 거의 이야기하지 않는다. 그러한 관찰이 터무니없는 것처럼 보인다는 것은 자동화 단계를 설정하기 위해 인간의 주체적인 능력을 얼마나 좁게 정의했는지를 나타낸다. 우리는 인간의 욕망은 염두에 두지 않은 채, 인간 지능의 진정한 척도가 애초에 게임을 발명하고 대중화하고 게임을 하며 스스로 즐기고 승리를 거두려는(또는 다른 누군가의 승리를 원하는) 데 있다기보다는 일련의 체스 말의 움직임을 계산하는 데 있다고 상상한다. 게임을 만들고 하고 즐기고 승리를 거두는 이러한 활동들은 실제로 인간의 지능이 의미하는 모든 것의 핵심에 놓여 있음에도 불구하고 우리가 기계 '지능'을 고려할 때는 관심에서 벗어난다. 아마도 이러한 누락은 우리가 산업 자동화에 대해 생각하는 방식에서 비롯되었을 것이다. 우리는 지능이나 욕구를 산업 기계에 귀속시키거나 인지 및 판단의 모델로 끌어들이는 데는 관심이 없다. 그것들은 정신노동과 육체노동, 계획과 실행 사이의 익숙한 노동 분업에 묻혀 있으며, 지능이나 인지와 유사한 모든 것에서 그들을 제거한다.

그러나 이런 관찰을 한다는 것은 정신과 육체 사이의 고유한 구분을 인정하는 것이 아니다. 로봇공학의 구현은 비용을 절감하고 기계가 맡아 할 수 있는 수준까지 생산 과정을 반복적으로 일상화하도록 해 준 탈숙련, 탈사회화 및 노동 표준화의 오랜 역사에 의존하고 있다(Braverman, 1998). 산업 자동화를 촉진하기 위해서는 정신과 육체를 체계적이고 강제적으로 분리해야만 했다. 생산 과정은 전통적인 노사 관계에서 분리되어, 사회적이고 정신적인 특성을 제거한 채 생각 없이 반복되는 형태로 재구성되어야 했다. 마찬가지로, 정보 처리는 자동화의 기반을 마련하기 위해 탈사회화되어야 했다. 커뮤니케이션과 주체는 서로 분리되어 떨어져 있어야 하는데, 이 과정에 대해서는 다음 2장에서 살펴볼 것이다.

다시 말해서, 커뮤니케이션 영역에서 일어나는 육체노동의 사회적 탈숙련화와 비슷하게 궤적을 추적하는 것이 가능하다. 이는 여러 직업과 실행들에 걸쳐 일관되게 통일된 것은 아니지만, 사회적 파편화와 정보 수집과 처리 및 대응의 자동화를 촉진하는 커뮤니케이션과 정보 시스템에서 나타난다. 예를 들어 학문 분야에서는 교재 읽기와 퀴즈 관리와 성적을 계산하는 일과 관련된 '수업용 소프트웨어'의 부상이 교육 절차의 표준화를 부추긴다. 표절 검사 프로그램 등 많은 경우에서 볼 수 있듯, 이러한 소프트웨어는 이미 알고리즘의 분류를 따르고 있다. 이러한 플랫폼이 점차 자리 잡으면서, 교수자로서는 점점 더 집중적인 '전처리' 형식과 학생에 대한 새로운 차원의 자동화된 데이터 수집에 의존해야 하는 확률이 커진다. 대학 입학 지원서, 구직 지원서, 의료보험 양식 및 관료주의적 시스템 입력용으로 점점 더 그 수가 증가하는 온라인 양식들도 마찬가지다. 이와 관련하여, 여러 소셜 미디어의 글쓰기 시스템이 채택한 표준화된 형식은 알고리즘 정렬 및 처리를 쉽게 한다. 예컨대 자기소개서나 추천서를 쓰는 것보다는 140자 트윗으로 감정 분석을 하는 편이 훨씬 더 쉽다. 우리는 양식을 채우면서 (점차 늘어나는 다양한 온라인 양식을 채워 나감으로써) '전처리'에 참여하는 것이 되고, 우리 자신에 대한 모든 내용을 클라우드에 저장하게 되는데, 이 모든 것이 자동화의 길로 향하는 단계처럼 느껴진다. 이러한 일들은 표현과 평가의 요소를 체계적으로 세분화하고 표준화하며, 그렇게 하는 것은 최소 구성 요소로 더 잘게 쪼갤 수 없는 포괄적인 일관성과 논리의 근본적인 형태를 손상할 위험이 있다.

자동화된 데이터 수집 및 처리는 마르크스주의 용어로 '실질적 포섭'의 완성이라 할 만한 것의 달성을 약속한다. 데이비드 하비David Harvey(2018)가 말했듯이 "실질적" 포섭은 노동 과정에 감시와 합리화가 개입하는 것에 달려 있으며, 따라서 모니터링되는 공장 공간과 임금 노동의 증가에 달려 있다.[5] 이 설명에 따르

---

5   자본이 노동력을 구매하여 고용 관계 속에서 일을 시키는 것을 형식적 포섭이라 한다면, 자본이 노동 과정을 장악하여 노동자가 자본의 리듬에 따라 일하게 되는 것을 실질적 포섭이라 한다. 이러한 실질적 포섭은 노동자로부터 노동 과정을 분리하여, 구상은 자본이 독점하고 실행만을 노동자에게 맡기는 식으로 이루어진다. 마르크스는 이러한 자본의 노동 포섭 형태가 역사적으로 계속 변해 왔다고 보는데, 자본

면, 가정 내의 노동에 대해서는 시급제 임금 노동이 실현 불가능하며, 이는 가정 내 노동은 감독을 받지 않는 특성을 보이기 때문이다. 그래서 가내 생산의 초기 형태는 노동 시간 단위가 아니라 생산품에 따라 보상받았다. 노동은 공장 인클로저로 감독을 받아야만 시간당 임금으로 계산될 수 있었다. 감독하는 사람도 보수를 받아야 했기 때문에, 이러한 공간은 가능한 한 적은 수의 사람들이 최대한 많은 사람을 감독할 수 있도록 충분히 커야 했다(파놉티콘 감시의 기본 원칙).

형식적 포섭과 실질적 포섭 사이의 차이는 실질적 포섭이 노동 과정을 내부적으로 재조직화한다는 사실에 있다. 예컨대 조립 설비와 과학적 관리의 부상은 노동 과정의 재구성 및 합리화의 사례를 제공한다. 노동자의 모든 움직임은 시간당 임금 노동에서 최대 가치를 추출한다는 명목으로 모니터와 관리의 대상이 된다. 합리화 과정은 작업자의 신체적 행동, 자세 및 성향을 재구성한

주의 초기에는 형식적 포섭이었다가 점차 실질적 포섭에 이르렀다고 설명한다. 그러나 하비는 《맑스 《자본》 강의 A Companion to Marx's Capital》(2010)의 11장에서 노동의 역사가 '형식적 포섭'에서 '실질적 포섭'으로 변화했다기보다는 고용의 외주화 등으로 인해 실질적 포섭이 유지되는 형태로 보아야 한다고 설명한다. 하비는 오늘날 계약 노동이나 가내 노동이 약간의 자유와 자율성을 명목으로 내세우고 있지만 사실은 자본의 관리나 감독하에 놓여 있음을 지적하며, 내재화된 자본의 눈으로 자가 착취가 이루어진다고 본다. 대표적인 것이 이른바 자영 노동으로, 형식적으로는 고용 관계에서 벗어나 있지만 실질적으로는 자본에 종속되어 있어 대표적인 '실질적 포섭' 사례라 할 수 있다. — 옮긴이

다. 실질적 포섭 과정은 지속적인 것으로, 노동 과정을 재구성하는 감시 기술 및 혁신의 개발에 따라 촉진된다. 예를 들어, 배달 노동자를 시시각각 추적하거나 판매원이 고객과 상호 작용할 때의 표정을 모니터하는 기술을 생각해 보자.

데이비드 하비는 가내 기반 생산과 독립 계약("긱gig" 경제[6]의 경우)이 실질적 포섭(2018: 174)으로부터의 후퇴를 의미한다고 설명했지만, 이는 틀린 말이다. 그들은 면밀한 감시 시스템이 공장의 담장 너머까지 이동했음을 나타낸다. 전자기 통신 네트워크에 의해 생성된 가상 인클로저가 인간 관리자가 할 수 있는 것보다 더 많은 정보를 잡아낼 때 공장의 물리적 인클로저는 이제 더는 필요하지 않다. 긱 경제는 어디에나 널리 퍼져 있는 노동자들의 활동을 조정하기 위해 생성된 고도의 자동화된 시스템이다. 이러한 측면에서 긱 경제는 실질적 포섭에서 후퇴하는 것이 아니라 오히려 완벽하게 실질적 포섭을 추구하려는 시도를 의미한다. 정보는 실질적 포섭의 핵심으로, 일을 회피하는 것을 최소화하기 위해 감시 과정에 의존하고 최대의 효율성을 발휘할 수 있도록 작업 과정을 재구성한다. 첫 번째 단계는 두 번째 단계로 이어졌다.

---

6   긱 경제는 일반적으로 기업이 노동자와 고용 계약을 맺지 않은 채 필요할 때마다 임시로 계약을 맺고 일을 맡기는 경제 방식을 의미한다. 우리말로는 '비정규직 경제' 혹은 '임시직 경제'의 의미와 가장 가깝지만, 최근에는 '긱 경제'라는 용어를 그대로 사용하기도 한다. 이러한 긱 경제는 우버 등의 사례에서 보듯 주로 디지털 온라인 플랫폼과 결합한 방식으로 이루어지는 경우가 많다. — 옮긴이

공장 작업 공간에 묶인 노동자들은 효율성과 생산성이라는 이름으로 자신들의 활동에 대한 구체적인 감시를 허용했다. 이른바 과학적 관리, 즉 노동자의 움직임을 미세하게 관리하여 효율성을 높이는 구체적인 감시에 의존하는 관리 방식은 20세기 초에 스쳐 지나가는 때 이른 유행처럼 보였는데, 그것은 몇 명의 노동자마다 한 명의 감시자를 두는 식으로 노동의 층위 하나를 더 만들었기 때문이다. 그러나 직원을 자동으로 추적할 수 있는 상호작용 시스템의 부상으로 인해 과학적 관리자의 조사 수준은 꿈에도 생각지 못했던 방식으로 부활해 왔다. 이제 슈퍼마켓 스캐너는 캐셔의 계산 속도를 면밀히 감시할 수 있고, GPS 장치는 트럭 운전사와 배송 차량의 위치를 추적할 수 있다. 아마존닷컴은 '과학적 관리'의 창시자인 프레더릭 테일러Frederick Taylor가 사랑했을 법한 방식의 특허를 출원했다. 그것은 노동자들이 물류 창고에서 움직이는 위치를 추적하고 만일 그들이 품목을 잘못 픽업하게 되는 경우 경고음을 울리는 손목밴드였다(Ong, 2018).

더욱 일반적으로 일어나는 일로는, 기계적 효율성이 한계에 도달함에 따라 생산 과정에서 더 많은 가치를 쥐어 짜낼 수 있다는 희망을 가지고 정보의 효율성으로 전환하는 것을 들 수 있다. 우리는 데이터 중심의 실질적 포섭을 향한 이러한 움직임을 자본주의판 '고립 공포감'[7]이라 부를 수 있다. 만일 모든 것을 알게 되

---

[7]   때로는 포모(fear of missing out: FOMO)라고도 불리는 '고립 공포감'은 원래

면 모든 기회를 활용할 수 있다는, 즉 어떤 것도 놓치지 않을 수 있다는 것이다. 세상의 센서화sensorization[8]를 기반으로 한 전체 정보 인식은 느슨해지는 순간과 잃어버린 기회를 놓치는 순간을 사실상 제거하는 수준까지 줄일 수 있다. 아마존 직원이 택배 상자를 잘못 찾은 다음에 실수를 깨닫고 역추적하여 마침내 품목을 제대로 확인하기까지 낭비했을 수도 있는 귀중한 시간이 효율성, 생산성, 수익성이라는 이름으로 다시 포착된다. 비슷한 논리가 우리의 정보화된 환경에 스며든다. 긱 경제는 네트워크로 연결된 정보 시스템을 사용하여 가능한 한 많은 유휴 자원을 작업에 투입한다. 혹시 당신의 자동차가 주말 동안 쓸모없이 주차되어 있지는 않나요? 대여하세요. 혹시 저녁에 남는 시간이 좀 있지 않습니까? 우버Uber나 리프트Lyft 혹은 아마존 배송 트럭을 운전하세요. 당신이 잠시 동네를 떠나 있는 동안 집이 비어 있지는 않나요? 에어비앤비AirBnB에 내놓으세요. 여분의 도구가 있나요? 가구와 시간은? 모든 것이 활용될 수 있습니다. 심지어 우리의 사회적 삶도 정

마케팅 용어로 사용되었으나, 사회 병리 현상을 설명하기 위한 심리학적인 용어로도 쓰인다. 무언가를 놓치거나 무엇인가로부터 제외되는 것에 대한 두려움, 혹은 자신은 하지 못하고 있으나 다른 사람들은 하는 것처럼 보이는 상황에 대한 막연한 불안감을 설명할 때 주로 쓰인다. — 옮긴이

8   센서화란 모든 장치나 프로그램에 센서를 사용하는 현대의 기술 추세를 의미한다. 일부 학자들은 이러한 센서화를 차세대 기술로 보는데, 스마트폰 기술 역시 이러한 방향으로 나아가고 있다. — 옮긴이

보 중심의 합리화 과정 대상이다. 틴더Tinder[9]가 아직 없던 시대에는 흔한 일이었던 놓친 관계들을 떠올려 보라. 알 수만 있었다면 서로 만나고 싶어 했을지도 모를 사람들이 같은 술집이나 바로 옆 술집에서 겨우 몇 미터 떨어진 거리에 있었을지도 모른다.

자동화된 미디어는 산업화된 대량 생산이 기계, 조립 설비, 그리고 결국 로봇에 육체노동을 떠넘겼던 것과 마찬가지로 사회성을 디지털 시스템으로 분산시킨다. 육체적 탈숙련화가 기계화된 자동화의 길을 닦았듯이, 사회적 탈숙련화는 새로운 형태의 데이터 기반 자동화를 가능케 한다. 이것은 철학자인 휴버트 드레이퍼스Hubert Dreyfus(2013)에서부터 문화 평론가인 니콜라스 카Nicholas Carr(2010), 그리고 MIT 교수인 셰리 터클Sherry Turkle(2010)에 이르기까지 여러 비평가들이 되풀이해 온 주장이다. 육체노동의 자동화는 인간에게 기획자와 조정자의 역할을 맡겼다. 즉 기계화된 생산 설비를 총괄하고 감독하는 일이다. 변화된 사회 조건 아래에서, 자동화는 고된 노동으로부터의 해방 가능성을 약속했다. 이와는 대조적으로 커뮤니케이션 과정의 자동화는 인간의 사고와 상호 작용의 속도와 규모를 능가한다는 약속을 하며, 이것이 바로

9　틴더는 2012년에 서비스를 시작한 미국의 데이팅 앱으로 지오소셜 네트워킹 geosocial networking을 기반으로 한다. 이용자가 익명으로 올린 프로필을 보고 좋으면 오른쪽으로 스와이프하여 호감을 표하고 싫으면 왼쪽으로 스와이프하여 다른 사람의 프로필로 넘어갈 수 있다. 이용자의 위치 데이터를 사용하여 같은 지역에서 관심 분야가 비슷한 사람들을 연결하는 방식이다. ─ 옮긴이

기술적 상상력이 포스트휴머니즘을 지향하는 이유다. 자동화 시스템이 인간의 육체적·정신적 능력을 능가할 수만 있다면, 기계와의 통합으로 퇴행을 피할 수 있다는 의미가 된다. 그러한 통합의 역설은 주체가 대체되기 위해 작동하는 과정과 함께 주체가 보존될 수도 있다는 상상을 하는 점이다. 자기 보존은 우리 자신의 디지털 모델 생성을 가리킨다. 그러나 자동화된 정보 세계의 결과로서 자동화된 자아가 등장한다는 전망은 주체의 향상과는 거리가 멀고 오히려 주체에게 근본적인 도전이 된다. 이 책이 주장하는 것처럼 비총체성의 환원 불가능한 지점을 의미한다. 완전한 스펙은 주체를 향상해 주기보다는 오히려 소멸시킨다.

아버지의 자동화된 버전이 실제 아버지보다 더 지속적이고 일관될지도 모른다던 커즈와일의 가정은 정신분석학의 친숙한 통찰력을 의도치 않게 불러일으켰다는 점에서 암시적이다. 주체는 그 자신에게 불투명한데, 이는 주체가 내부적인 간극이나 분열, 즉 무의식의 특징을 갖고 있어서, 주체를 자기동일성이 없는 존재로 만들기 때문이다. 실제로 이러한 비자기동일성non-self-identity은 우리가 자신이 기대하거나 의도하지 않은 말이나 행동을 할 때 발견할 수 있다. 커즈와일에게 있어 자동화의 약속이란 마치 충분한 정보만 있으면 무의식의 모습을 드러낼 수 있는 것처럼 주제의 공백 또한 데이터로 채울 수 있다는 것이다.[10] 특이

---

10   정신분석학적 관점에서 볼 때, 무의식은 그러한 방식으로는 도달할 수 없는 구

점의 순간은 전체 정보의 포화와 그에 따른 '완전성'을 구상한다. 주체에 대한 모든 데이터를 추출하여 주체를 재구성하는 데 사용할 수 있다. 이는 아마도 주체를 자동화한다는 것에 대한 가장 명확한 정의일 것이다. 즉 결핍과 욕망의 제거다. 아마존의 예상 배송 시스템[11]은 데이터 기반 자동화의 완전성에 따라 예측하는 욕망 선점의 한 사례다. 점점 더 포괄적인 형태의 소비자 모니터링에 기반을 두고 있음에도 불구하고, 아마존의 이 계획은 마케팅 담당자들로부터 열렬한 환영을 받았는데, 그중에는 다음처럼 공개적으로 표현한 내용도 있었다.

> 아마존 택배 상자가 현관문 앞에 도착하여 놓인 것을 보는 기분을 생각해 보라. 이는 기쁘고 신나는 일이며, 그 상자가 무엇인지를 안다 해도 그렇다. 그 상자 안에 무엇이 들었는지 모를 때라면 그 기분은 배가될 것임이 분명하다. ...... 우리는 무엇인가를 배송받기

조다. 무의식은 단순히 의식의 왜곡을 살짝 피하기만 하면 데이터 마이닝할 수 있도록 억압되어 있는 내용이 아니라 그 왜곡이 유발하는 간극을 의미한다. 알렌카 주판치치 Alenka Zupančič가 언급했듯, "무의식은 객관적인 세상에 대한 주관적인 왜곡이 아니다. 무의식은 무엇보다도 객관적인 세상 자체의 근본적인 비일관성을 가리키며, 그것은 ...... 그 자체로 (주관적인) 왜곡을 허용하거나 발생시킨다"(Zupančič, 2008: 25).

11   아마존은 소비자의 과거 구매 이력, 희망 품목, 구매 일자 등을 데이터화하여, 소비자가 구매 결정을 하기 전에 미리 해당 상품을 소비자와 가까운 물류센터로 보낸다. 아마존은 이러한 '예상 배송' 시스템이 배송에 걸리는 시간을 단축하는 효과를 보인다고 설명한다. — 옮긴이

를 좋아한다. 심지어 우리가 요청하지 않은 것일 경우에도 그렇다.
(Kopalle, 2014)

이러한 반응은 아마존의 계획이 마치 비밀 산타라도 되는 것처럼 들리게 만들지만, 그에 대한 응답으로 아주 분명한 사실을 강조할 만한 가치가 있다. 즉 아마존의 계획은 소비자를 놀라게 한 대가로 요금을 부과한다는 사실이다.

예측 분석가와 시간에 딱 맞추는 배송의 합작 덕분에, 아마존은 탯줄로 이어진 상거래라 묘사할 만한 것을 미리 예시한다. 욕망이 발현되기도 전에 미리 욕망을 충족시킬 수 있는 능력, 그리고 충족되지 않은 욕구의 시간성이 0에 수렴하도록 하는 일이다. 마치 태아가 자신의 필요를 알거나 요청하기 이전에, 그리고 이 과정을 다른 인간과 의식적으로 커뮤니케이션하기도 훨씬 전에 탯줄로 이어진 배꼽이 태아에게 필요한 것을 제공하는 것처럼, 선점 배송은 소비자의 욕망을 충족시킨다. 문을 열었을 때 자신이 원했는지도 모르는 상품을 발견하게 되는 순간을 상상해 보라. 욕망의 순간은 오직 잔상으로만 남는다. 즉 잃어버린 과거에 감춰져 있던 인식하지 못한 깜박임이다. 우리는 방금 받은 것을 얼마나 많이 원했던가를 상상하게 된다.

계단식 자동화 논리

디지털 시대에 이러한 종류의 선점은 자동화에 대한 현대적인 약속을 구체화한다. 데이터 주도 시스템은 소비나 운송 혹은 폭력 그 어떤 행동이든 간에 우리 스스로가 알기도 전에 우리가 무엇을 욕망하고 의도하는지 알게 해 줄 것이다. 분석 시스템은 이미 개발되고 있으며, 사람들이 언제 아플지, 법 집행에 대한 그들의 "위협 수준"이 어느 정도인지, 직원이 일을 그만둘지 아닐지, 입사 지원자가 좋은 직원이 될지 아닐지, 그리고 누군가가 범죄 성향을 지닐 가능성이 있는지 등을 예측한다(Yang et al., 2017). 그러한 시스템이 예측하려는 인간 행동의 범위는 오직 사용 가능한 데이터로 한정된다.

산업 시대에 자동화의 약속이 육체노동을 대체하는 것이었다면, 정보화 시대에는 행위자, 자발성, 위험을 선점하는 것이다. 가능한 미래가 실제 벌어지기도 전에 미리 계획하여 불쾌한 미래를 압류하고 바라는 것들은 선택하는 것이다. 앞으로 이어지는 장들에서 더 자세히 설명하겠지만, 이 책은 완벽한 선점 예측에 대한 약속은 불가능한 것이라는 입장을 취한다. 그러나 그 불가능성의 사실 때문에 점점 더 포괄적인 형식의 데이터 수집과 처리를 합리화하기 위해 동원되는 방식은 방해받지 않는다. 이는 여러 맥락에서 데이터 수집과 분석이 효과적이고 효율적인 예측 형식을 도울 수 있다는 것까지 부정하는 것은 아니다. 컴퓨터 시스템은 기계 부품이 언제 작동을 멈출지, 어떻게 운송을 더 효율적으로 만드는지, 그리고 언제 화성을 (그리고 더 많은 곳을) 탐사할지 예측하는 데 중요한 역할을 한다. 그러나 인간의 주체성과 정치를 그러한 시스템에 동화시키려는 시도는 둘 사이의 구조적이고 범주적인 차이를 간과할 위험이 있다.

자동화된 분석과 그에 따라 자동화된 미디어 시스템은 예측 시스템의 발전에 있어서 전제 조건이다. 그러한 시스템에서 자동화가 작동하기 위한 '계단식 논리'가 있다. 자동화된 데이터 수집은 자동화된 데이터 처리로 이어지고, 이는 다시 자동화된 반응으로 이어진다. 이것이 현재 정보 환경의 주요 궤적이다. 선점의 속도로 이루어지는 자동화의 실행을 향해 나가는 것이다. 예를 들어 신세대 스마트 스피커와 같은 상호 작용 센서 네트워크는 인간의 정보 처리 능력으로는 따라잡을 수 없는 엄청난 정보를 생성한다. 스마트 스피커가 놓인 수백만 가정에서 마룻바닥에 의자 다리를 끄는 소리부터 개인별로 타자를 두드리는 개성 넘치는 소리 그리고 대화의 내용에 이르기까지 모든 소리에 관한 구체적인 정보가 수집된다(Google, 2018). 일단 데이터의 의미 파악을 위해 자동화된 시스템이 사용되면 그다음 논리적 단계는 대규모 응답을 자동화하는 것이다. 예를 들어 개별 이용자뿐만 아니라 청취자 전체의 데이터로 드러난 패턴에 따라 음악을 재생하는 자동화된 큐레이션 시스템을 고안하여 협업 필터링 및 예측 분석과 같은 전략을 통해 청취 선호도를 예측할 수 있다. 이논리는 정보 환경 전체에서 똑같이 복제된다. 실리콘밸리의 서밋 러닝 시스템Summit Learning Systems(마크 저커버그Mark Zuckerberg와 그의 아내 프리실라 챈Priscilla Chan이 투자했다)과 같은 개인화된 학습 플랫폼은 태블릿 기반으로 평가한 학생들의 학습 성과에 대한 정보를 수집하여 수요자 맞춤형 학습 모듈을 제공한다(Bowles, 2019). 집에서 이루어지는 활동에 대한 세부적인 정보는 의료 치료, 직원 선별 혹은 마케팅 목적으로 건강 상태를 진단하는 데 사용될 수 있다. 자동화된 데이터 수집은 자동화된 평가로 이어지고, 이는 다시 모든 종류의 자동화된 응답을 가능케 한다.

아마도 이러한 계단식 자동화 논리의 정점은 데이터 생성 센서의 끝없는 배열 형태로 대상 세계를 강화할 것이라 약속하는 이른바 사물 인터넷(IoT) 혹은 유비쿼터스 컴퓨터 인프라의 전망일 것이다. 모든 기기, 공간, 도구가 그 사용 방법에 대한 정보를 수집할 것이고, 이는 다시 그들이 기대는 플랫폼을 통제하는 자들에게로 중계될 것이다. 센서화된 세계에서 생성된 데이터의 엄청난 물량은 지금까지 상상할 수도 없었던 규모의 데이터 처리 자동화 시스템을 개발해야만 길들일 수 있을 것이다. 이 시스템은 다시 다른 방법으로는 접근 불가능한 인간의 판단과 의사 결정 형식을 가능케 한다. 예를 들어 변화하는 도로 상황에 맞춰 자동차 수십만 대의 궤적을 실시간으로 어떻게 조정할지의 문제, 혹은 수천 개 언론 기사에 퍼져 있는 마약 거래 보고서들의 상관관계를 어떻게 찾을 수 있을지 등이다. 일단 기계가 정보의 의미를 파악하기 시작하면, 다음 단계는 정보를 사용하도록 하는 일이다. 이러한 계단식 논리는 자동화에 의해 생산된 불안을 설명할 수 있도록 해 주는데, 이는 인간의 노동력(직업의 형태로)을 대체할 뿐 아니라 사회적, 경제적, 정치적인 인간의 자율성마저도 대체할 것이다. 이러한 측면에서 자동화 플랫폼은 일련의 변증법적인 역전이며 그 과정에서 정반대의 변형이 일어난다. 사회성을 밀폐된 고립으로, 정치는 테크닉으로, 자율성은 자동성으로 변형한다.

자동화의 변증법 I: 자동화된 정치

최근 몇 년 동안 우리는 포괄적인 유권자 데이터베이스가 표적 선거 운동 전략에서 중심적인 역할을 하는 방식에 대해 단기 속성 교육을 받았다. 메시지를 보내 영향력을 행사하는 다른 모든 영역에서와 마찬가지로, 데이터 수집 수단이 확산되면서 정치 참여 인구에 대한 전례 없이 많은 양의 정보 수집이 가능해졌다. 인터넷 뉴스 미디어의 발전 역시 후보자와 이슈에 대한 정보의 사태를 일으키는 데 이바지했다. 그러한 정보의 상당수는 거짓이거나 사기이거나 조작된 것이다. 정보 방정식(선거 운동 메시지 전달 및 정치 보도)의 양 측면 모두에서 정보 부족은 정보 과부하로 대체된다. 케임브리지 애널리티카Cambridge Analytica는 소셜 네트워킹 플랫폼에서 수집한 데이터를 정치적 목적으로 활용할 수 있음을 시연해 보였는데, 미국의 경우에는 여기에 투표 억압[12]까지

---

12 미국 선거 제도에서 '투표 억압'이란 유권자들이 투표에 참여하는 것을 어렵게

도 포함되었다(Burns, 2018).[13] 케임브리지대학교의 마이클 코진스키 Michael Kosinski 연구원은 페이스북에서 수집한 정보를 사용하여 개인의 행동에 영향을 줄 수 있는 개별 이용자의 특성을 추론하는 연구를 수행했다. 이 연구는 의도치 않게 정치 컨설팅 회사인 케임브리지 애널리티카에 영감을 주었다. 어느 언론 기사는 이를 다음과 같이 표현했다.

> 코진스키는 페이스북 이용자 한 명당 평균 68개의 '좋아요'를 기준으로 그들의 피부색(정확도 95%), 성적 지향(정확도 86%), 미국 민주당 혹은 공화당 소속 여부(85%)를 예측할 수 있음을 증명했다.

만드는 방식을 의미한다. 이는 미국 노예제의 역사와 관련된 것으로, 흑인을 동등한 시민으로 인정하지 않았던 데서 시작되었다. 엄밀하게 말하자면 미국 전체에 적용되는 단일한 법이나 제도라 할 수는 없지만, 미국의 각 주나 지역 정부에 따라 투표 억압의 형태가 여전히 남아 있다. 투표소의 수를 줄여 투표를 어렵게 만들기, 주민 등록의 의무가 없는 미국임에도 투표 전에 신분증 요구하기voter ID law, 선거인 명부 관리라는 명목으로 특정 집단 유권자의 자격을 문제 삼기voter caging 등이 있다. 이러한 투표 억압은 백인 유권자보다는 흑인 유권자에게, 부유층보다는 빈곤층에 더 불리하게 작용한다는 점에서 문제가 크다. — 옮긴이

13   케임브리지 애널리티카는 영국에 본사를 둔 정치 컨설팅 회사로, 2018년 초 벌어졌던 정보 유출 사건의 핵심에 있기도 하다. 케임브리지 애널리티카가 페이스북 가입자의 프로필을 이용자 동의 없이 수집하여 정치적 목적으로 사용했음이 영국의 일간지 〈가디언*The Guardian*〉의 보도로 알려졌다. 실제 케임브리지 애널리티카의 불법 정보 활용이 트럼프의 대통령 당선에 기여했던 것으로 드러나면서 크게 비판받았다. 이 사건으로 인해 개인 정보에 대한 중요성 및 기업의 데이터 사용에 대한 규제 등의 논의가 활발하게 일어났다. — 옮긴이

(Kujawski, 2017; Grassegger & Krogerus, 2017)

　　데이터를 수집한 뒤 자동화 과정을 거치고 나면 이는 수많은 추론 정보로 이어졌다. "지능, 종교, 음주, 흡연, 마약 이용 여부 등을 모두 알아낼 수도 있다"(Kujawski, 2017).

　　각종 정보기관들에게 이는 새로운 일이 아니다. 에드워드 스노든Edward Snowden의 기밀 폭로는 소셜 미디어와 커뮤니케이션 네트워크에서 긁어모은 정보를 광범위하게 사용하여 안보와 첩보의 목적으로 사용할 수 있음을 보여 주었다. 따라서 정보컨설팅 기관이 정치 캠페인 목적으로 비슷한 전략을 사용한 것이 놀랍지는 않을 것이다. 2018년 〈뉴욕 타임스The New York Times〉는 미국방부 펜타곤의 계약업체인 팔란티어Palantir의 어느 직원이 케임브리지 애널리티카의 정치 프로파일링 기술을 구축하는 데이터 과학자들에게 "페이스북 이용자들의 친구 네트워크에 접근할 목적으로 휴대전화 기반의 성격 퀴즈를 활용한 자체 앱 개발"을 제안했다고 보도했다(Confessore & Rosenberg, 2018). 페이스북이 플랫폼에서 일종의 데이터 수집을 했다는 폭로와 정치 데이터 마이닝의 음모에 대한 대중의 경고에도 불구하고, 자동화된 데이터 마이닝 및 캠페인 메시지 보내기는 계속 유지될 것이다(비록 케임브리지 애널리티카는 문을 닫았지만). 2016년 미국의 대선 캠페인과 브렉시트 캠페인의 사례가 보여 주었듯이, 표적 메시지 캠페인의 목표는 유권자들을 설득하는 것뿐만 아니라 정치적 경쟁자들을 불리하게 만들고 투표율을 억제하는 방식으로 불확실성과 의심과 불신을 조장하는 것이다.

그리 놀라운 일은 아니지만, 디지털 계급의 구성원들이 제안한 전문가주의적인 해결 방법은 표적 목표를 더 적게 잡는 것이 아니라 더 많이 잡는 것이다. 만일 정보 '과잉glut'의 맥락에서 의미 있는 정보를 유지하기가 인간 시민의 능력으로서는 과중한 일이라면, 아마도 AI가 개입하여 도와야 할 것이다. 적어도 MIT 미디어랩Media Lab의 컬렉티브러닝Collective Learning 그룹 책임자인 MIT 세자르 히달고César Hidalgo 교수의 말에 따르면 그렇다. 히달고는 "디지털 에이전트"가 유권자의 선호도에 대해 수집할 수 있는 내용을 바탕으로 유권자가 결정을 내릴 수 있도록 이슈에 대한 자세한 정보를 수집하여 평가할 수 있다고 한다. 이는 민주주의라는 오래된 도전에 대한 아마존닷컴 방식의 해결법이다. 유권자들에 대한 충분한 정보가 있다면, 자동화된 시스템이 그들의 선호도를 유권자 자신보다도 더 잘 알 수 있다는 것이다. 이러한 접근법에 따라 극단적으로 생각하자면, AI 시스템은 결국 정치적 대표의 필요성을 완전히 대체할 수 있으며, 입법자들을 AI 의회로 대체하는 일도 가능할 것이다. "디지털 에이전트는 우리의 의사 결정을 통합하여 대규모의 결정을 할 수 있도록 도와준다"고 힐다고는 말한다. 이러한 디지털 에이전트들은 함께 모여 자동화된 온갖 종류들의 의회를 구성할 수 있고, "우리는 시민의 수만큼이나 많은 상원의원이 소속된 상원 의회를 가질 수 있다"(Anzilotti, 2018). 그렇게 되면 당연히 진흙탕처럼 지저분하고 비효율적인 형태의 숙의, 해석, 대표에 의존하는 한 정치는 사라질 것이다. AI 기반의 '민주주의'에 대한 약속은 의사 결정 과정을 늦추고 왜곡하는 인간의 마찰을 없애는 것이며, 정치의 변덕에서 벗어난 거버넌스가 더 효율적이고 객관적일 것이다.

정치적 선택과 드러난 선호도를 일치시키는 것에는 분명 이점이 있지만, 정치는 선호도들의 총합으로는 환원할 수 없는 사회성과 공동체의 형태에 의존한다. 캐스 선스타인Cass Sunstein(2017) 등 여러 학자가 주장하듯이, 시민권은 타자와의 숙의 그리고 교감을 통해 의견 형성의 필요성을 그려 나가는 과정이다. "정치적 주권이라는 아이디어는 개인의 취향을 고정되거나 주어진 것으로 여기지 않는다. 시민을 단지 취향이나 선호도를 '가진' 사람으로 보지 않는다"(Sunstein, 2017: 54). 정치적인 관점에서 볼 때, 우리는 과거의 선택이나 선호도의 총합이 아니며, 우리는 우리의 정치적 책무와 정책적인 우선순위의 총합도 아니다. 정치적 과정은 이러한 약속을 다른 사람들과 함께 테이블에 올려놓고 우리의 개인성과 자율성을 가능케 하는 상호 의존의 형태를 인식하는 과정이다. 이 과정은 위험할 수 있으며, 사회성과 커뮤니케이션의 기본 규범에 대해 공유하는 기본 약속을 인정하지 않으면 불가능해진다. 이러한 약속이 과잉 맞춤화, 틈새화, 양극화로 이익을 얻는 상업적인 미디어의 지속적인 목표가 되어 가는 세상에서, 한 가지 명백한 해결책은 숙의 과정을 기계에 떠넘기는 것이다.

이러한 시도는 공동선 혹은 근본적인 공동 이해관계에 대한 책임이 얼마나 많이 약화했는지를 인정하는 것이나 마찬가지다. 만일 인간이 성실하게 숙의하여 공동의 정치적인 판단에 이르는 기술을 잃어버렸다면, 아마도 인간은 기계에 그 일을 맡겨 버릴 수도 있을 것이다. 진흙탕 같은 민주주의 사업을 기계로 이전하는 동기가 무엇이든지, 정치의 자동화는 그 해체에 대한 전조다.

기술 관련 분야 사람들 다수의 관점으로는 이것이 진보처럼 보일지도 모른다. 리처드 바브룩Richard Barbrook과 앤디 캐머런 Andy Cameron이 실리콘밸리 자유주의에 대한 초기 비판에서 주장했듯이, 정치라는 문제를 인식하는 순간 효율성 및 커뮤니케이션 기술은 그 해결책으로 제시되었다. "캘리포니아 이데올로기[14]에서는 …… 기존의 사회적, 정치적, 법적 권력 구조는 점차 사라지고 자율적인 개인과 소프트웨어 사이의 속박 없는 상호 작용으로 대체될 것이다"(1996). 벤처 자본가이자 페이팔PayPal의 창립자인 피터 틸Peter Thiel은 이러한 태도를 다음과 같이 요약한다. "정치가 너무나 망가지고 역기능만 수행하는 이 세상에서 할 일은 거기에서부터 벗어날 방법을 찾는 것이다"(Turner, 2015).

그러한 기술적 판타지에도 불구하고, 정치의 지평은 넘어설 수 없는 것으로 남아 있다. 인간과 관련된 한 기술적 과정에서 정

---

14 바브룩과 캐머런은 "캘리포니아 이데올로기The Californian Ideology"라는 논문에서 1990년대 실리콘밸리 기술과 미국의 신자유주의가 결합하여 기술결정론적인 형태의 신념이 정치적으로 공고해졌다고 비판했다. 이후 '캘리포니아 이데올로기'라는 용어는 실리콘밸리의 입장이나 견해를 대변하는 이들이나 특히 디지털 기술이 민주주의 확대에 도움을 줄 것이라 예상했던 낙관론자들을 비판적으로 지칭하는 용어로 사용되기 시작했다. ― 옮긴이

치를 온전히 제거하기란 불가능하지만, 그러한 열망은 분명 지속되고 있다. 정치적 우파는 정치를 불신하며 이를 소비자 지상주의 사회 모델로 대체하려 열심히 노력했다. 이 모델은 역사적인 개인의 개념을 뒷받침하는 사회성의 형태를 인정하지 않는 대신 개인을 전면에 내세운다. 다음 장에서 이어 논의할 자동화 역시 이러한 경향을 따르고 있으며, 사회적인 것을 인코딩하여 기계에 맡길 수 있다고 약속한다. 그러나 자동화의 의미심장한 부분은 수행 과정에서 변증법적인 반전이 있다는 것이다. 참여의 자동화는 정반대의 양상으로 바뀌어 버린다.

자동화의 변증법 II: 사회적인 것을 자동화하기

비슷한 일은 사회성 표현 방식에서도 나타난다. 오랫동안 디지털 미디어를 연구해 온 셰리 터클은 초연결성으로 인한 사회성 결여를 한탄했다. 놀이터 사고가 늘어난 것은 아이의 부모나 보호자가 전화기를 들여다보느라 아이를 제대로 돌보지 못하는 경향과 일치한다. 대학교 룸메이트들은 직접 대화하기보다는 방에서 방으로 서로 문자를 보낸다. 면 대 면 커뮤니케이션과 친교보다는 제어된 인터페이스를 더 선호한다(De Lang, 2013). 터클은 연구 대상자들이 드넓은 소셜 미디어 네트워크를 관리하는 데 너무나도 시간을 많이 들이고 있어서 서로 커뮤니케이션하는 가장 효율적인 방법을 추구한다는 점을 알아냈다. 전화(너무 끼어드는 것 같고 낡은 형태의 '단순 업무'처럼 여겨지는)보다는 텍스트 메시지를 사용하는 것이다. 즉 지지와 동의를 나타내는 축약된 형태의 기호(좋아요, 리트윗, 포스팅), 친구와 가족과의 비동시적인 상호 작용 방식 등등이다.

우리의 매개된 상호 작용 수준을 높이려는 것과 관련된 절충안이 있다. 결국, 대면 상호 작용을 덜하거나 줄이는 일이다. 이는 단지 한때는 낭만적이라 여겼던 저녁 식사 시간 중에 미친 듯이 어디론가 문자를 보내면서 휴대전화를 뚫어지게 보고 있는 흔한 커플의 문제만은 아니다. 이는 우리에게 압도적인 사회성을 선사하겠다고 약속하는 매개된 커뮤니케이션의 다양한 형태들을 관리하는 문제이기도 하다. 〈와이어드Wired〉 잡지에 실린 "왜 10대들이 더는 파티를 하지 않는가"라는 제목의 글은 다음과 같은 주장을 펼쳤다. 1995년 이후에 태어난 젊은이들은 "이전 세대보다 파티에서 보내는 시간이 더 적다. 이러한 경향은 대학생도 마찬가지다"(Twenge, 2017). 이 기사는 샌디에이고주립대학교 신입생을 대상으로 한 설문 조사를 인용했는데, 조사 결과 2016년 학생들은 30년 전 학생들에 비해 "직접적인 사회적 상호 작용"을 일주일에 일곱 시간 덜하는 것으로 나타났다(Twenge, 2017). 기사에 인용된 한 학생의 인터뷰에 따르면 이렇다. "우리 세대는 대면 사회화에 관심을 잃었다. 신체적, 물리적으로 함께하는 모임이 없고, 서로 메시지를 주고받으면서 그저 집에 머무를 수 있다"(Twenge, 2017). 마찬가지로 사람들이 다양한 소셜 미디어 연락처를 동시에 혹은 빠르고 연속적인 방식으로 관리하기 때문에

면 대 면 커뮤니케이션은 다차원 인터페이스 환경 중 그저 하나의 벡터로만 여겨질 뿐이다. 매개된 접촉의 빈도, 속도, 범위가 급격히 가속화되었다는 데는 의심의 여지가 없지만, 자동화된 문자 메시지 앱의 출현으로 입증된 것처럼 초사회성에 있어서는 반사회적인 차원이 있다. 예를 들어 몰리Molly라는 플랫폼은 이용자들의 프로필을 수집하여 텍스트 메시지에 대한 자동화된 응답을 만든다. 한 언론은 다음과 같이 보도했다.

> 결국 …… 그것은 기계 학습을 통해 시스템 안에 미리 내장되어 있지 않은 대답을 할 것이다. 앱은 당신에 관한 정보를 모두 모아(프로필을 만들 때 몰리에게 정보를 제공하는 소셜 미디어 계정을 추가할 수 있는 옵션이 있다) 당신과 관련된 질문에 완벽하게 답할 수 있을 것이다.
> (McHugh, 2018)

이용자들은 상대와 직접 커뮤니케이션하기보다는 네트워크에 상주하는 봇과 상호 작용한다. 그런 테크놀로지가 등장한 것이 놀라운 일은 아니다. 지속적인 연결성을 원하는 수요가 증가하면서, 자동화는 즉각적인 반응을 제공한다. 구글은 AI 기반의 자동화된 응답 시스템을 개발하여 문자 메시지에 적용했는데, 이용자들은 보기로 제시된 응답들을 훑어본 후 원하는 것을 골라 한 번 탭하는 것만으로 메시지를 보낼 수 있다. 개발자들의 설명에 따르면, 이 시스템은 여타의 소셜 미디어 앱과 플랫폼에서 추출한 맥락적 지각을 결합하여 작동한다. "이 시스템은 사람들이 당신에게 말하는 내용을 파악하여 한 번의 탭으로 선택할 수 있는 답변을 제안할 수 있는 정도지만, 구글은 앞으로 이용자의 위치와 일정 및 기타 정보의 조각들을 고려하는 방향으로 더 나아갈 것이라 말한다"(Hal, 2018). 자동화에 따른 변증법적 반전을 통해, 사회성의 가속화는 결국 절정에 이르러 스스로 파멸할 것이다. 이는 하이퍼 상호 작용과 디지털 유아론의 약속이 융합된 것이다.

자동화의 변증법 III: 보안

정치와 사회성 모두 자기 소멸의 형태로 나아가는 경향을 보면 프로이트의 '추동drive'의 공식이 연상된다. 지그문트 프로이트 Sigmund Freud가 쾌락의 원칙에 대해 표현했던 것처럼, '추동'은 "정신 기관을 흥분으로부터 완전히 해방하기" 위해 작동한다(Freud, 2015). 여기에서 얻을 수 있는 통찰은 추동의 목적이 흥분의 새로운 순열을 발굴하는 것이 아니라 "원초적인 충동"을 만족시켜 균형 상태를 달성하는 것이라는 점이다(Freud, 2015). 예를 들어 아마존의 예상 소비에 대한 판타지는 쇼핑 목표를 탯줄로 자궁의 균형을 잡는 데 둔다. 즉 소비자의 충동이 일어나기도 전에 이를 만족시켜 "흥분의 양을 …… 가능한 한 낮게 유지하려는" 시도를 완성한다(Freud, 2015). 비슷한 일이 자동화된 정치 버전으로 입증된 정치에 대한 반감에서도 작동한다. 자동화된 정치에서 숙의와 연구 및 성찰은 더는 시민권의 필수 구성 요소가 아니다. 만일 인간이 근본적으로 '정치적인 동물'이라면, 자동화를 향한 충동은 비인간적인 것으로 이해할 수 있다. 즉 인간의 사회적 삶의 특징적인 관행을 제거하는 것으로 보인다. 사회성을 자동화하는 소셜 미디어는 무한한 정지 상태를 욕망의 종점으로 보는 전망과 일치한다. 즉 인간의 사회적, 정치적인 삶에서 일어나는 불쾌한 노동을 생략할 수 있다고 보는 것이다. 스스로를 줄여나가는 이러한 경향은 소셜 미디어의 반복적인 강박에서 되풀이된다. 커뮤니케이션을 위한 것이라는 명목으로 연대를 막아 장벽을 쌓아 올리고, 이는 예측 불가능한 인간의 만남을 끊임없이 자기를 진정시키는 형식으로 대체한다. 정보와 사회성의 소비를 가속화하면서 시간을 보내려는 악착같은 시도는 자동화를 통해서만 온전히 달성될 수 있다.

아마도 자동화와 죽음의 추동 사이의 연관성을 가장 잘 드러내는 사례는 생사가 걸린 의사 결정의 명령 체계에서 인간 에이전트를 빼버린 이른바 치명적인 자율 살상 무기(Lethal Autonomous Weapons: LAWs)의 개발일 것이다. 비록 자율 살상 무기에 대한 전망이 SF 소설에서나 나올 법한 아직 실현될 일 없는 디스토피아적인 판타지처럼 들린다고는 해도, AI 연구를 선도하는 학자들은 다음처럼 우려를 표한다. 기술이 "그러한 시스템을 고안하는 것이 아직 합법적이지는 않지만 최소한 현실적으로는 몇십 년이 아니라 수년 내로 가능한 수준에까지 다다를 확률이 상당히 높다. 자율 무기가 화약과 핵무기를 잇는 전쟁의 제3혁명이라는 표현도 있다"(Future of Life Institute, 2017). 4000여 명에 이르는 AI

연구자들이 그러한 무기 개발을 국제적으로 금지해야 한다는 공개서한에 서명했다. 여기에 참여한 과학 기술 분야의 저명인사 중에는 일론 머스크Elon Musk, 스티븐 호킹Stephen Hawking 등도 포함된다. 분명한 것은, 이 서한이 살상의 자동화 그 자체에 초점을 둔 것이 아니라 자율 살상 무기가 널리 퍼져 악한 측의 손에 들어갈 가능성에 초점을 둔다는 점이다.

> 이제 암거래 시장에 그 무기들이 등장하여, 민중을 통제하려는 테러리스트와 독재자와 인종 청소를 저지르려는 무력 지휘관 등의 손에 떨어지는 것은 시간문제일 것이다. 자율 무기는 암살, 국가 소요, 인구 제거, 그리고 특히 특정한 인종 그룹을 살상하기에 최적화되어 있다. 따라서 우리는 군사적인 AI 무기 개발 경쟁이 인류에게 이롭지 않을 것이라 믿는다. (Future of Life Institute, 2017)

당연하게도 정치적 우파 중 일부는 자동 살상 기계 개발에 강력히 찬성한다. 그들이 평화주의자와 사회개량주의자의 온건함에 대하여 반동적으로 대응하는 것이다. 조지 W. 부시의 이라크 침공 당시 고문을 가하는 행위에 대한 법적 근거를 제공한 것으로 악명 높은 존 유John Yoo[15]는 자율 살상 무기에 대해 거슬리

---

15   미국의 UC 버클리 로스쿨 교수인 존 유(한국 이름은 유준)는 한국계 미국인으로, 미국의 신보수주의 우파 싱크탱크인 미국기업연구소(American Enterprise

면서도 다소 모순되는 옹호 입장을 취했다. 그가 말하는 "인도적인" 전쟁의 근거는 인간보다는 기계가 더 분별력 있는 살인자임을 입증할 수 있다는 것이다.

비판론자들은 인류가 전쟁에 대한 의사 결정 고리에서 벗어나는 일을 걱정한다. 그러나 인간이 직접 개입한다는 것이 반드시 전쟁을 더 안전하고, 더 인도적이며, 덜 선동적으로 만들지는 않는다. 인간 병사들은 점점 더 지쳐 가고, 감정적으로 갈등에 빠지기도 하는데, 이는 판단 오류나 과도한 무력 사용으로 이어질 수 있다. (Rabkin & Yoo, 2017)

다시 말하자면, 판단의 문제에서는 기계가 인간보다 더 나은 경우도 있다는 것이다. 이는 자동화된 정의의 가능성을 암시하는 다소 불길한 약어에 걸맞은 견해다.[16]

존 유와 보수주의자인 공저자는 자동화된 무기가 폭력 사용의 문턱을 낮출 것이라는 우려를 무시한다. "일부에서는 자율 무

Institute)의 연구원으로 활동하기도 했다. 그는 2001~2003년 조지 W. 부시 행정부의 법률자문관으로 재직하면서 테러범에 대한 고문에 법적 정당성을 부여해 논란을 일으켰다. 도널드 트럼프가 대통령이던 시절에는 인종 차별 항의 시위 진압을 위한 연방군 투입 방침에 옹호 입장을 밝혀 또 다른 논란을 일으키기도 했다. ― 옮긴이
16　존 유의 법law적인 해석과 견해가 자율 살상 무기 약어인 LAW와 일치하는 우연을 말한다. ― 옮긴이

기가 지도자들을 더 쉽게 대립 상황으로 전환하도록 만들지도 모른다고 걱정한다. 그러나 전쟁과 평화에 대한 결정은 정치 지도자들이 사용하는 기술보다는 그들의 선택에 더 달려 있다"(Rabkin & Yoo, 2017). 바로 다음 단락에서, 저자들은 자신의 주장에 정반대되는 방향으로 나아간다. 그들은 미국이 분쟁에 대해 지나치게 신중한 것이야말로 진정한 위험이라고 주장한다. 필요한 상황에서 기꺼이 뛰어들지 않는다는 것이다. 그들의 설명은 이렇다. "오늘날 더 큰 위기는 미국이 충동적으로 개입하지 않는 점이 아니라 미국이 전혀 개입하지 않음으로써 심각한 도전이 격화될 수 있다는 점이다." 그들에게 자동화된 무기는 비평가들이 애석해하는 바로 그 일을 정확히 하므로 바람직하다고 밝혔다. 즉 군사 개입이 더 쉬워지도록 정치적 셈법을 바꾸는 것이다. 이 지점에서 저자들의 진짜 입장이 드러난다. 그들은 로봇 무기가 쉽게 개입하는 것에 동의하지 않는 것이 아니다. 그들은 단지 이것이 나쁜 것이라는 점에 동의하지 않는 것이다. "로봇 무기는 미국과 그 우방이 인도주의적 재난이나 내전에 개입하지 못하게 하는 데 드는 비용을 줄일 수 있다"(Rabkin & Yoo, 2017). 이는 아마도 자동화의 반전 중 가장 극단적인 버전일 것이다. 그것은 인도주의라는 이름의 자동화된 살상이다.

끝까지 밀어붙인 경우, 삶과 죽음에 대한 주권 권력(미셸 푸코 Michel Foucault가 말했듯 "죽게 하거나 살게 내버려 두거나")의 자동화는 기계가 가장 극단적인 형태의 자율성을 부여한다. 의사 결정 과정에서 인간의 역할을 빼는 것이 마음에 걸리는 이유는 기계가 봉기하여 인간 창조자를 흥분시키는 일반적인 SF 소설 때문이 아니라 이러한 수사의 근본적인 진실 때문이다. 기계화된 인간의 자기 파괴는 단순히 인간의 욕망이 기계에 투영된 것이다. 우리가 두려워해야 하는 것은 기계가 아니다. 바로 우리 자신이다. 그레구아르 샤마유Grégoire Chamayou(2015)는 드론에 관한 연구에서 인간 적에 맞서 로봇 "부대"를 보내는 것은 위험 요소를 제거함으로써 전통적인 전쟁의 개념을 급진적으로 재구성하는 것이라 주장했다. 이것이 폭력에 대한 정당화의 한 형태로 작용한다는 것이다. 심지어 가장 불균등한 갈등의 경우에도 죽느냐 죽임을 당하느냐의 논리의 흔적 일부는 여전히 남아 있지만, 로봇을 통한 살상은 이를 완전히 벗어나 버린다.

> 전쟁은 백병전의 모델에서 완전히 멀어지면서도 전혀 다른 "폭력의 상태"가 된다. 이는 학살이나 사냥으로 퇴화해 버린다. 이제 더는 적과 싸우지 않는다. 토끼를 겨누듯 적을 제거한다. (Chamayou, 2015: 91)

자동화된 무기의 전망은 재래식 전쟁으로부터 살상 행위를 탈구시킨다. 생명정치학적인 은유는 결과적으로 비대칭적인 전쟁의 담론적 틀을 특징 지으며, 이는 테러 '세포 조직'의 출현을 몸 외부로부터의 감염처럼 뿌리 뽑아야 하는 체계적인 위협으로 간주하는 경향이 있다. 적은 토끼처럼 총에 맞는다기보다는 바이러스처럼 박멸된다. 자동화된 치명적 살상 무기는 국가라는 몸 안을 순환하는 백혈구로 묘사되고, 내부의 (혹은 외부의) 위협을 파괴한다.

이 모델은 정화 과정의 하나이며, 싸움은 끝이 없다. 싸움이 진행되면서 더 많은 반대를 불러일으키고 따라서 선제적인 폭력의 가속화를 가져온다. 샤마유는 이렇게 말한다.

> 우리는 사냥꾼 킬러 드론 함대가 …… 경주에서 승리하고 새로운 사람들이 보충되는 한 빠르게 개인을 제거할 수 있음을 이해해야 한다. …… 그리고 만일 통제하기 어려운 공격과 보복이 소용돌이치며 계속되는 가운데 그 예방 조치의 비뚤어진 효과가 새로운 자원자를 유치하기 위한 것이라면 신경쓸 것 없다. (Chamayou, 2015: 71)

결국, 이러한 논리를 파악하고 저항하는 사람들은 현재에 대처할 또 하나의 잠재적인 위협으로 간주될 것이다. 로봇 전쟁은 전쟁의 양면적 성격을 생략하기 때문에 실제 전투병이 아니라 예상되는 미래의 전투병에게 벌어진다. 그리고 이 미래의 지평은 무한하다(누군가 1주, 1년, 혹은 10년 안에 적대적인 행위를 할 수도 있다는 이유로 위협이 되는가?).

언젠가 불특정한 미래에 적대적인 행동을 할 수도 있는 사람을 '제거'하려면 어느 정도의 확실성이 필요한가? 극단적인 경우, 아주 작은 가능성만으로도 위험인물로 여겨질 수 있다. 따라서 생명 보호는 점진적인 근절에 달려 있다. 생명정치는 점차 아실 음벰베Achille Mbembe(2003)가 말한 시신정치necropolitics로 변하고 있다. 인구를 보호하는 일은 자동화된 표적 살상과 관련된 폭력의 악순환을 다루기 위해 얼마나 더 효율적인 시스템을 확보하는가에 달려 있다. 증가하는 '살인 목록'이 자율 살상 무기에 프로그래밍되어 있기 때문이다. 이러한 형태의 생명권력(미셸 푸코 [2008]가 콜레주드프랑스에서 생명정치에 대해 강연했을 때 한 말)에는 역설이 존재한다. 일단 살인이 생물학적 인구 확보를 위한 일상적인 방법으로 사용되는 일이 당연시되고 나면, 자기 소모적인 정화 논리의 고삐가 풀린다. 누가 이러한 살인의 순환에서 벗어날 수 있을지는 분명하지 않기 때문에, 누구나 잠재적인 표적이 된다. 불확실성의 근절은 죽음의 추동을 가장한다. 영구적인 보안을 확보하는 유일한 길은 완벽한 선점뿐이다. 로봇이 인간 창조자에게 대항할 것이라는 디스토피아적인 판타지에는 완벽한 보안에 대한 심란함이 담겨 있다. 모든 가능한 위협은 미리 선점되었다. 이는 우리가 왔던 땅의 침묵으로의 회귀다.

자동화의 편향

이제까지 서술한 각각의 반전은 주체를 결핍의 존재로 보고 그 주위를 맴돌면서, 사실상 주체를 완전히 없애고 정치와 사회성과 안전을 자동화된 시스템으로 대체하여 그 결핍을 채우려는 시도다. 완벽한 자동화에 대한 이러한 비전은 자동화가 우리의 욕망을 자유롭게 추구할 수 있게 하리라는 익숙한 유토피아적 약속을 벗어나서 그 대신 그 욕망 모두로부터 우리가 자유롭게 되리라 믿게 한다. 카를 마르크스Karl Marx와 프리드리히 엥겔스Fridrich Engels(1998)는 사회적 관계가 재구성되면서 기술이 작동하여 민중이 소외된 고역으로부터 해방되리라는 전망을 제시했다. 그럼으로써 "오늘 이 일을 하고 내일 저 일을 하며, 아침에 사냥하고 점심에 낚시하고 저녁에 소를 키우며, 저녁식사 후에는 철학을 하고, 사냥꾼이나 어부나 목부나 비평가가 되지 않더라도 마음먹은 대로 하는 것"이 가능해질 수 있는 사회가 만들어지리라는 것이다(Marx & Engels, 1998: 52). 이와 반대로 자동화가 상업적으로 전개된다면, 그리고 그것이 안보와 법 집행과 정치와 교육의 영역으로 유입된다면, 인간 활동이 해방되는 것이 아니라 해체되리라는 전망이 제시된다. 기계들은 우리가 낚시를 하거나 철학을 할 수 있는 자유를 주지 않을 것이다. 기계들이 우리 대신 낚시를 하거나 철학을 할 것이다. 그리고 자동화된 인프라 구조를 소유하고 통제하는 사람들이 세워 놓은 우선순위에 따라 그럴 것이다. 이것은 해방으로서의 자동화가 아니라 전체주의적 통제로서의 자동화다.

우리가 인간의 상호 작용과 결정을 내리는 과정들을 점점 더 많이 자동화된 미디어 시스템에 떠맡기는 궤적에 올라타게 되면 이 시스템들의 경향을 명확하게 하는 것이 중요해질 것이다. 나는 앞에서 인간 주체의 유한성을 극복하려는 노력이 자동화의 약속들을 정반대의 것으로 변형시킬 수 있음(적어도 특정의 조건 아래에서)을 설명한 바 있다. 지금부터 이어지는 장들에서는 현재 이루어지는 자동화된 미디어의 배치가 사회적 실천의 넓은 범위를 가로질러 일어나고 있다고 주장할 것이다. 캐나다의 미디어 이론가 해럴드 이니스Harold Innis의 선구적인 비평 작업을 인용하면서 이러한 경향을 자동화의 '편향들'로 부를 것이다. 이 중 2장에서 검토할 세 가지가 선점Pre-emption, 조작주의Operationalism, 환경성Environmentality이다. 우리는 이미 선점의 논리를 만난 적이 있다. 이는 욕망과 위협과 기회의 출현 순간에 개입한다. 선점의 특정한 시간성이 있으며 그에 따른 인식론이 있다. 선점은 인과성에 대한 의문 없이 이루어진다. 이는 그것이 표적으로 삼는 사건들이 이미 주어진 것으로 여긴다. 포괄적인 모니터와 예측 분석에 따라, 선점은 그 사건들을 도중에 멈추게 한다. '조작주의'는 서사적 해설과 설명을 자동화된 응답으로 바꾸는 것을 가리킨다. 자동화 시스템은 이해하려 하는 것이 아니라 조작하려 하는 것이다. 이는 표상적인 것이 아니라 조작적이다. 나는 미셸 푸코의 저작(Foucault, 2007)으로부터 영감을 받아서, 주체화 과정 없이 이루어질 수 있는 거버넌스의 양식을 '환경성'이라 부른다. 이는 개별 행위자의 환경environment에 직접 작동하며 주변 환경milieux에 개입함으로써 그 행위를 형성한다. 이런 형태의 거버넌스는 주변을 규율하는 능력과 결합된 포괄적 모니터링에 따라 달라진다. 이를 유연하고 프로그램할 수 있는 맥락으로 보고 가상 현실(잠재적 실제)과 유사한 것으로 여기는 것이다. 이 '편향들'은 자동화 시스템과 실천으로 상호 연관되어 있으며 그 자체로 연결되어 있다. 이 편향들은 주체를 여러 각도에서 접근함으로써 주체의 한계를 극복하려는 시도로 수렴한다. 이후 이어지는 장들은 이 편향들을 바탕으로 자동화 미디어가 더 일반적으로 사회에 대해 갖는 함의를 탐구할 것이다. 이는 치안과 정치로부터 사회성과 감시에 이르는 사례들을 아우를 것이다.

3장은 일상의 단절과 '필터 버블'과 이것들이 민주적 숙의와 대중문화에 미치는 영향에 관한 최근의 논쟁과 연관된다. 이런 논의는 이 정보가 수용되고 사용되는 방식에 대한 결정적인 질문이 아니라 사용자가 접근할 수 있는 정치적 내용의 범위에 집중되는 경향을 보인다. 광범위한 정보는 민주적 숙의의 필요조건이지만 충분조건은 아니며, 많은 부분이 훌륭한 신뢰 논쟁을 촉진하고 타인의 관점을 기꺼이 받아들일 수 있는 '시민 성향'을 형성하는 데 달려 있다. 최근의 정치 상황이 보여 주듯, 민주주의에 대한 도전은 정보의 부족 때문이 아니다. 의미 있는 숙의의 여건을 훼손하는 반시민적 기질이 점차 강해짐에 따라 민주주의는 도전받고 있다. 3장은 뉴스와 정보의 자동화된 개별 맞춤화가 점차 증가하는 정보 액세스의 혜택을 실현하지 않은 채(그리고 그렇게 책무로 변형된 채) 공동체와 공동체에 대한 인식 형태를 훼손하는 데 미치는 역할을 고찰한다.

4장은 예측적 치안의 사례 연구로, 자동화가 시뮬레이션의 논리를 어떻게 선점으로 재구성하는지 다룬다. 데이터가 추동하는 치안이라는 맥락에서 방해의 전략은 인과성의 서사적 설명에 따라 그리고 행위자에 대한 상황적 및 제한적 개념에 따라 달라진다. 가령 범죄율 통계의 변화는 그 밑에 깔린 사회적 원인(빈

곤율, 교육 기회, 취업 기회 등) 탓으로 돌릴 수 있다. 방해의 논리로부터 영향을 받는 정책 접근은 그 밑에 깔린 원인의 수준(경제적 및 사회적 프로그램들, 저지 전략 등) 위에 개입하려 한다. 이와 반대로 선점의 전략은 그 발생 순간의 범죄성을 다루어야 한다고 강조한다. 이는 가령 일촉즉발의 행위를 막기 위해 특정한 일시에 특정 주소로 경찰관을 파견하는 것이다. 그러한 경향은 (주체를 모니터링하는 시선에 내재화하도록 강요하는) 감시의 상징권력으로부터 (실제 시간에 언제 어디에서 폭력적이거나 범죄 행위가 일어날 수 있는지 구별하는) 감시의 선점 역할로 강조점을 옮기는 것이다. 역시 이것의 실제 효과는 포괄적 감시의 필요성을 불러일으키는 것이다.

5장은 이러한 논변들을 바탕으로 이른바 '스마트' 시티에서 '환경적' 거버넌스의 역할을 분석한다. 현재 시점에서 미래에 대해 작동한다는 것은 패턴을 밝히고 시뮬레이션을 수행하기 위해 될수록 많은 정보를 수집한다는 의미다. 가령 4장에서 서술한 예측적 정책 관리 시스템에 포함되는 변수의 범위는 점점 넓어진다. 과거의 범죄 패턴에 그치는 것이 아니라 어떤 경우에는 온도, 대기압, 심지어 달의 위상까지 포함한다. 정보 수집 과정은 접근 가능한 감지 네트워크로만 제한되며, 선점적 접근들은 이 네트워크를 무한정 확장할 필요성을 포괄한다. 따라서 스마트 시티, 스마트 공간, 스마트 기기의 발달은 시뮬레이션과 선점의 인프라 구조로 이해될 수 있다. 이들은 데이터 수집의 범위와 영역을 확장하여 정보 수집의 범위를 끊임없이 확장하고 새로운 감지와 역량을 포괄하게 한다. 이 장은 푸코의 환경성 개념(Foucault,

200)에 주목하면서 이러한 거버넌스의 양식이 원인에 대한 규제로부터 결과에 대한 규제로 관심을 옮겨가게 한다고 주장한다. 5장에서는 또한 스마트 시티의 특징이 하룬 파로키Harun Farocki[17]와 트레버 페글렌Trever Paglen[18]이 요약한 의미처럼 "조작적인" 특성이 있음을 설명한다. 왜냐하면 자동화는 재현적 커뮤니케이션을 데이터로 바꾸어 그 주된 속성을 "조작의 일부"로 만들기 때문이다(Farocki, 2004; Paglen, 2014). 기계들은 주요어와 단어군을 써서 기사와 이메일 메시지를 분류할 수 있지만, 그것이 무슨 의미인지는 말해 줄 수 없다. 그러나 이 정보와 행동의 상호 연관을 보여서 미래의 반응과 행위를 예측할 수 있다. 페이스북은 왜 우리

17   하룬 파로키는 독일의 영화감독 겸 미디어 아티스트다. 한국 국립현대미술관에서 "하룬 파로키 ― 우리는 무엇으로 사는가?"라는 전시회가 열린 적이 있다. 여기서 그의 영상 작품이 전시되었고 강연회도 개최되었다. "하룬 파로키와의 대화" 강연은 국립현대미술관이 제공하는 유튜브 영상으로 볼 수 있다. (https://www.youtube.com/watch?v=xSr5377LA50) ― 옮긴이

18   트레버 페글렌은 미국의 예술가이자 지리학자이며, 대량 감시 및 데이터 수집과 국가 기밀 등에 대한 여러 저서를 집필한 작가이기도 하다. 그는 과학자 및 인권운동가 등과 함께하는 멀티미디어 프로젝트를 통해서, 전 지구적인 규모로 진행되는 감시 체제와 드론 전쟁의 윤리 문제를 고찰하며 정치문화적인 감시와 테크노 권력 등의 문제를 구조적으로 파헤친다. 이러한 광범위한 정치예술가로서의 활동을 인정받아, 미국의 전자프론티어재단에서 수여하는 파이어니어상(2014)과 독일의 보스 사진재단상(2016) 등을 수상했다. 그가 촬영감독으로 참여했던 〈시티즌포Citizenfour〉는 2015년 미국 아카데미영화제에서 장편 다큐멘터리상을 수상했다. 2018년 백남준아트센터 국제예술상 수상자로 선정된 그는 시상식과 개인전을 위해 내한하기도 했다. ― 옮긴이

가 어떤 사람을 좋아하는지 알지 못하지만, 우리의 커뮤니케이션 패턴을 추적하여 언제 그 사람과 데이트를 시작하고 언제 결별하기 쉬울지 알고 있다. 페이스북은 어떤 뉴스가 진짜인지 모르겠지만, 어떤 정보가 더 많이 공유되고 클릭되며 '좋아요'를 받을지 알고 있다. 재현이 조작주의로 붕괴되면 사람들의 결정이 어떻게 이루어지는지 '알아보기'가 어렵게 되기 때문에 그 결과에 대한 이유를 구별하기도 어렵다. 조작주의 판타지는 인간의 판단 순간이 빠지는 것이다. 따라서 가령 치명적인 자율 살상 무기나 스마트 자동차나 그와 비슷한 기술들은 자동화된 정의라 할 법한 것을 예측한다. 인생을 바꿔 버리는 결정이 인간의 개입 없이 이루어지는 것이다. 조작적 도시는 행동에 영향을 주는 도시 환경에 대해 포괄적으로 데이터를 얻고 실시간으로 조절할 수 있는, 주변 환경 규모의 거버넌스에 대한 틀을 잘 보여 준다.

6장은 '프레임 없음'의 미학, 즉 '모든 곳'으로부터 바라보는 것을 잡아내려는 시도의 미학이 앞의 장에서 설명한 논리와 어떻게 일치하는지 탐구한다. 실천적인 용어로 말하면 이것은 환경 전체에 센서를 분포시키는 것을 의미한다. 따라서 완전히 상호 작용하는 주변 환경을 만들 경제적이고 정치적인 필요성을 의미한다. 어떤 데이터를 얻을 것인가에 대한 모든 개념적 한계를 제거하려는 노력은 비주체적 응시의 가능성을 예견한다. 즉 더는 상황적이지도 편파적이지도 제한되지도 않는 응시다. 포괄적 정보의 목표는 새로운 프레임 없음의 미학에 상응한다. 가상 현실, 증강 현실, 심지어 360도 비디오는 프레임의 한계 없이 작동한다.

시각적인 것을 넘어서는 표상의 영역에서 뭔가 비슷한 일이 일어난다. 기술은 우리 생활 전체의 비디오를 포획하여 우리가 인간적 기억을 증강시킬 수 있게 할 수 있다. 이런 기술은 기억과 서사의 기능, 즉 선택성을 결점으로 묘사한다. 왜냐하면 기억과 서사 모두 생략과 결핍에 의존하기 때문이다.

7장은 자동화의 맥락에서 주체의 운명을 고찰한다. 주체를 객체 세계와 동화시키려 하는 이론적 시도들에 반대하기 위해 정신분석학 이론에 주목한다. 결론에 해당하는 이 장은 어떤 존재자 안에 남아 있을 수 있는 주체성을 고찰한다. 그 존재자의 욕망은 선점된다. 그것이 무엇을 듣는가, 누구에게 투표하는가, 무엇을 구매하는가, 누구를 사랑하는가, 심지어 무엇을 쓰는가와 관련되더라도. 이 자동화된 '주체,' 즉 완벽하게 자기 동일적이며 따라서 데이터화된 예측 가능성의 제한 조건 안에 깔끔하게 맞아떨어지는 주체는 주체성의 순간이 제거되어 버린 주체다.

이 책의 여러 논변을 결합하면 자동화가 정치와 주체성에 대해 갖는 함의의 비평이 된다. 내 주된 관심은 정치 이후의 테크노크라시로 향하는 경향, 즉 중요한 사회적 결정들이 점점 더 자동화 시스템에 탑재되는 경향이다. 예측할 수 있는 미래의 정치적 도전은 주체성과 판단을 자동화 미디어에 복속시키려 애쓰는 것이 될 것이다. 이 장은 자동화 논리에 맞서려는 사람들이 맞닥뜨리게 되는 심각한 도전들도 다루고 있다. 경제 시스템 전체가 효율성, 생산성, 통제라는 이름으로 자동화의 유익을 향해 맞추어져 있다. 사회적 삶을 자동화된 상업적 플랫폼으로 이전하게 되면 자동화의 위협에 도전하는 데 필요한 시민 자본이 침식된다. 이 점에서 자동화 사회의 논리는 맞물리며 스스로를 강화하고 있다. 이를 깨기 위해서는 우리가 상호 작용하고 커뮤니케이션하는 방식을 재구성해야 한다. 자동화의 디스토피아에 대한 대안을 찾기 위해서는 우리의 미디어와 교육 시스템 전체를 다시 생각해야 한다. 이 사실을 인정하면 변화의 희망을 무디게 하는 효과가 있을지도 모르지만, 이 사실을 부정하면 변화는 불가능할 것이다.

자동화의 편향

캐나다의 정치경제학자인 해럴드 이니스(2008)는 미디어와 제국 사이의 관련성에 관한 연구에서, 미디어가 시공간을 통해 메시지를 전달하는 능력에 영향을 주는 편향에 따라 특징지어진다고 관찰했다. 석판이나 조각처럼 내구성이 있는 미디어는 시간이 지나도 메시지가 유지되는 방향으로 편향되어 있다. 돌에 새기는 사람과 조각가(그리고 그들의 작업물을 유지하는 사람들)는 몇 세대 혹은 그 이상으로 장기적인 계획을 한다. 반면 더 가볍고 수명이 짧으며 휴대할 수 있는 미디어에 메시지를 옮기는 사람들은 공간을 가로질러 메시지가 빠르게 전송되는 것과 영역을 가로질러 권력이 투사되는 것에 관심을 둔다. 에드워드 코모Edward Comor(2001)는 이니스에 관한 논의에서 이렇게 말한다. "시공간 그리고 시간이나 공간을 제어하려는 노력에는 힘을 독점화하려는 시도가 포함된다. 이니스에 따르면 이 시도에는 잔혹한 억압에서부터 보다 미묘한 감시 기술의 구현에 이르기까지 다양한 제어 행위가 포함된다"(283).
그러한 접근법은 특정 미디어의 어포던스affordance[19]를 강조하고
이 미디어가 다른 권력 구조에 의해 실제로 활용되는 방식을 강조
한다. 예를 들어 현대적인 맥락에서는 라디오 전송은 공간을 통
해 빠르게 이루어지지만 금방 사라진다. 보조 미디어(예를 들어 디지
털 녹음)의 도움을 받지 않으면 라디오는 우리가 말하는 순간 발화
되면서 흩어져 사라진다(사람들의 기억 속에 살아남는 경우라 해도 마찬가
지다). 이니스를 인용하면서 코모는 미디어가 미디어로 인해 가능
한 사회적 관계를 결정하는 것이 아니라 오히려 그러한 사회관계
의 경향을 반영한다고 주장한다. 따라서 특정 미디어의 구현과 이
용은 "맥락과 특히 개발과 제어의 경제학도 포함한다"(Comor, 2001:
281). 코모는 미디어 편향이라는 개념을 디지털 시대에 맞게 업데
이트하며 이렇게 말한다. "인터넷과 기타 새롭게 출현하는 기술

---

19   어포던스는 심리학자인 제임스 J. 깁슨James J. Gibson이 1966년에 펴낸《지각
체계로 본 감각The Senses Considered as Perceptual Systems》에 처음 등장한 용어로,
사람이 특정한 행위를 할 수 있게 해 주는 환경적인 특성을 설명하기 위해 사용되었
다. 깁슨은 특정 대상이 가지고 있는 본질적이고 외면적인 속성이 우리에게 직접 전
해 주는 무언가를 어포던스, 즉 행동유도성이라는 말로 설명했는데, 대상의 특성이
행위자의 어떠한 행동을 유발해 내는 관계를 일컫는다. 어포던스의 개념은 이후 지각
심리학, 인간-컴퓨터 상호 작용(HCI), 산업 디자인 및 커뮤니케이션 연구 등으로 확
장되어 사용되면서 그 뜻이 다소 광범위해졌다. 커뮤니케이션 연구에서는 주로 미디
어 환경의 기술적 성격이 미디어 이용자와 어떠한 상호관계를 가지며 이용과 실천을
가능하게 하는지 살필 때 어포던스의 개념을 사용한다. ― 옮긴이

들, 조직들, 기관들은 점점 더 짧아지는 시간 프레임과 그에 수반하는 시간의 역사적이고 사회적인 개념화를 무시함으로써 공간의 확장과 조직 및 제어에 대한 집착에서 심각한 우위를 점하고 있다"(Comor, 2003: 106). 이러한 설명은 페이스북과 같은 기업이 세계적으로 20억 명 이상의 사람들에게 도달 범위를 확장할 수 있는 능력에서 비롯된 것 같다. 사실 구글, 페이스북, 텐센트 등과 같은 기업의 단순 규모만 놓고 보자면 인터넷이 어떻게 전례를 찾을 수 없을 정도로 미디어 플랫폼을 만들어 내는지가 잘 드러난다. 시간의 경과에 따르는 내구성과 관련한 다음 사례를 보자. 2019년 초 마이스페이스MySpace가 서버 이전에서 발생한 오류로 인해 이용자들이 업로드한 12년치의 음악을 잃었다고 발표했는데, 이는 디지털 미디어가 지닌 잠재적인 덧없음을 보여 주었다. 이와 마찬가지로, 빠르게 변화하는 하드웨어와 소프트웨어로 인해 파일에는 접근이 어렵고 앱은 작동하지 않게 되기도 한다. 1990년대를 살았던 사람이라면 누구나 경험하는 일이겠지만, 이제는 플로피 디스크나 집드라이브와 같은 특수한 (혹은 낡은) 장비 없이는 읽을 수조차 없는 포맷의 데이터가 있다.

공간을 가로지르는 빠른 커뮤니케이션에 대한 추동은 리사 파크스Lisa Parks(2018)가 수직적 중요성이라 묘사한 것을 생겨나게 했다. 단지 전파만이 아니라 상공을 제어하려는 시도다. 방송국과 정부가 사용했던 위성 외에도 인터넷이 이러한 수직성에 하나의 겹을 더 추가했다. 페이스북은 오지에서도 인터넷 액세스를 가능하게 하려고 태양광 발전소를 건설하고 있고, 구글과 아마존은 드론으로 작동하는 공중 배송 시스템을 구축 중이다. 아마존은 인구 밀집 지역 상공을 맴돌다가 주문 몇 분 만에 드론에 상품을 실어 보내 집으로 배달할 수 있는 창고 비행선에 대한 특허를 신청했다. '큰 상자' 모양의 상점이 점유하던 영토는 에얄 와이즈먼Eyal Weizman이 매우 다른 맥락에서 수직적 통제 전략(2002)이라 묘사한 것으로 대체되고 있다. 상거래에서와 마찬가지로 전쟁에서도 역시 드론이 여러 종류의 빠르고 표적화된 배송을 할 수 있고 비대칭적인 전쟁 지역을 점유하도록 공간을 변형한다.

디지털 미디어는 속도, 편재성, 그리고 장거리 제어라는 정보 자본주의의 필수 사항을 해결할 수 있을 만큼 충분한 어포던스를 제공한다. 정보 유통의 범위와 가속화가 인간이 따라잡을 수 있는 능력을 압도함에 따라 페이스북, 아마존, 구글, 텐센트와 같은 글로벌 규모의 조작 기업에게 있어 자동화는 중요해졌다. 이러한 맥락에서 자동화의 편향은 고속 커뮤니케이션의 중앙 집중화된 글로벌 제어에 대한 것이다. 자동화 없이는 페이스북 정도 규모의 맞춤형 정보 시스템 또는 구글 규모의 검색 엔진을 개발하기란 불가능할 것이다.

이 모든 것이 자동화의 '편향'에 대한 질문을 현대 경제의 맥락 안에서 점점 더 절박한 문제로 만든다. 이러한 맥락에서 편향을 말하는 것은 편향된 의사 결정 시스템에 대한 친숙한 질문을 불러일으키려는 것이 아니다(물론 사피야 우모자 노블Safiya Umoja Noble[2018]과 버지니아 유뱅크스Virginia Eubanks[2018]를 포함한 학자들의 획기적인 연구에서 입증된 것처럼 이러한 문제는 매우 중요하다). 오히려 기존의 사회경제적 맥락에서 자동화를 구현하기 위한 선택이 어떻게 일련의 고유한 경향을 수반하며 중요한 사회적 결과를 가져오게 되는지 고려하기 위한 것이다. 이 책의 다음 장에서 이어질 내용은 대부분 이러한 편향을 파악하고 사회적인 함의 및 관련된 병리를 고려하는 일이다. 예를 들어 소셜 미디어가 뉴스 산업에 미쳐왔던 영향을 검토해 보자. 이는 단지 경제 모델이 페이스북과 같은 중개 플랫폼에 의해 변화된 것만이 아니라 정보 배포의 형태와 규모와 속도가 급격하게 변화한 것이다.

미디어 기술에서의 급격한 변화는 점차 일상이 되고 있다. 예를 들어 1950년대에 텔레비전이 빠르게 침투하여 그 결과 나타난 문화와 정치에서의 함의를 생각해 보자. 미디어 영역에서의 기술적 변환은 점차 연속적인 것이 되었다(1940년대부터 1970년대 사이에 텔레비전의 주요 전환이 흑백에서 컬러텔레비전으로의 전환 그리고 케이블 TV와 VCR의 등장인 반면, 1990년대 후반에서부터 2010년대 사이의 기간에는 LCD, 플라즈마, 디지털, 고화질, 3D, LED, 스마트TV, DVR, 온디맨드, 온라인 스트리밍, 인터넷 TV, OLED, 초고화질 등이 개발되었다). 20세기 중반에 성인이 된 사람들은 휴대전화와 스마트폰이 등장하기 전까지는 같은 전화를 몇십 년 동안 사용했다. 이러한 변환의 범주에 대한 감을 잡기 위해서는 그 장비나 인터페이스에 머물지 말고 그 기기들을 지탱하는 인프라를 살피는 것이 중요하다. TV 한 대로 무료 공중파 방송과 스트리밍 콘텐츠를 모두 시청할 수 있지만, 스트리밍은 매우 다른 상업적 논리와 기술적 어포던스에 의존한다. 트랜지스터 기술이 발명되고 지속적으로 발전해 온 것은 자동차 라디오에서부터 개인용 컴퓨터에 이르기까지 더 가볍고 이동성이 있는 테크놀로지가 창조되는 일에 결정적인 역할을 했다. 그리고 무어의 법칙Moore's law[20]의 행진은 전례 없는 규모로 자동화 미디어의 부상을 가능하게 했다. 이러한 기술적 변화는 정보를 저장하고 공유하고 처리하고 전송하는 방식을 급격하게 재구성해 왔으며, 정치적이고 사회적으로 광범위한 결과를 가져왔다.

인터넷, 휴대전화 그리고 기타 디지털화되고 네트워크화된 상호 작용이 새롭게 떠오르는 것과 관련하여 일어난 무수한 변화는 우리가 마주한 과제다. 즉 한 걸음 물러서서 이들을 통합하는 큰 그림에 대한 감을 갖는 것이다. 이렇게 급변하는 환경 속에서, 글을 쓸 당시에 존재하는 기술에만 집중한 책은 기기가 바뀌어도 유지되는 더 넓은 논리와 경향을 추출하지 않는 한 몇 달 안에 낡은 책이 되어 버릴 것이다. 이 책이 내세우는 것은 자동화된 미디어에 대한 이론적 접근의 가치는 바로 그러한 패턴을 추출하는 능력에 달려 있다는 점, 그리고 이러한 패턴은 다시 기술의 개발과 구현으로 무엇이 가능할지 이해할 수 있게 해 준다는 점이다. 이론적 추상화는 복잡성과 뉘앙스를 놓칠 수 있다는 단점이 있다. 반면 도움이 되는 점도 있는데 겉보기엔 정신없는 변화의

---

20   무어의 법칙은 반도체 집적 회로의 성능이 24개월마다 두 배로 증가한다는 것이다. 1965년 인텔의 공동 설립자인 고든 무어Gordon Moore가 주장했다. 법칙이라고는 하지만 무어 자신의 경험적인 관찰에 근거한 것으로, 2000년대 들어서는 이 법칙을 폐기해야 한다는 주장도 있다. — 옮긴이

속도를 멀리서 조망할 수 있게 함으로써, 패턴과 논리가 흐려지지 않고 뚜렷이 드러나도록 한다는 것이다. 추상화가 가져올 잠재적인 위험 중 하나는 기술 시스템이 내장된 사회적 맥락에 대한 배경 설명이다. 즉 기술 어포던스와 역량을 주장하면서, 이들이 기술 시스템이 포함된 더 광범위한 사회적 요구에 따라 무조건 이루어지는 것으로 간주하는 것이다. 예를 들어 자동화는 기술 시스템을 가속화할 뿐 아니라 속도를 느리게 할 수도 있지만, 현대 사회가 분명 가속화를 더 선호하는 것은 전 세계적으로 보편적인 현상이다. 현재로서는 자동화에 대한 그 어떤 동기도 가속화와 무관하지 않다. 마찬가지로, 기술적 이상주의의 특징적인 징후 중 하나는 새로운 기술 장치와 어포던스가 어떠한 경제 모델에 기반을 두는지에 대한 고려를 하지 못한다는 점이다. 기술이 제공하는 편리함이 마치 경제적인 진공 상태에서 일어나기라도 하는 것처럼 상상하고픈 유혹이 있다. "당신의 정치적 성향을 분석하여 개별 후보들의 프로필과 맞춰본 후 어느 후보자에게 투표하라고 결정해 주는 개인 봇이 있다면 정말 멋지지 않을까?" 이러한 생각이 민주주의의 관행을 방해하는 것은 아니겠지만 다음과 같은 질문을 제기한다. 누가 이 봇을 개발할 것이며 그에 필요한 인프라와 데이터에는 누가 자금을 댈 것인가? 그 봇의 유지 보수를 누가 담당할 것인가? 시민 한 사람 한 사람이 모두 자신의 개별 봇을 개발할 만큼의 기술적 전문성과 재력을 지니지 않은 한, 그러한 시스템은 경제적인 지원 시스템의 문제를 제기한다. 이는 결국 봇의 행위를 형성하는 데 명백하거나 은밀한 영향력이 있지 않은지 많은 의문을 제기하게 만들 것이다.

구체적으로 빌 게이츠Bill Gates(Gates et al., 1995)와 니콜라스 네그로폰테Nicholas Negroponte(1995)가 각각 자동화된 뉴스 및 시사 사건 큐레이션 시스템의 가능성을 처음 제안했을 때, 그들은 개별 이용자들에게 응답할 수 있는 탈집중화된 개인용 '봇' 혹은 '소프트웨어 에이전트'를 구상했다. 사람들은 지정된 봇을 자신의 기기에 설치해서, 자신의 관심사와 선호도에 맞는 서비스를 제공받을 것이다. 당신의 봇은 나가서 '당신'에게 꼭 맞는 뉴스를 찾을 것이다. 당신이 읽고 싶어 하는 책과 당신이 보고 싶어 하는 영화를 표시해 줄 것이다. 이는 원칙적으로 보자면 괜찮은 아이디어이고, 온라인에서 엉망진창으로 섞인 정보와 오락을 솎아 낼 수 있다. 그러나 현실적으로 보면, 맞춤형 뉴스는 상업적 소유주가 통제력을 발휘하는 플랫폼의 후원을 받아 그 광고와 마케팅의 명령을 전달할 목적으로 나에게 도착한다. 여기서 경제적 맥락이 결정적인 영향력을 행사하게 된다는 것은 그리 놀라운 일이 아니다. 경제적 맥락은 디지털 상호작용성의 가능성이 실제로는 어떻게 물질화되는지 규정하는 역할을 한다. 그러한 시스템이 만일 개별 이용자들의 제어하에서 탈중심화되었다면 다르게 작동했을 것이다. 그러나 이를 위해서는 다른 경제적 모델과 기술적 인프라가 필요하다.

그렇다면 자동화의 시스템에 대해 말한다는 것은 곧 특정한 사회 맥락 내에서의 기술적 인공물이 지닌 편향에 관해 이야기하기 위해 속기 전략을 도입하는 것이다. 다음의 주장은 미디어와 정보 분야에서의 자동화가 데이터로부터 가치를 발생시키려는 시도에 따라 추동된다는 전제에서 출발한다. 그 가치는 경제적, 정치적, 사회적일 수도 있고 혹은 보안의 목적일 수도 있다. 방송의 시대에 TV는 시청자에 대한 정보를 포착하기 위해 비싸고 시간이 많이 걸리는 시스템을 장착해야 했다. 디지털 시대에는 상호 작용 시청 시스템이 이용자의 모든 행위의 세부 내용을 대량의 세분화된 데이터 형식으로 수집한다. 아날로그 책은 그 자체로 표현력이 무한하지만, 그 독자들에 대해서는 상대적으로 할 말이 없다. 반면 디지털 플랫폼의 전자책은 언제 어디서 어떻게 독자들이 책을 읽는지에 대한 정보의 흐름을 전달한다. 이 데이터는 다시 생산 과정에 통합된다. 이용자 데이터에서 가치를 생성한다는 것은 이를 상거래 엔진에 활용하는 방법을 찾는다는 의미이고, 이는 현재의 사회 조건에서 자동화된 시스템의 배치를 형성하는 속도, 효율성, 이용자 맞춤성, 예측의 필수 사항을 설명할 수 있도록 해 준다. 다음 장에서 다룰 자동화의 여러 편향은 서로 관련되어 있고, 연결되어 있으며, 비록 이 책에서는 그것이 전례 없는 상황과 경향 속에 놓여 있다고 주장하기는 하지만 모든 편향이 반드시 새로운 것은 아니다.

이 책의 목표는 철저하거나 포괄적인 설명을 제공하려는 것이 아니다. 자동화된 미디어란 디지털 코드로 관리되는 컴퓨터화된 과정에 의존하는 커뮤니케이션과 정보 기술이라 이해할 수 있으며, 그 자동화된 미디어의 경향과 궤적을 생각하기 위한 프레임워크를 요약하려는 것이 이 책의 목표다. 알고리즘이 당신의 소셜 미디어 뉴스 피드에 어떤 기사를 제공할지 혹은 이어서 어떤 음악을 재생하게 할지 혹은 만일 '신경망'이 통제된 실험을 생성하고 비교하여 당신이 가장 반응할 만한 광고가 무엇인지 결정한다면, 이것이 바로 자동화다. 미디어 자동화 과정은 뉴스 및 광고 같은 콘텐츠의 관습적인 형식 그 이상이며, 일상생활의 미디어화와 정보화를 포괄한다. 자동화 미디어는 우리 주변의 세계로 스며들고 있으며, 우리가 다른 사람과 그리고 사물 세계와 상호 작용하는 것을 중개한다. 예를 들어 우리는 자동차를 미디어 기술이나 인터페이스로 생각하지는 않지만, 자동차가 네트워크화된 센서 시스템과 연결되어 이동통신 네트워크에 연결되는 순간 그 자동차는 〈뉴욕 타임스〉가 표현한 것처럼 "굴러가는 비밀 정보 수집소rolling listening posts"가 된다.[21] 이 수집소는 "전화 통화와 문자 메시지를 추적하고, 방문한 웹 사이트를 기록하며, 당신이 듣는 라디오 방송을 기록한다. 심지어 제한 속도를 넘겨 교통 법규를 위반하는 순간까지도 당신에게 알려준다"(Quain, 2017). 자동차가 점점 더 컴퓨터화된 시스템에 의존하게 됨에 따라, 자동차는 굴러가는 정보의 보고로 변한다. "일부에서는 자동차 한 대가 시간당 25기가바이트의 데이터를 생성할 수 있으며 하루에

---

21   원래 'listening post'는 적이나 상대편의 정보를 몰래 수집하는 조직이나 센터를 의미하기 때문에 눈에 잘 띄지 않는 곳에 설치되어 있어야 하는데, 자동차는 가시적으로 움직이면서도 정보를 모두 수집한다는 의미에서 이런 표현을 사용했다. ― 옮긴이

4000기가바이트의 데이터를 생성한다고 추산한다"(Ratnam, 2019). 더 나아가, 자율 주행차의 개발과 실제 배치는 자동차를 점점 더 다양한 정보를 수집하고 처리하는 센서로 가득한, 완전하게 매개된 장치로 변형시킬 것이다. 이는 사물 세계의 경우에 더 일반적이라고 할 수 있는데, 사물 세계는 커뮤니케이션 장치로 친숙한 기기를 배가하는 이른바 '사물 인터넷'에 둘러싸여 있기 때문이다. 거대 기술 기업인 시스코Cisco는 머지않아 스마트 장비 사이의 커뮤니케이션이 인간 사이의 커뮤니케이션을 능가할 것으로 예측한다.

> 오늘날의 인터넷은 인간에게 정보를 전달하여 소비하도록 만드는 스마트폰, 태블릿, 개인 컴퓨터에 의해 움직인다. 5년 내로 이 장치들은 더 소수가 될 것이고, '스마트' 홈과 스마트 오피스, 스마트 도시 그리고 스마트 자동차에서 서로서로 커뮤니케이션하도록 고안된 기계들의 수에 따라잡힐 것이다. (Wong, 2017)

'소셜 미디어'라는 용어는 우리 삶에서 사물들이 고도의 커뮤니케이션 능력을 갖추게 되면서 새로운 울림으로 다가온다. 우리의 미디어는 우리에 관해 서로 (그리고 자신들을 다스리는 플랫폼과 함께) 쉬지 않고 대화할 것이며, 이러한 '대화'는 자동화된 시스템이 의미를 파악하고 대응할 원재료를 제공하여, 결국 살아 있는 환경을 철저히 매개된 환경으로 바꿀 것이다. 그러나 대화의 은유는 이 맥락에서만 지금까지 진행된다. 이 시스템들은 개방형 대화에는 참여하지 않으며, 시스템의 기계 언어는 인간의 언어와 큰 차이가 있다. 그 결과에 대해서는 다음 3장에서 탐색해 보겠다. 예술가인 트레버 페글렌(2014)이 제안했듯이, 자동화된 언어인 기계 언어는 표현적이기보다는 조작적이며, 인간의 언어에서는 특징적으로 나타나는 기호와 지시 대상 사이의 뚜렷한 차이가 기계 언어에는 없다. 기계 언어는 자동화가 근절할 것이라 약속하는 주관적인 욕구로 가득 차 있다. 욕구의 상태는 다음 장에서도 반복되는 주제이며, 상호주관성, 섹슈얼리티, 유한성과 함께 연결된다. 이는 자동화의 목표이자 격차이기도 한데, 인간 고유의 명령이 기계로 옮겨지면서 재구성되고 잘못 인식될 수 있는 과정에 갇혀 있다.

인식론적 단절

이 점에서 자동화에는 탈사회적인 편향이 있다. 정치적 숙의와 같은 사회적 과정을 기계적 과정으로 대체하려 할 때, 마치 분류와 상관성이 판단과 같은 것처럼 여겨진다. 그런 시도는 사람의 결정 과정에서 그리고 사람이라는 주체 자신에게 발견되는 부인하기 힘든 단점에 주목한다. 자동화를 추진하는 사람들은 인간의 판단에 스며 있는 편향과 유약성과 기이한 충동을 강조하며, 사람의 정보 처리에서 특징적으로 나타나는 인지적 한계를 역설한다. 이는 또 자동화의 불가피성을 가리킨다. 오늘날 정보 환경에서 어떤 과정들은 돌이킬 수 없을 만큼 자동적이다. 가령 인터넷에 있는 약 20억 개의 웹 사이트를 자동으로 검출하고, 로그인을 관리하고, 분류하는 것이 그런 것이다. 같은 점에서 어떤 패턴은 대규모 고속 데이터 처리 없이는 검출하는 것이 불가능하다. 그러나 그런 시스템을 사용하기로 선택하면 그만한 대가가 있음을 인지하는 것이 중요하다. 그 대가는 정보의 편향이라 부를 만한 것이다. 여기에는 이해보다 상관관계가 우선하고 설명보다 예측과 선점을 우선시하며, 사회적 가치보다 효율을 더 중시하고, 총체적 정보 수집이 필수다.

가령 자동화된 광고 테스트 시스템에서 특정 배경색이 다른 색에 비해 보는 사람들의 반응을 이끌어 내는 비율이 더 높다는 것을 알게 된다면 왜 이런 일이 일어나는지 밝히는 것이 아니라 단순하게 그러한 상관성을 문서로 만들 것이다. 일정한 시간이 지나도 유지되는 상관성을 찾아낸다는 것은 설명의 문제가 아니라 예측의 문제다. 여기에서는 고속 데이터 처리가 설명에 기반을 둔 발견보다 우월할 수 있다고 가정한다. 그 이유 중 하나는 그것이 다룰 수 있는 변인의 수와 데이터 처리 속도 때문이다. 이는 가설의 시험과 이해와 설명을 넘어서는 무지막지한 숫자의 승리다. 예측되는 것이 무엇이든, 즉 미래 직업의 수행이든, 학생의 성공이든, 잠재적인 위협이든, 이 접근은 될수록 많은 변인을 뒤섞어놓고 무엇이 표면으로 떠오르는지를 보는 방식이다.

어쩌면 우리는 사실 이후의 설명을 찾아낼 수 있겠지만, 이는 사변적이며, 예측이라는 목적에서는 핵심을 비켜 간 것이다. 크리스 앤더슨Chris Anderson은 자신의 악명 높은 논문 "이론의 종말The End of Theory"에서 이런 태도를 보였다. 해석을 위한 사회과학은 빅 데이터 시대에 아무런 미래가 없다는 것이다.

언어학부터 사회학까지 인간 행위의 모든 이론에서 벗어나야 한다. 사람들이 무언가를 할 때 왜 그렇게 하는지 누가 알겠는가? 핵심은 사람들이 그것을 한다는 것이며, 그것을 이제까지는 얻을 수 없었던 정확도로 추적하고 측량할 수 있다는 점이다. (Anderson, 2008)

앤더슨은 이렇게 주장한다. "충분한 데이터가 있으면 그 수가 스스로 말한다." 그런데 그 수가 말하는 것은 제한되어 있다. 수는 단지 패턴을 밝히고 어떤 경우에 그런 패턴이 시간이 지나도 견고하게 남아 있을 개연성을 밝힐 뿐이다. 앤더슨은 자신의 주장을 위해 구글의 유명한 페이지랭크pagerank[22] 알고리즘의 예를 가져온다. 이는 자동화된 미디어를 정의하는 예이기도 하다. "구글의 설립 정신은 이 페이지가 저 페이지보다 왜 나은지 모른다는 점에 있다. 연결되는 링크들의 통계에서 그렇다고

---

[22] 페이지랭크는 미국 스탠포드대학교에 재학 중이던 래리 페이지Larry page와 세르게이 브린Sergei Brin이 1998년에 개발한 검색 엔진 알고리즘으로, 이후 이들이 설립한 구글의 검색 엔진에서 사용되고 있다. 페이지랭크는 하이퍼링크 구조를 가지는 문서에서 상대적 중요도에 따라 가중치를 부여하는 방식으로 구성된 알고리즘이며, 서로 인용이나 참조로 연결된 임의의 묶음에 적용된다. — 옮긴이

말하면 충분하다. 의미론적 분석도 인과적 분석도 필요하지 않다"(Anderson, 2008).

　이는 자동화 시대의 좌우명일 것이다. 즉 이해는 불필요하다는 것이다. 영역 특수적 전문 지식이 자동화 시스템 개발에 결정적인 요소라는 점에서 이는 분명 틀린 말이지만, 꽤 그럴듯한 열망처럼 들린다. 충분한 데이터와 이해와 설명이 모든 도전 및 한계와 함께하리라는 전망이다. (세계를 전부 포괄하는 설명이 없을 때, 완전한 설명이 가능한 것은 언제일까?) 데이터가 미래 직업 수행 능력을 가장 잘 예측하는 것이 지원 서류를 제출하는 지원자가 사용하는 브라우저라고 말하면, 왜 그런지 묻는 것은 전혀 필요가 없다(The Economist, 2013). 복잡한 고속 결정의 경우에 '왜?'라는 질문은 상황을 지연시킬 뿐이다. 수많은 변수에 기초를 둔 상관성의 경우 대답이 '왜'라는 질문을 의미 있게 만들기 위해 역설계할 수 있을지는 불분명하다. 고양이 사진을 인식하도록 학습된 신경망을 감독한 전 구글 엔지니어는 시스텐이 어떻게 작동하는지 모른다고 인정했다.

　　우리는 신경망이 한 주 동안 유튜브를 관찰하게 했다. 신경망에게는 아무것도 말해 주지 않았고 단지 한 주 동안 [유튜브에 올린] 영상들을 보게 했을 뿐이다. 그 주가 끝나갈 때 신경망이 무엇을 학습했는지 확인했는데, 신경망은 사람의 얼굴, 고양이의 얼굴, 그리고 몇몇을 검출하는 법을 학습했다. (Hof, 2014)

자동화 미디어의 궁극적인 약속은 유용하긴 하지만 접근할 수도 없고 이해할 수도 없는 통찰을 생성하는 인공 지능의 출현이다. 이 새로운 인식론적 패러다임은 계몽 사조의 핵심 원리, 즉 지식을 나눌 수 있는 이유는 설명이 가능하기 때문이라는 원리에 도전한다. 계몽 사조의 혁명적인 전제는 지식이란 대중이 설명 없이 받아들이는 일련의 감추어진 선언이 아니고 모든 사람이 평가하고 이해할 수 있는 것이라는 데 있다. 지식에 이를 수 있는 능력은 원리상 보편적이어서, 신비한 것에 이를 수 있다고 주장하는 몇몇 사람이 독점하는 것이 아니다. 이 점에서 빅 데이터와 AI는 '지식'이라고 볼 만한 모형을 익숙하지만 겉으로는 뛰어난 형태로 되돌려준다. 이해의 측면에서 여전히 모호하고 접근할 수 없는, 권위에 의한 선언이다. 대규모 데이터 처리에서는 실천적인 측면에서 역설계하거나 설명할 수 없는 사례들에서 '믿음을 통해' 수용되는 지식의 형태들이 생겨난다. 수천 개 변수의 상호 작용은 너무 복잡해서 분석할 수 없으며, 신경망의 연산은 기능적이지만 완전히 납득할 수는 없는 것으로 여겨진다. 어떤 특정 변수(가령 온라인 구직을 할 때 특정 브라우저의 사용 따위)가 미래 직업 수행을 예측할 수 있는 까닭을 앞으로 설명할 수 없다면, 데이터베이스의 선언을 그냥 받아들이라는 요청을 받게 된다.

　　이런 전개는 효과적이지만 설명할 수 없는 지식의 지위에 관한 흥미로운 계몽 이후(또는 이전) 질문을 제기한다. 그런 지식에 접근할 수 있는 사람은 누구인가? 또 그런 지식은 어떻게 배치되는가? 어떤 형태의 해명이 가능한가? 데이터베이스와 처리 능력을 지닌 사람들은 이제 새로운 사제이자 신탁이 된다. 그러나 맥락이 극적으로 달라졌다. 정보의 분배 채널들은 현재의 맥락에서 작동할 수 있는 상관성을 생산하는 '신탁' 시스템에 접근할 수 있는 사람들이 완전히 독점하지 않는다. 다시 말해 지식과 정보 분배의 통제는 현재의 커뮤니케이션 병리를 설명하는 데 도움이 되는 방식으로 연결이 끊어져 버렸다. 더 넓게 말하면, 역설적으로 자동화된 상관 지식의 앞면은 음모론의 발흥이다. 이 두 전개가 나란히 구매되는 것은 우연의 일치가 아니다. 설명에 대한 일반화된 표준들(증거와 설득과 설명에 대한 이해를 공유하는 데 유도되는 표준)이 부분적으로 상관적/예측적 패러다임의 출현 덕분에 떨어져 나가게 된다면, 설명은 이제 작동할 수 있는 정보의 기반 표준이 아니며 지식과 그 모방(패스티시) 사이의 차이는 사라진다. 가령 정보에 대한 사제 계급의 독점은 정교화를 강화하는 데 도움이 되었다. 지식으로 여겨지는 설명 불가능한 선언은 지식의 저장소와 그 분배를 통제하는 계급이 반포하는 것으로 제한된다.

그러나 전달할 수 있고 일반화할 수 있는 설명이 실행 가능한 정보의 기초로 대체되고, 또한 배포와 출간 채널이 개방되어 버리면, 큐어넌QAnon[23] 음모론처럼 일관성 없는 서사의 광범위한 순

---

23   큐어넌은 미국의 극우 성향 인터넷 커뮤니티인 포챈4chan 유저 큐Q를 신봉하는 극우 음모론 세력이다. 미국인 다수가 큐어넌을 신뢰하지 않음에도 불구하고, 트럼프 대통령 재임 기간 동안 특히 큐어넌의 음모론을 받아들이는 숫자가 적지 않은 것으로 보도되기도 했다. 예를 들어 트럼프를 방해하는 딥스테이트deep state(막후의

환 경로가 열리게 된다. 큐어넌의 음모론은 끊임없이 변형되긴 했지만, 도널드 트럼프 대통령이 로버트 뮬러Robert Mueller를 특별 검사로 지명하기 위해 러시아와의 결탁을 꾸몄다고 주장한다. 뮬러의 실제 임무는 버락 오바마, 힐러리 클린턴, 금융인 조지 소로스George Soros가 계획하던 쿠데타에 맞서는 일이며, 특검 수사는 실제 임무를 덮으려는 엄폐라는 것이다. 일관성과 설명 가능성이라는 조건으로부터 자유로워지고 나면 정보 영역은 무주공산이 되어 버린다. 음모론은 상관적 '지식'을 '가지지 못한 사람'의 판본이 되며, 그 기능은 서술적인 것이 아니라 도구적인 것이다. 핵심은 설명하는 것도 확신시키는 것도 아니고 동원하는 것이다.

프레임 없음 또는 서사의 운명

상관적 '지식'에서 패턴 인식을 설명보다 더 강조하는 것은 자동화의 관련 편향을 부각한다. 즉 총체적인 정보 획득의 중요성이다. 모든 조각이 데이터베이스에 포함되어야 비로소 패턴이 나타날 수 있다. 전 CIA 최고 기술 담당자는 다음과 같이 말한다.

그림자 정부)가 있다고 믿거나 코로나바이러스가 중국의 실험실에서 만들어졌다고 믿는 것 같은 내용들이다. — 옮긴이 정보의 조각은 그것을 미래의 어느 시점에 도착하는 다른 무엇과 연결할 수 있을 때야 비로소 그 가치를 알 수 있게 된다. 지금 가지고 있지 않은 점들을 연결할 수는 없으므로 우리는 근본적으로 모든 것을 수집하여 영원히 붙잡으려 노력하는 상태로 내몰리게 된다. (Sledge, 2013)

이 모형에서 예측은 상관성에 달려 있으며, 이어서 상관성이 세계 전부가 아니라면 최소한 될수록 많은 세계의 부분을 읽게끔 만드는 데 달려 있다. 이른바 사물 인터넷은 대상 세계를 유연하게 만들라는 명령 정도가 아니라 이를 정보의 형태로 배가하는 것이기도 하다. 환경의 요소들을 센서 안으로 변환시키는 것이다. 그리하여 이 센서들이 점점 더 강력해지고 광범위한 영향을 미치게 하는 것이다. 아마존이 스마트 스피커를 출시했을 때, (환경에 관한 더 많은 정보를 획득하기 위해) 카메라가 달린 신제품이 나오는 것은 시간문제일 뿐이었다. 거기에서부터 센서가 더 추가되고 안면 인식, 분위기 감지, 점점 더 정교해지는 이미지 분류와 같은 센서의 역량이 커지기까지 오래 걸리지 않는다. 총체적 정보 획득을 지향하는 자동화의 편향을 고려하면, 이러한 전개는 이미 예측 가능하며 거의 불가피하다.

미디어 환경 전반의 총체적 정보를 획득하려는 (불가능한) 강박의 궤적은 어렵지 않게 찾아볼 수 있다. 퍼시스턴트 감시 시스템Persistent Surveillance Systems이라는 보안 기업은 항공기에 장착된 고해상도 디지털 카메라를 이용하여 근방 전체를 24시간 비디오 감시할 수 있다. 이 서비스는 이미 로스앤젤레스 콤프턴과 볼티모어에서 소송 중이다. 이와 관련하여 2018년에는 195기가픽셀, 즉 1950억 개 픽셀로 이루어져 있다고 보도된 상하이를 촬영한 사진에 대한 관심이 뜨거웠다. 줌인 확대 기능을 쓰면 도시 전경으로부터 카페에 앉아 있는 개인이나 빌딩 창문에 보이는 사람까지 볼 수 있었다(Sachdeva, 2018). 그 사진은 여러 개의 이미지를 짜깁기한 것이었지만 전체 비디오 캡처의 전망, 즉 도시 전체를 모든 세부까지 실시간으로 볼 수 있는 능력을 상징적으로 보여 주었다. 인간의 눈에는 그런 이미지가 조금 더 참신한 정도로만 기능할 수 있다. 왜냐하면, 볼 수 있는 모든 세부를 보려면 몇 날 몇 주를 그 사진을 뒤지는 데 쏟아야 할 터이기 때문이다. 그러나 자동화된 이미지 분류 시스템에는 그 사진이 정보의 보고다. 도시를 기계가 읽을 수 있는 데이터로 변환하는 데 도움이 되기 때문이다. 기계는 그 데이터를 초인적인 속도로 스캔하여 패턴과 이상 징후를 스캔할 수 있다. 이 점에서 이미지는 자동화된 데이터 획득과 처리의 역동성 중 하나를 잡아낸다. 그것은 우리가 만든 센서들이 인간의 눈으로 감각할 수 있는 것보다 더 많은 정보를 잡아낸다는 뜻이다. 우리는 그런 시스템을 통해 우리의 한계와 유한성을 맞닥뜨린다. 상하이를 걸어가는 인간은 보이거나 들리는 모든 것을 주목할 수 없으며, 따라서 그 자신의 잠재적 경험조차 전체성을 흡수하거나 회고할 수 없다. 무엇인가를 주목한다는 것은 '큰 그림'의 다른 측면은 대충 넘기면서 일부에 주의를 집중하는 것이다. 이것이 '주목하기'의 의미다. 우리는 우리의 지각과 기억에 있어 부분적이고 주관적이며 유한하다. 이것은 우리의 주체성을 정의하는 특징으로, 총체적인 정보 획득에 비해 결함이 있는 것으로 간주된다.

주체성과 유한성의 원칙은 선택성에 있다. 우리는 '모든 것'을 경험할 수 없다(적어도 커즈와일이 말한 '특이점'이 오기까지는). 이 말은 우리의 경험은 공백과 누락을 포함하여 구성된다는 의미다. 이 점에서 우리는 서사의 피조물이다. 우리는 기억 속의 빈 구멍들 덕분에 우리 자신을 설명하고 세계를 경험할 수 있다. 모든 것에 관한 이야기, 즉 세계를 고스란히 정보 형태로 되풀이하는 것은 우리에게 아무것도 말해 줄 수 없다. 상하이의 고해상도 이미지에 의미를 부여하는 것은 도시 자체에 의미를 부여하는 방식으로 이루어진다. 상하이를 지나는 경로를 선택함으로써, 특정 순간에 계속 집중함으로써 그리고 다른 것을 흘려 버림으로써. 우리는 이미지 전체를 그대로 흡수할 수 없다. 이는 195기가픽셀의 사진이 표시되는 방식에서도 잘 드러난다. 보통 크기의 사진은 특정 지점 주위에서 줌인해야 비로소 볼 수 있다. 다른 표시 방식은 정확성에 대한 호르헤 루이스 보르헤스Jorge Luis Borges의 우화를 재구성하는 것이 될 것이다. 즉 영토와 똑같은 크기의 지도가 아니라 도시 크기의 사진 말이다.

설명은 우리 삶에서 중요한 역할을 하는 서사의 한 형태다. 우리는 종종 매우 논쟁적인 맥락에서 과거와 현재를, 원인과 결과를 연결하는 이야기들을 스스로 말한다. (지구 온난화에 관한 서사 투쟁을 생각해 보라.) 이 설명적 이야기에 나타난 통제와 이해에 대한 욕구는 우리가 서사를 만드는 가장 강력한 동기 중 하나다. 서사는 우리가 세계를 이해할 수 있다는 느낌을 주고, 결정적으로 이러한 이해가 우리에게 모종의 통제력을 제공한다는 느낌을 준다. 따라서 자동화된 시스템이 만들어 내는 설명할 수 없는 지식의 전망은 정보가 변화된 기술적 조건 아래 어떻게 기능하는지에 대한 우리의 감각을 재구성한다. 슬라보예 지젝Slavoj Žižek(2000)이 상징적 효율성의 쇠퇴라 불렀던 관점에서, 계몽주의 이후의 전환(일부에서는 인종차별주의자, 식민주의자, 가부장적 조건으로 환원될 수 있는 서구 합리성의 쇠퇴)으로 설명하게끔 읽어 내는 일은 유혹적이다. 현재 미디어 환경에서 설명적 서사가 증가함에도 불구하고 설명적 서사의 작용이 눈에 띄게 줄어든 것이 바로 그것이다. 이러한 감소는 물론 기후 변화를 포함하여 다양한 영역에서 인과적 서사를 주장하려는 최근 시도의 운명에서 뚜렷이 나타난다. 음모론의 정치적 주류화와 심지어 최근 지구평평설의 부활(Poole, 2016)에서도 확인할 수 있다. 인터넷의 현저한 성과 중 하나는 역설적이게도 겉보기에 무한한 대안을 제공함으로써 지배적인 서사의 편파적이고 불완전한 특징을 강조해 온 것이다.

자동화 전략은 이러한 불완전함의 인지를 전체적 정보 수집이라는 환상으로 보완한다. 어쩌면 분명하게도 최근의 이론적 정식화는 서사에 대한 유사한 비판을 재정리한다. 가령 제인 베넷Jane Bennett(2010)의 "생동하는 유물론"은 인과성이라는 개념을 서사와 설명의 한계를 터뜨리는 방식으로 재구성한다. 베넷은 물질의 '행위성'을 조명하기 위해 모든 산출에 기여하는 다중 '행위자' 개념을 다듬고 있다. 이는 인간 행위자만이 아니라 물질적 조건과 그 상호 작용도 포함한다. 대규모 정전의 '원인'은 전력망을 불안정하게 만드는 방식으로 그리드grid[24]를 조작하도록 부추기는 탈규제 정책일 뿐만 아니라 "고소비 사회 인프라 구조, 불안정한 전자 흐름, 산불, 탈도시 주거 과정 …… 그리고 이들이 이루는 어셈블리지"[25]이기도 하다(Bennett, 2005: 463~464). 목록은 무한정 계속될 수 있다. 기상학적 조건들, 에너지 소비를 형성하는 문화적 기대, 이런 것에 기여하는 사회사 및 물질사(인체의 열 조절계, 건축재의 단열 성질 등). 베넷이 "창발적 인과성"이라 부르는 것은 이제까지 세계 전체가 공모하여 생산한 것과 구별할 수 없다. 또는 베넷이 빌 코널리Bill Connolly의 연구를 바탕으로 말하듯이, "원인은 생겨난 결과와 완전히 다르다고 말할 수 없다"(Bennett, 2010: 459). 그런 접근은 설명과 인과성의 서사 판본 구별을 불가능하게

---

24   그리드는 에너지 산업에서 전기가 발전원에서 소비자에게까지 전달되는 상호 연결된 전력망을 의미한다. — 옮긴이

25   어셈블리지(배치)는 '사회적인 것'을 물질적이며 이종적이며 창발적이고 과정적인 것으로 정의하려는 개념이다. 제인 베넷은 들뢰즈와 가타리의 아상블라주(기계적 배치)의 개념을 바탕으로 에너지 그리드를 설명한다. 베넷은 모든 생동하는 물질이 다양한 요소로 구성된 어셈블리지에서, 이를 한 번에 통제할 수 있는 중심의 힘이 있다고 보지 않는다. 어셈블리지는 각 물질의 힘을 총합한 것이 아니라, 특정 시간과 장소에서만 임시로 존재하는 다양한 물질들의 배치라고 이해하는 것이다. 베넷은 전력 그리드를 석탄, 전자기장, 컴퓨터 프로그램, 경제적 이윤의 동기 등이 복잡하게 혼합된 어셈블리지, 즉 배치로 이해하며, 대규모 정전(블랙아웃)은 전력 그리드가 어셈블리지로 작동하고 있음을 보여 주는 사례라고 설명한다. — 옮긴이

한다. 어쩌면 무심결에 전체적 정보 획득의 방향으로 밀어붙이기 때문이다. 특정 사건에서 최고조에 달한 어셈블리지를 찾아내는 것은 세계를 두 배로 만드는 것과 같을 것이다. 유일하게 그럴듯한 이야기는 무한한 이야기, 즉 모든 것의 이야기일 것이다. 가령 전력 폭동의 사례에서 탈규제가 했던 역할을 고찰하는 것으로는 충분하지 않을 것이다. 탈규제를 지지한 사람들의 투표를 형성하는 데 이바지한 요인들과 이 요인들을 형성한 요인 등 무한히 계속되는 요인들을 고려해야 한다. 이런 서술적 접근은 CIA의 패턴 인식 공식을 재정리한다. 즉 패턴을 보려면 '모든 것'을 수집할 필요가 있다.

다르게 말하자면 창발적 인과성 개념은 인과적 설명에 방해가 된다. 정확하고 완전하고 유의미하기 위해서는 이해할 수 있어야 한다. 그러나 참된 이해는 인간과 같은 유한한 존재가 도달할 수 없다. 이 점에서 자동화의 약속은 유한성을 극복하려는 충동으로 이해될 수 있을 것 같다(커즈와일이 자신의 아버지를 새로 만들어 스스로 불멸의 존재가 되겠다는 야심에서 암시한 것처럼). 어쩌면 자동화 시스템이 우리의 일상생활에서 하는 역할에서 이러한 압력을 느낄 수 있다. 즉 우리의 감각 기관의 절망적인 한계를 극복하려면 우리의 커뮤니케이션 활동을 쉬지 않고 가속하는 것이다. 가령 팟캐스트의 팬들은 녹음 속도를 올리고 중간의 쉬는 부분을 제거하여 자신들의 듣기를 가속하는 앱을 사용할 수 있다. 이른바 '팟패스터podfaster'는 다음과 같이 말한다.

일단 섭렵하고 나면 팟캐스팅은 모든 종류의 미디어를 매우 빨리 소비하는 초기 마약과 같았다. 나는 오디오북을 다운로드받고 2배속으로 재생했다. 또 구글 크롬 플러그인을 다운로드받아서 TV쇼와 넷플릭스의 영화를 더 빠르게 재생할 수 있었다. (Lanquist, 2018)

면 대 면 상호 작용은 가속의 충동에 발목을 잡는 요소가 된다. 디지털로 속도를 올릴 수 없기 때문이다. (디지털 보철이 결국 이것도 변화시킬 것이 틀림없긴 하지만) 이러한 측면에서 편리함과 가속은 나란히 함께 간다. 가령 대학이 강의를 녹화해서 온라인으로 볼 수 있게 하기 시작하면(호주에서 실제로 그러하듯이), 어쩌면 무심코 배속 재생 시청이 가능한 플랫폼 개발을 권장할 것이다. 그러면 학생들은 겹치기 수강 신청이 가능해지고, 하나의 대면 수업이 진행되는 동안 다른 강의들을 동시에 들으려 할 것이다.

선점

물론 이러한 미디어 소비의 종류에는 한계가 있다. 놀랍지 않게도 그러한 한계가 자동화된 미디어 소비의 길을 닦았다. 구글은 레이 커즈와일이 공개한 '톡 투 북스Talk to Books'라는 앱을 개발했다. 톡 투 북스는 "구글북스에 있는 10만 권의 책에 나온 모든 문장을 스캔하고 관련 구절을 굵은 글씨로 처리하여 나올 만한 질문에 대한 대답의 목록을 생성한다"(Quito, 2018). 지식과 정보는 바로 거기에 있지만, 우리가 흡수하기에는 너무 많다. 우리는 이를 매 순간 느낀다. 검색 엔진을 사용할 때마다, 넷플릭스나 홀루 Hulu를 온라인으로 방문할 때마다, 반드시 들어야 하는 팟캐스트와 음악과 문학과 저널리즘의 목록 등을 접할 때마다 그렇다. 세상은 언제나 한 인간이 온전히 흡수하기에는 너무 많지만, 이제 기술이 우리를 위해 그렇게 해 주겠다고 약속한다. 어떤 의미로 이것은 온라인 큐레이션 시스템의 약속이다. 우리를 대신하여 먼저 모든 것을 '보고' 또 '들으며' 정보를 맛보고 테스트하는 역할을 한다. 예를 들어 한때 일부 음향 편집자들이 중간에 쉬는 부분이나 추임새를 제거하기 위해 사용하던 앱은 이제 녹음 과정의 속도를 높여 더 빨리 소비될 수 있도록 하는 데 사용할 수 있다. 그런데도 사용할 수 있는 모든 것을 경험할 시간이 거의 없으므로, 시스템이 우리 대신 이를 소화하여, 트윗, 좋아요 및 공유의 미디어 다이어트와 일치하는 정보를 스트리밍으로 뱉어 낼 수 있다. 그 결과로 나타난 풍부한 정보는 콘텐츠와 정보의 잠재적인 전성기처럼 들리지만, 다른 자동화 사례와 마찬가지로 변증법적 반전을 보여 준다. 우리는 미처 읽지도 않은 수천 권의 책을 이해하게 되거나 이해하려는 시도를 하게 된다. 극단적으로 보자면, 접근 가능한 모든 콘텐츠를 완전히 숙달하고 세상에 존재하는 모든 것을 완벽히 알고자 하는 시도는 그것을 경험하는 행위를 선점한다. 다른 말로 하자면, 선점이란 경험의 정반대다. 그렇다면 가능한 하나의 결과는 지식을 경험과 분리시키려는 시도다. 이 과정은 예컨대 MIT 미디어랩의 설립 책임자로서 우리가 언젠가는 "알약을 하나 삼키면 셰익스피어를 알게 될 것이다"라고 주장했던 니콜라스 네그로폰테의 공상과 같은 것을 가능케 한다(Gates, 2014).

선점을 향한 동력은 자동화가 지닌 또 하나의 편향이다. 창발적 인과성이라는 포스트서사post-narrative 영역에서 설명력이 지닌 운명에 대한 반응인 것이다. 선점 전략은 인과적 설명에 의존하는 예방 전략과 대조된다. 예를 들어 만일 우리가 탄소 배출량 증가가 지구 온난화에 원인이 된다는 것을 안다면, 기후 변화의 속도를 늦추기 위해 탄소 배출량을 줄이려 노력할 수 있다. 기후 변화에 대한 현대의 정책적 관성이 시사하듯이, 우리는 그러한 설명 방식의 효율성이 위기를 겪고 있는 시대에 살고 있다. 그리고 시사하는 바와 같이 이러한 위기는 중요한 측면에서 베넷이 말한 창발적 인과성에 의해 의도치 않게 인정된다. 이 설명 방식에 따르면 탄소는 지구 온난화라는 어셈블리지에 영향을 미치는 수많은 '행위 주체' 중 하나일 뿐이다. 베넷의 말처럼, "행위자가 널리 분포된 세상에서, 유일한 비난 대상 찾기에 주저하는 태도는 추정의 미덕이 된다"(Bennett, 2010: 38). 그는 행동을 취할 필요성을 인정하지만, (그의 설명에 따르자면) 반드시 잠정적인 방식이어야 한다고 말한다. "어떤 어셈블리지의 궤적이 해를 끼칠 가능성이 있다면 거기에서 내가 스스로 벗어나려 시도해야 하는가? 어떤 어셈블리지의 집단적인 유효성이 고귀한 목적을 명문화하는 데 도움이 된다면 가까이 들어가야 하는가?"(Bennett, 2010: 37~38). 그러한 조치는 최선의 의도조차도 예상치 못한 결과를 가져올 수 있다는 그의 설명 틀에 따라 여전히 유효하다. 모든 주관적인 개입은 언제나 '활력이 많은 무리'에 휩싸여 그 효과가 불확실하게 된다.

> 어떤 의도란 연못에 하나의 조약돌을 던지는 것과 같다. …… 그것은 진동하다가 다른 물결들과 합해지며 영향을 주고받는다. 행위자를 이렇게 이해하는 것은 의도성이라고 불리는 추진력의 존재를 부인하는 것이 아니라 추진력이 결과에 미치는 영향력이 그렇게 결정적이지는 않다고 보는 것이다. (Bennett, 2010: 32)

생태학적 입장의 저자가 지구 온난화에 대한 행동을 부정하는 익숙한 전략을 이보다 더 일관되게 설명한 것을 찾기란 어려울 것 같다. 대개는 (종교적인 성향이 강한 설명이 많으며) 기후 변화에 영향을 주는 변수들의 복잡한 '무리'가 많다는 이유로 인간이 유발한 기후 변화라는 개념을 오만의 한 형태로 일축해 버린다. 그리고 인간이 할 수 있는 역할이 있다 하더라도, 가장 의도가 좋은 반응에서도 역효과가 나타날 수 있어서 상황을 개선하기보다는 악화시키는 쪽으로 예기치 않은 결과를 초래할 수도 있다.

선점의 논리는 인과적 설명에 대한 오늘날의 진퇴양난을 피해 나갈 수 있다. 다음 장에서 설명하겠지만, 이러한 논리는 자동화된 정보를 수집하여 처리하는 논리에 의존하는 다양한 맥락에서 반복적으로 나타난다. 아마존은 소비자의 욕구를 선점하기 위해(즉 욕구가 나타나기도 전에 미리 해결하기 위해) 점점 더 포괄적인 모니터링 인프라를 활용한다. 예측 방식의 치안 프로그램은 자동화 시스템에 의존하여 잠재적인 범죄 현장에 경찰을 파견하고, 의료 알고리즘은 입원 가능성이 큰 환자를 식별하기 위해 선제적으로 개입한다. 그러한 시스템의 미덕은 인과적 서사보다는 상관적 패턴에 더 의존한다는 점이다. 따라서 선점은 상징적 효율성의 종말이라는 교착 상태를 극복하기 위한 전략으로 등장한다. 즉 증거 기반 논증, 인과적 설명, 서로 경합 관계에 있는 서사 사이에서 판결을 내리려는 시도 등의 명백한 비효율성을 극복하기 위한 전략이다. 창발적 인과성은 선점 대응을 위한 알리바이를 제공하고, 이는 매개의 역할을 하는 '무리'의 수많은 구성 요소를 가능한 한 많이 포함할 수 있게 범위를 확장해 준다.

　예를 들어 테러리즘의 위협 문제가 있을 때, 그것을 예방하기 위한 전략은 정치적으로나 외교적으로 익숙한 방식에 따라 정해진다. 문제 해결을 위해 근본적인 원인을 찾는 방법이다. 예방을 주장하는 당파는 외교, 인프라 개발, 교육 등을 급진화함으로써 조건을 해결하기 위한 조치를 제안한다. 그러나 이러한 접근을 비판하는 측으로서는, 근본적인 원인에 초점을 두는 방식은 시대에 뒤떨어진 세계관이며 불가능한 것을 이해하려는 비효율적인 시도라 말한다. 예를 들어 미국의 오바마 정부 동안에 보수적인 논평가들과 미디어는 대놓고 국무부 대변인을 조롱했는데, 대변인이 "우리는 이 전쟁에서 벗어날 수 없음"을 고수하며 예방적 정책 입장을 강조했다는 이유에서였다(Benen, 2015). 국무부 대변인은 군사적 개입과 함께 다음을 주장했다.

사람들이 이 집단에 참여하게 만드는 근본적인 원인이 있는데 …… 우리는 세계 각국의 거버넌스가 향상되도록 돕기 위해 그들과 협력할 수 있다. …… 우리는 그들이 경제를 건설하여 자국민에게 일자리를 제공하도록 도와줄 수 있다. (Benen, 2015)

오바마 국무부가 '지하드를 위한 일자리'라는 순진한 '선행' 접근법을 제안한 것에 대한 비난이 차츰 줄어든 것에서도 알 수 있듯, 보수 진영의 입장은 이와는 대조적으로 완전한 선점이었다. 보수 진영의 관점에서 볼 때 이러한 위협의 속도와 범위를 이해할 시간 따위는 없다. 그것은 위협에 공모하는 셈이라는 것이다. 마치 테러리스트의 위협에 기여하는 요소를 이해하려는 것이 사실상 그들을 정당화하는 것과 마찬가지라고 본 것이다. 이해란 헛된 것이며 요점에서도 벗어난 것이라는 훈계도 덧붙였다. 어느 논평가는 미 국무부 대변인의 논평에 대해 이렇게 말했다. "우리가 싸우고 있는 사람들은 종교적 광신주의에 힘입어 잔혹한 전쟁을 기뻐하는 제로섬 야만인이다"(Greenberg, 2015). 이러한 접근은 테러에 대한 전쟁에서 '벗어날 수 없음'이라는 피로 물든 논리를 정확히 주장한 것이다. 위협이 막 부상하고 있을 때 이를 해결하기 위해서는 포괄적인 감시가 필요하고 따라서 자동화된 정보 수집과 처리라는 논리를 동원한다. 벤 앤더슨Ben Anderson(2011)이 드론 전쟁에 대한 논의에서 언급했듯이, 위협이 부상하면 선점 전략은 다음에 기댄다. "모든 생명을 제한이나 잔존 없이 모두 알아야 한다는 '전면전'의 핵심을 끊임없이 시도한다. 환경에 대한 지식은 비록 환경을 완전하게 통제할 수 없다 하더라도 전면적이어야 한다"(233). 전체 '어셈블리지'를 기록하려는 시도는 예방적 접근을 강조하는 인과성의 서사 논리를 대치한다. 이와는 대조적으로 선점은 부상하는 과정을 낚아채기 위해 전체 정보를 수집하는 일에 의존한다.

환경성[26]

이러한 측면에서 선점의 편향은 이론가인 미셸 푸코가 "환경적"이라 묘사했던 제어의 형태에 의존한다. 이는 스마트 장치, 공간, 도시의 환경에 내장된 감시와 개입의 전망에 접근하는 데 적합한 용어다. '환경적' 거버넌스의 개념은 생태학적 의미의 용어가 아니라 실생활과 건설된 환경이 모니터링과 제어의 매개가 되는 방식을 의미한다. 이러한 접근 방식은 삶의 공간의 감각화와 "전면적인 정보 인식"(미국의 9·11 사태 이후 미 정보인식사무국 국장 존 포인덱스터John Poindexter를 통해 주류로 등장한 용어)을 달성하려는 시도와 분명한 연관성이 있다. 푸코에 따르면 거버넌스 전략으로서의 '환경성'은 제어 대상이 개인 주체로부터 이동하여 개인 주체가 작동하는 더 넓은 맥락으로 옮겨가는 것을 의미한다. "지리적, 기

---

26   environmentality 혹은 eco-environmentality라고도 한다. 푸코의 생명권력과 통치성 개념을 사회의 상호 작용과 자연 세계에 적용한 것이다. ─ 옮긴이

후적, 물리적 환경의 영구적인 복잡성"에 초점을 두는 것이다 (Foucault, 2007: 23). 제니퍼 개브리스Jennifer Gabrys(2014)가 말하듯, 푸코는 거버넌스가 "환경"의 조절을 통해 거버넌스가 작동할 수 있는 방식에 관심이 있었다. 환경 기반의 거버넌스는 푸코가 '생명정치'에 대한 강연에서 언급했듯이 "플레이어보다는 게임의 규칙에 따라 행동을 취한다. 개인의 내적 정복 대신 환경적 유형의 개입이 있는" 시스템에 의존한다(Foucault et al., 2008: 259~260). 이 마지막 요점은 전자가 감시 시선의 내재화를 배제하는 한 거버넌스 양식으로서의 '환경성'을 '규율'과 구별한다. 자동화 시스템의 부상은 환경을 센서 및 원격 제어 변조 시스템으로 전환함으로써 거버넌스를 보완하고 재구성한다. 예를 들어 바닥을 가로지르는 발자국을 추적함으로써 추락을 감지하고 완충할 수 있는 바닥을 만드는 식이다. 맞춤형 모니터링과 대응은 '스마트' 공간의 대명사이고, 이는 물리적인 환경을 변형하여 푸코가 설명했던 '환경milieu'의 공간으로 만든다. 즉 행동에 영향을 줄 수 있도록 개입할 수 있는 대상 공간으로 만드는 것이다.

우리는 이미 이러한 거버넌스 모델을 지향하는 인프라 구조를 식별할 수 있다. 여기에는 스마트 시티 개발과 관련된 유연하고 감각적인 시스템뿐 아니라 상업화되고 중앙 집중화되었으며 상호 작용 모니터링 네트워크가 가정 공간으로 침투하는 것까지도 포함된다. 아마존은 에코Echo 스마트 스피커 시스템을 이용하여 이용자의 기분과 건강 상태를 추적함으로써 가정 내 맞춤 광고를 할 수 있는 시스템의 특허를 출원해 둔 상태다. 뉴스 기사는 다음과 같이 보도했다.

> 만일 아마존의 음성 비서 장치가 당신이 목이 아프다고 판단한다
> 면 그에 적당한 광고를 선택하기 위해 "오디오 콘텐츠 서버와 커뮤
> 니케이션"할 것이다. 이 시스템은 "1시간 배송으로 기침약을 주문
> 하시겠습니까?"와 같은 광고 문의를 수용할 수 있는지 아닌지를 판
> 단하기 위해 사람들의 말을 경청한다. (Kircher, 2018)

포괄적인 모니터링의 목적은 감시에 대한 자의식에 영향받지
않는 행동 유형을 포착하는 것이다. 포괄적인 모니터링은 일상의
리듬을 포착하여 미래의 행동을 예측하려는 목적이 있어서, 환
경적인 조절을 통해 예측하고 형성할 수 있거나 혹은 선점할 수
있다.

이러한 거버넌스 방식에 비추어 볼 때, 2017년 노벨 경제학상
이 '자유주의적 가부장주의'라고 말한 논리를 탐구한 경제학자
에게 돌아갔다는 것은 놀라운 일이 아니다(Thaler & Sunstein, 2009).
그것은 맥락과 환경을 조절하여 행동을 제어하는 능력이다. 이
제어 모드를 자동화하는 과정에 대해 설명한 질 들뢰즈Gilles
Deleuze의 말이 자주 인용되곤 한다. 처벌 중심의 시대가 지나 이
제 제어는 "조절의 방식으로 행해지며, 이는 매 순간 계속 알아서
변형되는 깁스를 한 것이나 마찬가지"라는 것이다(Deleuze, 1992: 4).
물론 정보화된 과정은 일반적으로 '상징적 분석가'로 일하는 사
람들을 위해 작업장의 범위를 확장하는 데 투여되지만, 환경성

모델은 노동, 여가, 가정의 경계를 모호하게 하며 환경 변조를 통한 제어 목적으로 사용될 수 있는 데이터를 생산한다.

환경성으로의 전환은 자본이 규율적 동일성의 한계에 부딪히고 자동화의 이점을 활용함에 따라 자본의 필요성에 변화가 일어남을 의미한다. 환경성은 대중 사회의 통일성을 대체할 다양성이 생성되는 공간을 허용한다. 각 개인은 점점 더 차별화된 상품과 서비스에 대한 새로운 가능성을 열어 준다. 데이터 수집, 처리 및 대응을 위한 자동화 시스템의 도움 없이는 이러한 상품과 서비스를 점점 더 틈새 규모로 맞춤화하는 것은 불가능하다. 이는 환경성의 거버넌스의 다른 영역에서도 마찬가지다. 사회생활의 전체 스펙트럼은 선제적 전략을 뒷받침하는 패턴의 원재료를 제공한다. 만일 대중 사회의 동질성에 대한 규율적 통제가 번성했다면, 환경 거버넌스는 대중 사회 이후의 순간의 범위와 다양성에 의존한다. 목표는 행동 규범을 강화하는 것이 아니라 상관, 예측, 선점을 위해 가능한 한 패턴이 명확하게 드러날 수 있는 모든 활동을 펼치는 것이다.

다음 3장에서는 이러한 자동화 '편향'이 제공하는 개념적인 설계, 즉 사회의 분산, 서사의 이동, 선점의 역할, "환경 거버넌스"의 전개 등을 근거로 자동화 미디어의 고유한 특성과 함의와 궤도를 밝혀 본다. 우리는 자동화된 매개의 시대를 살고 있다. 미디어 기술과 관행이 전례 없고 예상치 못했던 방식으로 우리 삶에 스며들고 있다. 자동화된 데이터 수집, 처리, 분류, 응답으로 이루어지고 그것이 없이는 불가능한 그런 삶이다. 자동화는 노동, 복지, 그리고 경제에 극적으로 중요한 사회적 결과를 가져다주었지만, 이 모든 것의 기본은 이들이 의지하는 정보와 커뮤니케이션 기술의 자동화다. 이러한 기술의 변환은 너무나 급격히 일어나서 우리 사회는 전체적으로 그 속도에 걸맞은 개념적이고 문화적인 용어를 발전시키는 데 어려움을 겪고 있다. 그리고 결정적으로 그것들이 민주주의의 가치와 시민의 권리와 함께 형성되고 있는지 확신하는 데도 어려움을 겪고 있다. 이 책은 자동화 미디어의 조금 더 불안한 경향을 통합하는 근본적인 관심사를 이해하는 데 도움이 될 만한 일련의 생각들을 발전시킨다. 희망이라면, 이러한 이해가 행동으로 이어지는 힘이 아직은 조금이나마 남아 있을지도 모른다는 점이다.

3장

/

자동화된 문화

우리의 기억이 그러하듯 우리의 문화 경험 역시 언제나 부분적이고 불완전하며 선별적이다. 아마도 인간이 문화 생산을 직면할 때 우리의 한계를 깨닫게 해 주는 것으로는 인터넷만 한 것이 없을 것이다. 가장 단순한 온라인 검색만으로도 우리가 평생 흡수할 수 있는 것보다 더 많은 정보를 생산한다. (지금 이 글을 쓰는 순간 구글에 "지금 몇 시인가?"를 쳐보면 180억 건이 넘는 결과가 산출된다.) 우리는 도서관 한가운데 서 있을 때 혹은 비디오나 음악 스트리밍 사이트의 내용을 검색할 때도 같은 느낌을 받는다. 이러한 정보 세계를 경험하는 우리는 유한함의 운명이라는 우리 자신의 한계와 마주한다. 정보의 홍수로부터 선택하는 과정은 오랫동안 사회적인 것이었는데, 문화적인 영역이 학교, 출판사, 편집자, DJ, 비평가, 프로그래머, 사서 등 다양한 사람들과 기구들의 기능으로 구성되어 있었다는 점에서 그렇다. 사회의 상당 부분은 사회적 재생산에서 차지하는 중요한 역할 때문에 문화적 세계를 만드는 일에 투여되고 있다. 주체의 선별적이고 기억되는 경험들이 개인적인 특성을 정의하고 재생산하는 것처럼, 오랜 역사 동안 문화는 상대적 희소성에 따라 작동했으며, 이는 문화 생산에 진입하기 위해 넘어서야 할 장벽의 측면에서나 책 혹은 공연이나 콘서트 등의 문화 상품에 접근하기 위한 비용 면에서나 모두 그렇다. 매스 미디어 시대는 집중화된 문화 생산과 유통의 양을 극적으로 증가시키는 길을 열었지만, 그 생산과 유통의 수단에 접근하려면 여전히 큰 비용을 치러야 한다. 인터넷과 콘텐츠의 디지털화는 수문을 열었고, 이제 너무나도 많은 정보에 접근 가능한 나머지 그것을 조직하는 일은 인간의 능력을 넘어섰다.

소비자의 관점에서도 마찬가지다. 몇 개의 방송 네트워크와 몇 안 되는 라디오 방송국 프로그램 중에서 선택하는 것은 여전히 인간이 감당할 만큼의 범위 내에서였다. 2010년으로 시간을 잠시 되돌려 보면, 무엇을 보거나 들을 것인지 결정하는 일은 완전히 다른 이야기가 된다. 넷플릭스는 프로그램 1만 5000여 편을 제공하고, 스포티파이에는 200만 명 아티스트들로부터 받은 노래 4000만 곡이 있으며, 아마존닷컴에는 책이 3000만 권 정도 있다. 디지털 이전의 소비자들이 가장 많이 접했던 최대 규모의 타워레코드나 가장 널찍한 서점조차도 온라인에서 이용 가능한 문화 상품의 양에 가까운 것은 없다. 그러나 사용 가능한 아날로그 콘텐츠의 범위조차도 한 개인이 모두 이해할 만한 능력을 훨씬 능가했다는 것은 이미 오래전부터 사실이었다. 인터넷은 유례없이 많은 양의 문화 콘텐츠에 대한 접근을 쉽게 하는 것 외에도, 디지털화된 콘텐츠의 분량을 따라갈 수 있는 새로운 형태의 문화 큐레이션을 가능하게 한다. 문화의 자동화는 단지 문화 생산 과정만을 지칭하는 것이 아니라, 결정적으로 유통과 소비까지도 지칭한다. 우리는 문화적 세계를 형성하는 사회사업의 상당 부분을 자동화된 시스템에 맡겼으며, 그 대부분은 상업적으로 제어된다. 이는 커다란 변화이며, 테이나 부처Taina Bucher(2018)가 "자동화된 사회성"이라 묘사했던 것과 일맥상통한다. 미디어 플랫폼은 "해당 미디어의 구조 및 물질적 기질에 특정한 방식으로 사회성을 형성한다"(4). 이는 단지 사회성이 형성되는 것이라기보다 넓은 의미의 문화적 경험이 형성되는 것이다. 이러한 전환의 중요성은 거대하고 지속적이다. 이는 사회성뿐만 아니라 사회의 생산 및 재생산과도 연관된다.

뉴스와 정보의 배포에서 자동화된 문화적 큐레이션이 담당하는 역할에 대해서는 특히 우리의 문화적이고 정치적인 세계에 대한 과잉 맞춤화hyper-customization에 초점을 두며 많은 관심을 기울여 왔다. "필터 버블Filter Bubble"[27](Pariser, 2011) 그리고 "데일리 미

---

27   필터 버블은 개인화된 콘텐츠가 이용자에 맞춰 걸러진 채 전달되어 마치 거품(버블)처럼 이용자를 가둬 버리는 현상을 일컫는다. 이러한 현상은 웹 사이트 알고리즘이 개인에 맞춰 선별적으로 검색 결과를 보여 줌으로써, 이용자가 관심이 없거나 싫어하는 정보는 저절로 걸러지고 이용자가 좋아할 만한 정보만이 제공되기 때문에 일어난다. ― 옮긴이

Daily Me"[28](Negroponte, 1995)라는 개념은 과잉 맞춤화라는 측면에서 특히 영향력을 미쳐 왔다. 비록 맞춤형 큐레이션 비판이 뉴밀레니엄 초기에 등장하긴 했지만, 알고리즘 타기팅 병리화가 최근에 폭로되면서 전면에 등장했다. 여기에는 양극화, 논란, 거짓, 극단적인 콘텐츠를 우선해 분포시키는 소셜 미디어 알고리즘의 경향, 그리고 설명할 수 없는 '어둠의dark' 표적 광고(매스 미디어 콘텐츠와는 달리 대상이 되는 이들에게만 보이는 광고)에 소셜 미디어를 이용하는 경향 등이 포함된다. 되풀이되는 우려는 상업적이고 정치적인 맞춤화의 우선순위가 사회적이고 정치적인 구조에 해로운 것에 놓여 있다는 점이다. 음모론(예를 들어 백신의 위험성에 대해 허위 정보나 잘못된 정보를 퍼트리는 사람들)을 전파하는 일 그리고 경제적이고 정치적인 이득을 얻기 위해 사회적인 계층 사이의 단절선을 악용하도록 하는 일 등이 여기에 포함된다. 이 장에서는 자동화된 콘텐츠 큐레이션과 관련된 논의를 재검토하고, 이용자 맞춤형 및 개별화의 관행을 논의하기 위해서는 사회적 과정을 자동화 시스템에 맡겨 버리는 더 광범위한 맥락에서 고려해야 할 필요가 있음을 주장한다. 사회적인 것의 운명과 관련하여 위태로운 상태에 놓인 것은, 단순히 개인 이용자에게 제공되는 정보의 범위 문제가 아니라 사양화, 맞춤화,

---

28   MIT 미디어랩의 네그로폰테가 대중화한 용어로, 개인의 취향에 맞는 가상 일간지를 의미한다. 그는 《디지털이다Being Digital》(1995)에서 이를 언급했고 이후 미디어랩 학생들과 함께 시스템을 구현했다. ─ 옮긴이

개인화를 촉진하는 물질적인 관행과 인프라다.

따라서 이 장에서는 민주적 자치의 관점에서 사회적인 문제에 접근할 것이며, AI와 윤리에 대한 최근의 논의에 초점을 두면서, 정치적 관점에서 필요한 것은 자동화된 의사 결정에 시민의 참여가 필요함을 주장할 것이다. 의사 결정 기능의 핵심에 있는 것은 판단의 실행이며, 판단의 자동화는 민주적 자치를 위해 요구되는 시민의 성격에 근본적인 도전을 제기한다. 이 장에서는 자동화된 사회성이 판단의 능력 및 행위와 맺는 관계를 알아보기 위해 한나 아렌트Hannah Arendt의 정치에 관한 강연에 의거해 자동화된 사회성을 재검토한다. 아렌트는 판단이란 현대의 극단적 개인주의를 구성하고 (또한 그것에 의해 억압된) 근본적인 사회성을 되살리는 주관적 관점의 확대를 수반한다고 주장한다. 다음 장에서는 언어가 수행하는 역할이 아렌트가 말했던 판단의 능력에 있어 핵심임을 주장할 것이다. 의사 결정을 '조작화'하려는 추진은 (5장에서 설명할 의미에 따르자면) 이 결정적인 연결을 억제하여 일종의 '멍청한' 개인주의에 이바지하게 되는데, 음모론을 주류화하고 이른바 '탈진실' 정치가 등장하는 것에서 이러한 개인주의는 점차 친숙해지고 있다.

가짜 뉴스 및 정치적 양극화와 관련된 소셜 미디어의 문제가 이미 공공연하게 언급되고 있는 상황에서, 즉각적인 반응은 경제적, 기술적, 교육적 해결책을 제안하는 것들이었다. 예를 들어 러시아의 허위 정보 캠페인에 관한 미국의 우려에 대하여 페이스북의 임원인 롭 골드먼Rob Goldman은 다음과 같은 트위터 메시지를 남겼다. "이에 대항하여 싸울 수 있는 쉬운 방법들이 있다. …… 핀란드, 스웨덴, 네덜란드는 모두 허위 정보에 대한 디지털 리터러시와 비판적 사고 교육을 광범위하게 하고 있다"(Frenkel, 2018). DSRI(Data & Society Research Institute)의 최근 보고서는 강화된 팩트 체킹, 가짜 내용이 강조되지 않도록 하는 인증 서비스와 인센티브, 그리고 가짜 뉴스를 퍼뜨리는 측의 계정을 닫는 것 등을 가능한 해결책으로 제시한다(Caplan, Hanson, & Donovan, 2018). 이러한 반응에 담긴 희망은, 정보화된 커뮤니케이션과 민주적인 숙의라는 목적을 위해서라면 우리가 온라인 뉴스와 정보를 전파하기 위해 개발해 온 전반적인 상업적 모델을 구조할 수 있다는 것이다. 플랫폼 거대 업체들의 자율 규제, 경제적 인센티브를 재구성하려는 공적 압박, 반독점 조치, 그리고 이용자들의 미디어 리터러시 향상 등을 잘 결합하면, 자동화된 온라인 시스템으로 전파되는 정치적으로 양극화한 허위 정보의 홍수를 일부 줄일 수 있을 것이라는 전략이 떠오르고 있다.

그러나 정보 큐레이션을 상업적 소셜 미디어의 자동화된 인프라에 떠넘김에 따라 제기된 우려는 중요하고도 구조적인 문제다. 이는 우리가 개발해 온 온라인 모델이 교육과 자율 규제만으로는 온전히 구제될 수 없음을 시사한다. 오히려 우리는 미디어 인프라와 사회적 정책 사이의 더 광범위한 연결성을 비판적으로 점검하여, 상호 인정과 집단적인 숙의 및 판단을 위한 자원이 어떻게 침식되고 있는지 살필 필요가 있다. 우리의 초점은 사람들이 온라인으로 어떤 종류의 정보를 받는지의 문제를 넘어서 그들이 어떤 조건에서 정보를 받으며 그 조건에 의해 형성된 사회적이고 정치적인 성향은 무엇인지를 고려하는 것까지 나아가야 한다. 다각적인 콘텐츠와 관점은 꼭 필요하지만, 민주적 숙의를 위한 충분조건은 아니다. 의미 있는 숙의 과정은 "담론 윤리"의 형성에도 똑같이 의존해야 하고, 이는 "관점을 갖는 일이 일반적이고 상호적이라고 요구함으로써 이성적인 합의에 이르는 절차로 향하는 공감의 순간을 구축하는 것이다"(Habermas, 1990: 11). 자동화된 온라인 "필터 버블"(Pariser, 2011)에 대한 비판은 뉴스 수용의 맥락과 물질적 조건이나 이들이 내재하고 있는 더 광범위한 사회적 조건으로부터 관심을 멀어지게 하는 부작용도 있을 수 있다. 이러한 조건 중에는 "사회적 결속과 의무, 사회적 자각, 사회적 복지"에 대한 지속적인 규제 공격도 포함된다(Littler, 2018: 14). 뉴스 환경에서 콘텐츠의 자동화된 맞춤화를 향한 움직임은 시민들이 타자의 필요, 관점, 가치를 인식하도록 하는 조건에 대한 정치적 공격과도 겹친다. 그 타자들은 서로 알지 못하고 전혀 만난 적이 없을지도 모르지만, 그럼에도 불구하고 공동 커뮤니티의 일원을 형성하는 사람들이다. 우리는 콘텐츠의 문제를 넘어서서 자동화된 미디어에 의해 뒷받침되는 주체적인 성향의 문제와 그 수용의 물질적인 조건의 문제로 나아가야 한다. 이러한 문제를 언급하지 못하면 사람들을 쓸모없는 관점보다도 더 나쁜 다양한 관점에 광범위하게 노출되게 하려는 시도가 발생하게 된다. 프랭크 파스칼레Frank Pasquale는 이렇게 말한다.

"필터 버블" 개혁을 옹호하는 사람들의 가장 큰 문제는 한쪽의 지지자들이 다른 쪽의 사실, 우선순위, 이데올로기 또는 가치에 대한 노출이 이해나 혐오, 재검토나 반박으로 이어질지 아닐지를 적절하게 모델링할 수 없다는 점이다. (2017: 16)

소셜 미디어에서 상호 작용을 팔로우하느라 시간을 소비해 본 적이 있는 사람이라면 누구나 서로 상쇄하는 견해들과 증거가 세심한 재고나 사려 깊은 숙의로 이어지기보다는 사람들의 각자 입장을 더 공고하게 만든다는 점을 알고 있다.

"누구나 자기 몫은 합니다"

자동화된 상업 미디어 플랫폼의 병리학에 관하여 제안된 여러 해결책은 문제에 대한 공통의 이해와 그것을 해결하기 위한 시민의 의지를 가정한다. 그러나 그러한 이해와 이를 뒷받침하는 시민의 의지가 존재하는지는 불분명하다. 물론 정치적 운동과 후보자 그리고 선출직 대표들이 있지만, 그들의 전략은 인간과 자동화된 미디어가 허위 정보를 퍼뜨리는 것을 개선하기보다는 악화시키는 일에 더 의존하고 있으며, 숙의에 필요한 조건을 붕괴하는 데 더 직접적으로 의존하고 있다. 그리고 허위 정보의 전략적 순환에 대한 '현실 기반' 커뮤니티의 고뇌에 찬 반응으로부터 어느 정도 도출되는 기쁨의 형태도 있다. 예를 들어 〈뉴욕 타임스〉와 인터뷰한 보수 성향의 사업가가 우익 음모론을 하나의 오락으로 여기는 것을 생각해 보자. "나는 그저 그 만족감을 즐깁니다. …… 마치 하키 경기 같습니다. 누구나 자기 몫은 합니다. 상대편 똘마니가 우리 편을 밀칠 때, 우리 편 똘마니가 그에 반격하는 것은 보기 좋은 일입니다"(Tavernise, 2016). 여기서 주체의 입장은 가짜 뉴스가 편견과 선입견을 확인해 주기 때문에 정치적인 오락의 한 형태로 여겨 가짜 뉴스를 찾는 것이다.

고려할 만한 주제가 하나 더 있다. 사실 확인 자체의 효율성에 의문을 제기하는 것이다. 러시아 인터넷 업자들이 2016년 미국 대선 기간에 조직했던 이벤트를 홍보하기 위해 무의식적으로 소셜 미디어를 사용했던 미국인 중 한 명인 플로린 골드파브 Florine Goldfarb의 사례를 생각해 보자(Shane, 2018). 트럼프 지지자였던 그는 러시아 선전 기구가 생성한 정보를 자신의 페이스북에 게시했다는 사실을 알게 되었다. 그는 일단 부인했다. "나는 러시아인에 동의하지 않는다. …… 나는 그들을 믿지 않는다. 그건 빌어먹을 — 소리다"(Logan, 2018). 이러한 반응은 미디어 교육의 답보 상태를 여실히 보여 준다. 사실 확인의 문제를 그저 한 단계 뒤로 밀어놓는 위험이 있는 것이다. 철학자 슬라보예 지젝(2000)은 이처럼 신뢰성이 아찔할 정도로 무한히 부재한 것을 일컬어 "상징적 효율성"의 퇴각이라 묘사했으며, 현대의 정보 환경에서 "점점 더 훼손되는 것은 바로 모든 회의적인 데이터에 대하여 지속되는 상징적 신뢰"(332)라고 주장한다.

'시민 성향'의 역할

정치적 양극화로 인해 제기된 문제는 콘텐츠의 유통은 물론이고 정보를 받는 방식과 구체적인 수용 관행에까지 영향을 미친다. 최근 몇 년 동안 점점 더 분명해진 사실은, 토론을 단순히 자신들의 이데올로기적인 입장에 대해 승리를 얻을 수 있는 기회로 보고 그에 대항하는 사실들은 억압당하고 오해받거나 그저 거부당하는 것으로 여기는 사람들에게는 광범위한 관점에 대한 노출이 그들의 개방성이나 호기심을 촉진하는 데 별로 도움이 되지 않는다는 점이다. 온라인 토론 및 토의로 넘어가는 통과된 대부분은, 더 광범위한 범위의 정보와 관점에 접근할 수 있다면 더 많은 정보를 가진 시민이 될 것이라는 개념에 대해 즉각적인 반박을 제공한다. 그러나 이런 이유로 인터넷을 비난하는 것은 불공평하다. 한때 대중의 인식을 극적으로 향상시킬 것이라 약속했지만 마치 현대판 〈펀치와 주디*Punch & Judy*〉 쇼[29]처럼 점점 더 극단적인 인물들이 출연하는 대중 토론을 재방송하는 데만 주로 성공을 거두었던 24시간 케이블 뉴스의 경우에도 상황은 마찬가지다.

　디지털 미디어가 공공 영역에 미치는 영향에 대한 최근의 관심을 배경으로, 이 장에서는 콘텐츠의 다양성에 대한 논의를 넘

29　〈펀치와 주디〉는 펀치와 주디가 각각 남편과 아내로 등장하는 영국의 전통적인 인형극이다. ─ 옮긴이

어서 맞춤형 미디어에 대한 비판을 재검토하기 위한 주장을 펼친다. 특히 나는 '필터 버블'이라는 개념(Pariser, 2011)이 이 분야의 연구에서 많은 관심을 끌었지만, 플랫폼 경제의 '시민 성향' 형성을 위해 가능한 조건에 대해서도 더 많이 강조해야 한다고 주장한다 (Pratte, 1988). 또는 아렌트(1982)가 이마누엘 칸트Immanuel Kant의 《판단력 비판Kritik der Urteilskraft》을 바탕으로 타인의 "생각에 자신을 배치"하는 "확대된 사고방식"이라 설명했던 것과도 비슷하다(71). 민주적 숙의를 촉진하는 관점에서 볼 때 가장 큰 관심사는 단지 자동화된 극단적 맞춤형 덕분에 사람들이 온라인으로 더 좁은 범위의 뉴스와 정보에 노출되는가의 여부(정보가 포화된 온라인 미디어 환경에서는 점점 더 믿기 힘든 주장)만은 아니다. 오히려 소셜 미디어가 시민들의 다양한 정보 흐름 구매를 약화시키는지의 여부가 더 큰 관심사다. 다시 말하면, 미디어 폭식이라는 맥락에서는 사람들이 더 광범위한 정보에 노출되면서도 자신들이 속한 더 큰 커뮤니티와 이를 구성하는 낯선 타자들의 관점에 대해서는 점점 덜 생각하는 경향이 있다는 것이다.

여기서 핵심은 사람들이 단순히 확증 편향(Pariser, 2011) 때문에 정보의 홍수를 항해하게 된다는 점이 아니라, 플랫폼 논리와 커뮤니케이션 행위를 더 넓은 사회적 정책과 결합하는 것이 민주적 숙의를 위한 배경 조건을 약화시킨다는 점이다. '필터 버블'의 문제는 숙의를 의미 있게 만드는 조건의 효율성이 감소하고 있음을 보여 주는 사례다. 베네딕트 앤더슨Benedict Anderson(2006)이 주장했듯이, 인쇄 자본주의가 미디어 기술과 미디어 가공품을 통해 사람들이 국가 수준에서 상상의 공동체를 형성하도록 도와주었고, "통계적 신자유주의" 시대에는 플랫폼 미디어를 향한 전환이(Littler, 2018) 이 성취를 원상 복구하는 데 일조한다. 상쇄되는 사실과 의견에 대한 저항이 커지는 것은 반향실 효과Eco Chamber 때문이 아니라, 사람들이 타자의 관심사와 이익이 자신의 번영에 큰 영향을 미치고 결국은 개별적으로나 집합적으로나 숙의적 의사 결정 과정에 영향을 미치는 상상의 공동체 일부로 자신을 인식하는 능력이 떨어졌기 때문일 수 있다. 이 장에서는 자동화된 큐레이션에 대한 선구적인 작업에서 시민 성향 형성과 이를 위협하는 조건에 대한 전반적인 질문에 접근하기 위한 자료를 파악한다.

온라인 뉴스와 정치적 파편화 사이의 관계를 상정한 가장 영향력 있는 저자를 둘 꼽으라면, 일라이 페리서Eli Pariser(2011)와 캐스 선스타인(Sunstein, 2001a)이다. 이 둘 다 이중 초점을 가진 주장을 발전시켰는데, 이용자들이 노출되는 콘텐츠의 범위와 그로 인한 시민 성향으로의 변환에 관한 것이다. 그러나 최근 연구에서 가장 주목받는 것은 콘텐츠 측면의 주장인데, 이는 아마도 그들의 작업과 관련한 키워드 때문일 것이다. '데일리 미'(네그로폰테로부터 빌려온 선스타인의 말) 그리고 '필터 버블'(페리서의 용어) 둘 다 특정 이용자에게 맞도록 내용을 자동화 맞춤하는 것을 의미한다. 선스타인 (2001a)은 이 주제에 대해 자신의 첫 책에 다음과 같이 썼다.

개인이 일반 관심을 중개하는 미디어[대량 유통되는 신문과 전자 매스 미디어]를 우회하고 자신이 선택한 의견과 주제에만 골몰하게 되는 시스템에는 심각한 위험이 있다. …… 이런 종류의 상황은 단순한 파편화보다 더 나쁜 결과를 낳을 수 있다. (16)

페리서는 선스타인의 책을 출발점으로 삼아 온라인 필터링에 대한 자신만의 탐색을 한 후 거의 비슷한 결론에 이른다. "이 엔진들은 모두 함께 우리를 위한 독특한 정보의 우주를 창출한다. 나는 그것을 필터 버블이라 부르기로 했으며, 우리가 아이디어와 정보를 마주하는 방식을 근원적으로 바꾸어놓는다"(Pariser, 2011: 12). 그는 점점 더 포화되는 정보 환경에서 필터링의 불가피성을 언급하면서, 그로 인한 개인화의 경향을 비판한다. "자신의 장치에 남은 개인화 필터는 일종의 보이지 않는 자동 선전 역할을 하며, 우리 자신의 생각으로 우리를 세뇌한다"(13). 여기에서 우려할 점은 변화하는 정보 환경과 관련된다. 그 환경에서는 사용 가능한 콘텐츠 확대가 틈새시장의 증가와 일치한다.

필터 버블 찾기

최근 사건의 여파로 다시 주목을 받은 이 주장의 결과 하나는 온라인 콘텐츠의 확산에도 불구하고 관점의 축소를 반영하는 맞춤형 정보 환경인 '필터 버블'의 존재를 실증적으로 검증하려는 연구가 급증했다는 점이다. 그러나 이러한 측면에서의 실증적 증거는 논란거리로 남아 있다. 리처드 플레처Richard Fletcher와 클레이스 닐슨Kleis Nielsen은 로이터연구소 디지털 뉴스 보고서Digital News Report를 근거로 "일반적인 통념과는 달리, 우리의 분석에 따르면 소셜 미디어 이용은 분명히 일부러는 보지 않았을 추가적인 뉴스 소스에 대한 우연한 노출과 관련되며, 정치적으로 더욱 다양한 뉴스 다이어트[30]와 관련된다"(Fletcher & Nielson, 2017) 이와 비슷하게 세스 플랙스먼Seth Flaxman 등(Flaxman et al., 2016)은 소셜 미디어와 검색 엔진의 이용이 "개인은 자신이 덜 선호하는 정치적 스펙트럼으로부터의 뉴스에 더 많이 노출되는 연관성이 있다"는 것을 발견했다(303). 그러나 디미타르 니콜로프Dimitar Nikolov 등(2015)은 다른 기준값으로 비교하여 다음과 같은 점을 발견했다.

소셜 미디어의 표적이 되는 다양성은 트래픽 전체로나 뉴스만으로 볼 때도 검색 엔진 트래픽으로부터 도달하는 다양성에 비해 약간 낮은 정도다. …… 이러한 경험적 증거는 소셜 미디어가 정보 탐색

---

30   클레이 존슨Clay Johnson은 《똑똑한 정보 밥상*The Information Diet*》(2012)이라는 책에서 '정보 다이어트'가 필요하다고 주장했다. 그의 전제는 간단했다. 오늘날 정보 취득은 음식 섭취와 마찬가지로 개인과 사회의 안녕에 영향을 미친다는 것이다. 존슨은 마치 과식으로 인해 비만의 위험이 커지듯 무분별한 정보 탐식은 정보 비만을 낳게 된다고 지적하며, 식단 조절과 마찬가지의 방식으로 정보를 바르게 섭취하는 식단을 실천해야 한다고 주장한다. 이후 미디어 리터러시 교육 등에서는 특히 정치적으로 다양한 관점의 뉴스를 선별해서 보아야 할 필요성을 강조할 목적으로 '뉴스 다이어트'라는 용어를 사용하곤 한다. ― 옮긴이

활동의 기준선에 비해 더 좁은 범위의 정보 소스에 커뮤니티를 노출한다는 것을 시사한다. (8)

그 대신에 프레데릭 보르게시우스Frederik Borgesius 등(Borgesius et al., 2016)의 리뷰 논문에서는 "현재로서 필터 버블에 대한 강한 우려를 뒷받침하는 경험적 증거는 없다"고 결론지었다. 학계의 의견도 이 방향으로 가는 것처럼 보이며, 필터 버블에 대한 우려는 미디어 패닉의 한 형태일 뿐 이를 뒷받침할 증거는 없는 것으로 여긴다(예를 들어 Bruns, 2019를 보라).

소셜 미디어 공유량이 상당히 많은 이런 시대에, 온라인에서 더 많은 시간을 보내는 사람들은 비록 단순한 비평이거나 분노의 형태로 공유된다 할지라도 더 다양한 정보와 관점을 마주치게 된다는 것은 그럴듯한 이야기다. 예를 들어 〈와이어드〉는 미국의 학교 총기 사건에 대한 음모론을 가장 필사적으로 비판하는 사람들이 오히려 소셜 네트워킹 플랫폼에 그 음모론을 노출하는 데 기여한다고 보도했다. 이는 "음모론 때문에 노여워하는 이들이 음모론 홍보를 도와주고 있으며, 어떤 경우에는 음모론을 홍보하는 이들보다도 훨씬 더 그렇다"(McKew, 2018). 실제로 자동화된 콘텐츠 배포의 명백한 효과 중 하나는, 한때 주변화되거나 극단적이라고 여겼던 관점을 주류로 만드는 것이다. 온라인 세계의 많은 부분을 특징짓는 분노와 선정주의의 커뮤니케이션 경제는 다양한 관점을 유통시키는 데 도움을 준다. 다만 자신들이 동의하지 않는 사람들을 식별하고 부를 수 있도록 허용하는 경우에만 그렇다. 이러한 활동은 분노와 분개의 논쟁이 계속 순환하는 한 플랫폼에 유익하다. 그러나 이는 민주적 숙의에는 도움이 되지 않으며, 시민 성향 형성에 필수적인 상호 인정과 친절의 형태를 훼손한다. 이러한 참여 방식은 극단주의적인 콘텐츠를 강조함으로써 반대자들을 정치적인 반대편을 구제 불가능할 정도로 오도하고 위험한 대상으로 바라보는 경향을 악화시킨다.

필터 버블 논쟁을 받아들이는 최근의 특징적인 경향은 미디어 콘텐츠만을 거의 전적으로 강조하는 것이며, 이는 더 광범위한 관점에 노출되다 보면 파편화와 양극화의 문제를 개선할 수 있다는 가정으로 이어진다. 그러나 만일 개인화된 뉴스의 결과와 관련된 증거에 대해서는 논쟁 중이라면, 증가하는 양극화에 대한 증거는 덜 논쟁적이다. 퓨리서치센터Pew Research Center(2014)는 대규모 설문 조사를 시행했는데, 미국의 정치적 양극화의 수준은 여러 측면에서 지난 20여 년 동안 극적으로 증가해 왔음을 발견했다. 설문 결과에 따르면, 일관되게 보수적이거나 일관되게 자유주의적인 견해를 표현한 미국인의 숫자는 두 배로 늘어났다. 이는 사람들이 당파적인 정치적 관점에 더 '몰입하는' 것처럼 보인다는 뜻이다. 동시에 퓨리서치센터는 다음과 같은 내용을 보고했다.

> 당파적 적대감이 상당히 증가했다. …… 각 정당에서 반대 당에 대해 매우 부정적인 견해를 갖는 비율은 1994년 이후 두 배 이상 증가했다. 이러한 강렬한 당파는 대부분 반대 당의 정책이 "너무나 잘못되어 국가의 안녕을 위협한다"고 믿고 있다. (Pew Research Center,

2014)

비록 양극화의 수준이 나라마다 매우 다르긴 하지만, 로이터연구소는 설문 조사를 한 나라들에서 미디어 편향을 지각하는 비율이 점차 증가하고 정치적인 양극화의 정도가 증가하고 있음을 발견했다. "사람들은 자신의 믿음과 맞는 언론사로만 몰려들고 다른 미디어들은 무시한다. 한때 가능한 모든 정보를 향해 세계를 열어 주고 사람들을 함께하게 해 줄 것으로 생각되었던 인터넷은 오히려 사람들을 자신만의 구석으로 몰아넣고 있다"(Newman et al., 2017: 30). 미디어 탈규제와 경제적 불평등 수준의 증가를 포함하여 정치적 양극화의 설명에는 여러 다양한 요소들이 논의된다. 그러나 미디어는 이러한 긴장이 실제 행해지는 중요한 영역으로 남아 있다(Newman et al., 2017).

콘텐츠를 넘어서

필터 버블 주장을 더 깊이 파고들면 다양한 콘텐츠에 대한 노출이 증가할수록 정치적 양극화가 심해지는 방식을 고찰할 수 있는 자료를 찾게 된다. 필터 버블의 존재를 확인하려는 시도는 페리서와 선스타인이 제기한 시민 성향에 대해 부수적인 우려로부터 관심을 멀어지게 한다. 시민 성향은 필터 버블의 결과로만 여겨지기 때문이다. 두 저자는 미디어가 이용자의 성향에 영향을 미치는 것을 비판하며 맞춤화에 대한 우려를 보완한다. 선스타인(2001a)에게 있어서 조작적 특성은 그가 "소비자 주권"과 "정치적 주권"이라 묘사한 것 사이의 차이다(86). 소비자 주권은 개인의 취향을 우선시하고 자유는 가격 시스템(그리고 가능한 자원)에 의해 정해진 제약 조건 내에서 표현되는 것이라 정의한다. 소비자 주권의 관점에서는, 뉴스를 읽는 것은 옷이나 차를 쇼핑하는 것과 별반 다를 바 없다. 이와는 대조적으로 정치적 주권은 "개인의 취향을 고정되거나 주어진 것으로 여기지 않는다. 정치적 주권은 민주적 자치를 존중하고, '토론에 의한 통치'의 요구 사항이자 공공 영역에서의 합리성에 수반된 것으로 여겨진다"(Sunstein, 2001a: 45). 다른 말로 하면, 정치적 주권은 다른 사람의 관점과 주장을 고려하여 토론을 통해 선호를 형성할 수 있는 인정의 실천을 필요로 한다. 이는 개인 취향의 형성을 위한 조건이 이해관계의 공통성을 인식하는 사회성과 공동체의 근본적인 형태에 의존한다는 것을 인식하는가에 달려 있다.

마찬가지로 페리서(2011)는 필터 버블이 시민권을 소비자 중심의 개인주의로 붕괴시킨다고 주장한다. "필터 버블은 …… 우리의 좁은 이기심만이 이 세상에 존재하는 모든 것이라는 인상을 느끼게 한다. 이는 사람들이 온라인 쇼핑을 하게 하는 데는 좋을지 몰라도, 함께 더 나은 선택을 하게 만드는 일에서는 별로다"(90). 내용 범위가 좁아질 우려에도 불구하고, 페리서는 의미 있는 숙의에 기대고 있는 사회적 기반을 자동화된 큐레이션이 침식하는 방식을 겨냥한다. "개인화는 우리에게 무엇인가 매우 다른 것을 가져다준다. 알고리즘에 의해 분류되고 조작되었으며, 디자인으로 분화되고 대화에 적대적인 공공 영역이 그것이다"(91). 동시에 공공적이고 사회적인 것의 운명에 대해 페리서가 걱정하는 우연과 범위에 대한 알고리즘을 재조정하는 것만으로는 파편화의 병리를 해결하지 못할 수도 있음을 시사한다. 그가 말했듯이 문제는 또한 "보다 인본주의적이고 미묘한 정체성 감각, 공공 문제의 적극적인 홍보 및 시민권 함양"으로 대응해야 한다(Pariser, 2011: 127).

이런 측면에서 페리서와 선스타인은 모두 "시민적 성향"이라 할 수 있는 것의 중요성을 강조한다. 이는 우리가 자신의 정치적 계산에서 다른 사람들의 주장과 관심이 중요한 역할을 한다고 인식하는 것을 의미한다. 그러한 성향은 공유된 공익의 상상된 가능성을 허용하는 커뮤니티의 자원 없이는 성취하기 어렵다. 리처드 프랫Richard Pratte(1988)은 이렇게 말한다.

> 시민의 덕목은 단순한 행위의 문제가 아니다. 그것은 시민 성향을 형성하는 문제이며, 타자의 감정과 필요와 태도에 대해 주의를 기울이고 배려하면서도 공공의 선을 위해 행동하겠다는 의지다. (308)

철학자 위르겐 하버마스Jürgen Habermas는 그러한 성향이 구체적이고 사회적인 실천을 통해 그리고 사회적 배양의 의식적인 형태를 통해 형성된다고 본다. 토머스 매카시Thomas McCarthy가 언급했듯, "실천적인 담론 [특성] …… 서로의 입장에 서려는 도덕적 행위자 …… 그리고 이것은 공개적으로 이루어져야 한다. 개인의 의식이나 이론가의 마음에서 펼쳐지는 논증은 실제 담론을 대체할 수 없다"(Habermas, 1990: 12, 서문 중에서). 아넬리 디그리즈Annelies Degryse(2011)도 비슷한 점을 지적했는데, 철학자 한나 아렌트가 칸트의 공통 감각sensus communis(판단을 위한 선제 조건으로 작용하는 공유된 감성)과 언어 사이에서 찾은 연관성을 언급한다. "아렌트는 실제 언술과 커뮤니케이션에 따라 판단하는 정신적 과정을 말한다"(356). 그러한 성향의 형성은 구체적인 사회적 관행으로 볼 수 있다. 즉 차례대로 말하기, 타인의 입장에서 보는 능력, 그리고 근본적인 공동체 의식을 북돋우는 실천들이 얼마나 실현되는가에 달려 있다.

페리서와 선스타인은 콘텐츠의 맞춤화를 공유된 미디어 영역의 파편화와 밀접하게 연관시키고, 따라서 시민 성향 형성을 위한 조건의 침식과도 연관시킨다. 시민 성향은 소비주의의 구체적인 관행과 결합한 기본 개인주의의 추상적인 개념으로 대체된다. 이것이 아렌트가 "사적 감각sensus privatus"이라고 설명한 것이다. 그들의 주장은 단순히 정보의 문제가 핵심이 아니라 그 정보에 대한 성향disposition의 문제가 핵심임을 보여 준다. 이 경우 우리는 온라인(및 오프라인)에서 시민 성향의 형성(또는 침식)에 영향을 미치는 요소로 내용 외의 것들도 고려할 수 있다. 자동화된 맞춤형과 구체적인 기술 및 관행은 단순히 콘텐츠라는 한정된 요소보다도 더 결정적인 역할을 할 수 있다. 이러한 발전은 사회, 문화, 정치 환경의 광범위한 변화와 함께 동반된다.

다양한 아이디어와 관점이 그 자체로 경쟁하는 주장들을 고려하는 데 개방성을 가져오고 자신의 선입견을 테스트해 볼 수 있다고 상상해 보는 일은 멋지지만, 역사는 반복적으로 그 반대를 입증해 왔다. 시민 성향의 형성은 사회적이고 제도적인 자원과 실천의 발전이 요구되는 역사적인 성취다. 이는 대중이 선의의 참여와 공적 숙의를 지향할 수 있도록 해야 가능하며, 이러한 대중의 헌신과 사회적 관행이라는 원천이 없다면 시민 성향의 형성은 성취하기 어렵다. 철학자 제이 번스타인Jay Bernstein은 위르겐 하버마스(1990)가 말한 공론장에서 커뮤니케이션 이성이 맡은 역할에 대해 논의하면서 중요한 점을 강조한다. "상호 주관적 인정을 통해 타당성을 주장하려 지향하는 근거는 상호 주관적 인정이다"(Bernstein, 2014: 180). 우리의 생각과는 달리, 논쟁은 그 자체로 인식을 명령하지 않는다. 그렇다면 미디어 파편화에 대한 비판에서 더 깊은 질문은 맞춤형으로 된 상업 플랫폼의 등장이 단지 콘텐츠의 가용 범위를 형성하는 것에 그치지 않고 의미 있는 공적 숙의를 위한 기본 조건을 어느 정도까지 재구성하는가 하는 점이다. 플랫폼 미디어와 민주주의의 관계에 대한 현대의 우려를 해결하는 결정적인 임무 하나는 콘텐츠 맞춤화에 지나치게 좁게 초점을 두었던 논의를 확장하여 출발점을 찾아내는 것이다. 이 장의 나머지 부분에서는 다시 매스 미디어에서 자동화 미디어로의 전환, 통계적 신자유주의와 관련된 상상의 공동체와 사회성의 해체, 그리고 정치적 판단을 위한 발전의 결과에 대해 논의하겠다.

매스 미디어에서 자동화된 미디어로

선스타인(2001a)에게 있어 20세기 매스 미디어 시대는 국가 차원에서 민주적 숙의에 중요한 역할을 했던 비교적 짧지만 중요한 역사적인 막간을 의미한다. 그는 주류 매스 미디어를 "일반의 관심을 중개하는 미디어"로 묘사하면서, 매스 미디어가 공유된 숙의를 가능케 하는 사회적 접착제로서 기능하며 매개된 사회성을 제공했다고 말한다. 그의 말처럼 "그러한 매개에 의존하는 사람들은 다양한 타자들과 경험을 공유하고 자신들이 특별히 선택하지 않았던 주제들에도 노출됨으로써, 다양한 범위의 우연한 만남을 갖게 된다"(11). 이 주제에 대한 선스타인의 글이 전반적으로 비슷하지만, 이 설명에서 강조되는 것은 다름 아닌 콘텐츠다. 즉 공유하는 세계에 대한 관점을 형성하는 데 이바지함으로써 숙의에 필요한 공통의 경험을 제공하는 공통의 이야기들이다. 선스타인은 이러한 매스 미디어를 공론장에 비교하는데, 사람들은 자신과는 다른 시각이나 관점과 마주하게 되지만 그럼에도 공유된 기준점에 따라 일정한 범주로 제한되는 공간에 속한다(2001a: 12). 민주적 거버넌스에 있어서 매스 미디어의 이점은 이러한 공유된 정보의 공간에 대한 감각을 물리적 공간이 제한하는 범위 이상으로 확장해 준다는 점이다. "이러한 종류의 미디어들은 길거리나 공원에 비해 훨씬 더 큰 이점을 갖고 있는데, 바로 얼마든지 전국적이거나 국제적인 것이 될 수 있다는 점 때문이다. 매스 미디어는 일반적으로 다른 지역이나 다른 나라의 사람들이 가진 질문과 문제들에 사람들을 노출시킨다"(2001a: 6). 여기에서 선스타인은 콘텐츠에만 초점을 두는 것에서 벗어난다. 그는 매스 미디어가 베네딕트 앤더슨이 묘사한 "상상의 공동체"(2006)를 형성하는 역할을 한다고 설명한다. 앤더슨은 국가라는 개념의 등장과 신문과 소설을 읽는 대중 수용자의 등장 사이의 관계를 탐색하기 위해, 초기의 대량 생산 기술 중 하나인 상업 인쇄물의 사례를 근거로 설명한다. 선스타인은 소설이 "균질하고 공허한 시간을 통과하여 달력 위에 살아 움직이는 사회학적 유기체"(Sunstein, 2001a: 26)의 개념으로 이끈다고 주장한다. 이 개념은 서로를 결코 알지 못하는 사람들이 그럼에도 불구하고 개념적으로 커뮤니티의 공유된 감각을 중심으로 모여 있는 '국가의 개념'과 비슷하다. 그는 이렇게 말한다.

> 한 명의 미국인은 동시대를 살아가는 2억 4000만 명의 미국인 중 손에 꼽을 만큼의 사람 이상을 만나거나 심지어 알지도 못할 것이다. [앤더슨은 미국 인구가 이보다 8000만 명이 더 적던 시절에 글을 썼다]. 그는 어떤 순간에 다른 이들이 무엇을 하고 있는지 전혀 모른다. 그러나 그는 그들의 꾸준하고도 익명적인 동시적 활동에 대해 완전한 확신을 갖고 있다. (26)

선스타인은 일간 신문이야말로 일반적인 관심사의 미디어이며, 공동체 의식을 강화하는 주기적인 독서 의식의 기초라고 설명한다.

이 미사 의식의 중요성은 역설적이다. 헤겔은 현대인에게 있어 신문이란 아침 기도를 대용품라 말하기도 했다. 이 의식은 비밀 은신처에서 조용히 사적으로 수행된다. 그러나 각 성찬 참석자는 자신이 수행하는 의식이 어딘가에 존재한다는 것은 알고 있으나 그 정체성에 대해서는 조금도 알지 못하는 수천(혹은 수백만) 명의 다른 사람들에 의해 동시에 복제되고 있음을 잘 알고 있다. (2001a: 35)

이러한 인식은 서로 멀리 떨어져 있고 잘 모르는 사이지만 상상할 수 있는 다른 사람들과 공유되고 공통된 존재라는 느낌을 요구하는 정도까지 진정한 성취를 이루었다. 이러한 성취의 힘을 바탕으로 우리는 공동체로서의 동시성 감각을 뒷받침하는 실용적이고도 물질적인 구성 요소를 고려할 수 있다. 뉴스는 주기적으로 리듬에 따라온다. 아침판, 오후판, 저녁판 등 공간을 가로질러 읽기의 패턴을 동기화한다. 독자들은 자신들이 읽는 이야기를 그 지역이나 국가의 권역에서 만난 적 없는 다른 사람들도 동시에 읽고 있다는 점을 안다. 신문은 가정에서나 통근열차 안에서 각각 공용 아이템으로 순환되는데, 한 번 버려진 신문은 다른 수많은 사람들이 주워 다시 읽을 수 있어서 독자들 사이의 정보 결속력을 다진다. 매스 미디어는 정보의 공동체를 동질화하게 만들고 통합하는데, 이 과정은 이점과 병리학적 특성을 모두 갖고 있다(후자는 전자를 침해하는 동력이 된다). 대중교통과 마찬가지로 매스 미디어 역시 사람들을 집단으로 모아 그들에게 시간에 따른 집단적인 움직임을 느끼게 한다.

앤더슨의 설명은 시민 성향 형성이 불가능한 상황에서도 미디어 인프라, 미디어 상품, 미디어 실천 등이 상상의 공동체를 제공하는 역할을 강조한다는 점에서 시사하는 바가 크다. 번스타인 (Bernstein, 2014)이 설명하듯, 모르는 타자들의 주장을 인식하는 것은 공유된 공동체의 이해라는 감각이 어느 정도는 자리 잡은 상태여야만 가능하다. 앤더슨은 우리에게 미디어 실천과 미디어 기술이 이러한 공동체 의식을 구축하는 데 역할을 하고 있음을 생각하게 해 준다(그렇다고 이 말이 미디어만이 공동체 의식 구축에 기여하는 유일한 요소라는 뜻은 아니며 다만 중요한 역할을 한다는 의미다). 인쇄 기술에 의한 대량 재생산은 국가 언어를 표준화했고 국가의 언어를 말하는 사람들에게 공유할 수 있는 정보원을 제공했다. 대량 유통된 신문은 지역 그리고 나아가서는 국가 수준에서 매개된 경험의 느낌을 공유할 수 있도록 도와주었다. 사람들은 (대략) 같은 시간에 같은 프로그램을 시청한다. 그들은 같은 이슈를 다룬 기사를 읽고, 대중 시장은 무엇을 주류 시각으로 보아야 할 것인지에 대한 경계를 설정해 주는 객관성이라는 통념을 등장시켰다. 뒤이어 등장한 '주류' 미디어에 대한 비판이 가능했던 것은 명백한 주류가 분명 있다는 사실 때문이었다. 주류 미디어는 주로 정치적 엘리트와 미디어 엘리트, 그리고 그들이 정보에 접근하기 위해 의존해야 하는 사람들과의 합의를 중심으로 구축된다(예를 들어 McChesney, 2008 혹은 Herman & Chomsky, 2010 참조). 매스 미디어의 한계가 있었다는 것은 미디어 환경의 '바깥'이 있었다는 의미다. 사람들은 항상 미디어를 사용하도록 만드는 맞춤형 정보와 오락의 끝없는 흐름에 스며들지 않았다. 공공의 이해를 공유할 수 있는 상상의 공동체가 형성되는 데 어떤 영향을 미치는지를 추적하기 위해 일반적 관심의 매개체(지배적인 이데올로기를 재생산하고 그에 도전하는 목소리를 배제하기 위해 상업적인 압박에 의해 형성되었고 권력과 관습에 의해 구속된다)의 시대를 낭만화할 필요는 없다. 적어도 이론적으로는 그렇다. 실제로 이 공동체는 그 가운데 있는 많은 사람을 배제하는 동시에 포용을 위해 투쟁할 수 있는 자원을 제공했다. 공통된 이해관계의 개념을 함께 나눔으로써 배제와 싸우는 것은 그러한 투쟁의 기초를 훼손하는 것이 될 수 있다.

　온라인 정보 제공의 상업 모델이 등장한 것은 일반 관심의 매개체의 시대와 극명한 대조를 이룬다. 그 차이 중에는 선스타인과 페리서가 지적한 내용의 범주를 넘어서는 것도 있다. 동질적인 시간이라는 개념은 대량 맞춤화의 길을 열어 주었고, 미디어 소비의 리듬은 세분화되고 재구성된다. 저녁 뉴스 보도는 대개 자동화된 맞춤 정보의 흐름으로 재배치된다. 통근 열차에 앉아 〈더 데일리 미〉를 읽고 버리지는 않는다. 그것이 비싼 장비로 배달되기 때문만이 아니라 개별 이용자들을 특정한 시간에 맞춰 소환하기 때문이다. 우리는 단지 맞춤형 콘텐츠에만 의존하여 내용을 파고들어 가는 것이 아니라, 그 정보와 우리를 둘러싸고 있는 세상과 서로서로가 맺고 있는 공간적이고 시간적인 관계를 재구성하면서 내용을 읽는다. 기숙사나 가정에 있는 TV가 놓인 방은 시청자들이 옆 방에서 각자의 개인 장비로 넷플릭스를 시청할 수 있도록 해 준다. 지역 신문은 줄어들거나 소멸하고 있고,

가장 많은 주목을 얻을 수 있는 사람이 만든 지역 페이스북 그룹이 그 공백을 채운다. 여기에는 선정적이고 허위인 정보를 전달하는 사람들도 포함된다. 끊임없이 흘러들어 오는 업데이트와 정보 토막 뉴스들이 이를 받아들이고 심사숙고할 수 있는 시간을 대체하면서, 읽고 시청하기의 리듬은 가속화한다. 사람들은 자신의 개인 장비를 공원이나 거리로 갖고 나가고, 주변의 낯선 이들을 거의 인식하지 못한 채로 개인화된 창문에서 자신을 둘러싸고 펼쳐지는 세상에만 초점을 두게 됨에 따라, 미디어 소비의 '바깥' 공간은 줄어들고 있다. 물론 예외와 대안은 있지만, 이 경향만큼은 분명하다. 그리고 상상의 공동체에 대한 우리의 감각은 디지털 미디어와 정치적 파편화 사이의 관계를 이해하기 위한 모든 접근 방식에서 핵심적인 위치를 차지할 만큼 중요하다.

페이스북과 트위터는 영향력 있는 플랫폼이면서도 자신들이 콘텐츠 유포에 책임을 지닌 발행인으로 인식되는 것을 꺼린다. 그들은 공중이라는 개념 그리고 정의하기에는 이론의 여지가 있긴 하지만 공중의 '관심거리'를 제공해야 한다는 목표로부터는 한층 더 멀어지면서 세분화된 소비자를 위한 마케팅 쪽으로 더 가까이 다가가고 있다. 자동화된 정보 경제에서 필수적인 것은 데이터 기반의 상업적인 모델에 따라 형성된다. 그 모델은 이용자에 대한 광고와 데이터 수집에의 노출을 극대화하기 위해 주로 "고착도(해당 사이트에서 얼마나 시간을 보내는가)"와 관여도(이용자들이 콘텐츠 생산과 정보 공유에 가담하는 정도)에 의존한다(Lewis, 2018). 이 정도 수준의 맞춤형(페이스북이 주장하는 매달 순 이용자 16억 명을 달성한 언론 미디어는 역사상 없었다)에는 자동화가 반드시 요구된다. 한때 편집부의 결정으로 정해지던 것들이 이제는 자동화 시스템이나 크라우드소싱으로 넘어갔다. 그 결과 심지어 플랫폼을 운영하는 사람조차도 이러한 의사 결정 과정의 결과에 놀라기도 한다. 예를 들어 유튜브는 알고리즘에 의해 홍보되는 극단주의적인 음모론을 다룬 영상이 높은 순위에 있을 경우에, 계속해서 이를 제거해야 했다(Lewis, 2018).

장치 기반의 플랫폼 경제가 지닌 사회적 효과에 대한 저명한 현대 비평가 중에는 한때 영향력을 발휘했던 사이버 전문가인 셰리 터클이 있다. 터클에게 있어 소셜 미디어는 커뮤니케이션 관계를 디지털 (그리고 상업적인) 네트워크로 이전하는 한 근본적으로 반사회적인 기술이다. 그의 책 《외로워지는 사람들*Alone Together*》(2017)은 초연결 시대에 나타나는 사회성의 손실을 애통히 여긴다. 놀이터에서 사고가 증가하는 것은 부모나 보호자가 아이들보다는 전화에 더 집중하는 현상과 일치한다. 대학의 룸메이트는 서로 이야기하기보다 방에서 방으로 문자 메시지를 보낸다. 서로 함께하는 "날것 그대로의 인간적인 부분"이 줄어드는 것이다(De Lange, 2013).[31] 터클은 이렇게 말한다.

---

31   최근의 연구(Hall et al., 2017)는 "소셜 미디어를 통한 사회적 변위" 가설에 대항하여 "소셜 미디어가 가까운 친구와 가족과의 상호 작용을 감소시킨다"는 가정을 지지할 만한 근거를 발견하지 못했다고 주장한다(12). 비록 저자들이 터클의 연구를 사회적 변위 가설 중 하나로 언급했지만, 터클의 연구는 접촉의 빈도수가 아니라 사회적 상호 작용의 리듬과 특성에 초점을 둔다. 예를 들어 부모와 아이들은 각자 자신

오늘날 우리가 기계로 꾸는 꿈은 결코 혼자가 아니며 언제나 제어 된다. 이는 사람이 다른 사람과 얼굴을 맞대고 있을 땐 일어날 수 없는 일이다. 그러나 이는 로봇과 함께할 때, 혹은 디지털 삶의 포털 로 이끌려 들어갈 때 일어날 수 있다. (2017: 157)

이는 또한 '증강 현실'의 맹신자들이 예측하는 것과 같은 물 리적 세계의 플랫폼화를 통해서도 일어날 수 있다. 만일 우리의 상호 작용이 모두 상시 착용하는 카메라 헤드셋으로 매개된다 면, 우리는 편리함의 명령에 따라 실재를 형성할 수 있는 방법을 상상하게 될지도 모른다. 예를 들어 보고 싶지 않은 장면이나 피 하고자 하는 정보는 걸러 내는 방식이다.[32]

들의 디바이스에 주의를 기울이며 집중하고 있을 때라도 면 대 면 접촉을 할 수 있다. 선스타인의 관점에서 보자면, 문제는 가까운 친구나 가족과의 상호 작용이 대체되었 다는 것이 아니라 모바일 장비와 네트워크 장비로 인해 공적 공간이 사사화되어 공 적 접촉이 감소했다는 점이다.

32   TV 시리즈 〈블랙 미러*Black Mirror*〉 중 "아크엔젤*Arkangel*"이라는 에피소드 는 이러한 가능성을 시각적으로 보여 준다. 여기에서 부모는 뇌이식의 형태로 자신의 자녀가 무엇을 보게 할 것인지를 걸러 낼 수 있게 해 준다(Brooker, 2017).

신자유주의적인 사회성

미디어 실천은 진공 상태에 존재하지 않으며, 터클, 선스타인, 페리서가 묘사한 것과 같은 경향들은 웬디 브라운Wendy Brown이 "통계학적 신자유주의"라 표현했던 조건에서 사회성의 역량에 대한 주장과 대체로 비슷하다(Littler, 2018 재인용). '소비자 주권'의 승리는 점점 더 증가하는 개인주의적인 미디어 소비 형태를 촉진하는 미디어 기술 및 관행, 그리고 터클이 설명하는 유아론적인 사회적 상호 작용을 결합한 방식으로 일어난다. 이는 사회 보장, 공유 이익, 공유 재산을 지원하는 공공의 이익과 정책의 개념에 대한 규제 공격과 맥을 함께한다. 브라운은 트럼프 시대의 정치적인 분위기가 규제의 방안을 촉진한다고 주장하면서 이렇게 말한다.

> 이는 사회적 결속과 사회 복지를 문자 그대로 해체한다. 단순히 자유에 대한 자유주의적 개념을 장려하고 복지 국가를 해체하는 것뿐만 아니라, 사회적 힘에 의해 생성된 사회 집단이 아닌 가족과 개인만으로 전진하는 사람들에게 정당한 정치적 주장을 축소하는 방식이다. (Littler, 2018: 14에서 재인용)

이러한 설명에 들어맞는 정책 변화와 제안의 목록은 점차 늘어나고 있다. 몇 가지만 사례로 들자면, 미국에서 건강보험개혁법Affordable Care Act(일명 오바마 케어)을 훼손하려는 시도, 그리고 환경 규제를 뒤흔들고, 공공 서비스 미디어와 공적 연구 기금 지원을 없애고, 가난한 어린이를 위한 저비용 의료보험과 광대역 통신에 대한 교차 지원금을 삭감하려 시도하는 것 등이다.

이렇게 공격받는 프로그램과 정책의 공통점은 상호 인식을 형성하고 공공의 이해를 공유하는 감각에의 의지를 밝힌다는 점이다. 이러한 의지는 트럼프 정부 정책으로 손상된 민주적 문화의 결정적인 요소들을 반영하고 재생산한다. 브라운(Brown, 2006)에 따르면, "국가, 정치적 문화, 시장 합리성을 갖춘 사회의 포화는 거버넌스 문제와 정치 문화로부터 정치적 민주주의에 대한 약속을 효율적으로 제거한다"(695). 이와 관련하여 미디어 이론가인 케일리 소로찬Cayley Sorochan(2018)은 신자유주의 시대에 참여의 운명에 대한 논의에서 다음과 같이 말한다.

> 단순히 정치적 장의 범주가 최소화되었거나 자본주의적인 이해관계에 의해 오염된 것이 아니라, 정치를 고유 논리와 일련의 가치를 지닌 인간 삶의 뚜렷한 차원으로 이해할 수 있는 가능성이 사라지는 중이거나 혹은 경제 중심 사고방식으로 인해 이해 불가능하게 된 것이다. (36)

이 설명에서의 핵심은 경제적인 것으로 환원될 수 없는 정치적 상호 작용의 형태를 위한 공간이 줄어들거나 사라지고 있다는 점이다. 심지어 시장 영역에서도 각각의 시장 행위자에 대한 초점은 경제적으로 최적의 해결책보다는 더 비용이 많이 드는 단기 해결책을 우선시한다(예컨대 의료보험의 경우가 그렇다. 미국인들은 단일 보험자 시스템을 도입한 다른 나라와 비교할 때 훨씬 더 나쁜 공공 의료에 훨씬 더 많은 1인당 비용을 지불한다(Feldsher, 2018). 시장 측면에서 볼 때 유익한 결과를 내는 사회화 시스템에 반대하는 것은 대개의 경우 이데올로기적이다(이와 관련된 다양한 사례를 제시하는 것은 어렵지 않다. 시립 광대역에 관한 반대법, 도서관[33]과 대중교통에 대한 반감, 공공 교육에 대한 지속적인 공격 등이 있다).

이러한 발전과 관련된 사회 환경의 광범위한 재구성은 사회적이고 정치적인 삶의 기능을 가능케 하는 근본적인 형태의 신뢰와 인식에 대한 조건을 억누른다. 부유층을 위한 감세는 부분적으로 빈곤층의 의료 서비스 해체라는 대가를 치러야 하는데, 이러한 감세를 반기는 측은 사회적 상호 의존성을 강조하는 공동 이익에 대한 어떠한 개념도 모두 거부한다. 마찬가지로 개인이 자기 이익만을 배타적으로 강조하는 것은 시장 사회가 애초에 기능할 수 있도록 하는 근본적인 사회적 유대를 억압하고 잘못 인식하는 것이다. 이러한 종류의 극단적인 오류가 가져오는 위협은 오늘날의 현대 사회의 가장 기본적인 활동을 가능하게 만드는 중요한 신뢰 형식에 대해 인식을 덜하게 된다는 점이다. 이는 우리 아이들의 안전을 보장하는 공립학교를 신뢰하는 것에서부터 빨간불에 길을 건너는 것에 이르기까지 다양하다(학교와 공공 도로라는 이

---

33   모 경제학 교수는 〈포브스*Forbes*〉에 기고한 악명 높은 의견 기사에서 납세자의 돈을 절약하려면 아마존이 도서관을 대체해야 한다고 주장했다(Ha, 2018).

두 가지 영역이 모두 강하게 공격을 당하는 취약한 공적 영역이 되었다는 점은 우리 현대 사회가 지닌 병리학적 징후다). 우리가 일상에서 타인의 돌봄과 선의를 얼마나 신뢰해야 하는가를 생각해 보면, 이 사회가 기능한다는 것 자체가 거의 기적에 가까운 것처럼 보인다. 우리는 이러한 일상적인 형태의 신뢰와 이러한 신뢰를 구축하는 사회적 인프라에 크게 의지하고 있으면서도, 오직 그것이 무너지거나 위반될 때만 알아차리는 경향이 있다. 예를 들어 호주에서 누군가가 딸기에 바늘을 감추어 놓는 사악한 행동을 하고 대중이 슈퍼마켓에서 그 딸기를 구입했던 사례와 같은 때다(Cohen & Lewis, 2018). 우리가 무수히 많고도 지속적인 방식으로 신뢰와 인정에 의존한다는 사실이 때론 너무 쉽게 무시되고 간과되고 부인된다. 그 대신 개인성이라는 추상적 개념을 선호하는 것이다. 그러나 개인성은 잘못 알려지고 억압된 형태의 사회적 상호 의존성을 바탕으로 하지 않고서는 지속할 수조차 없다. 공공 교육에서부터 공공 공원과 도서관과 공공 의료 보험에 이르기까지 여러 공공 기관에 가해지는 공격은 신자유주의 통치가 번성하는 사회적 기억 상실의 증거를 입증한다. 철학자 제이 번스타인은 이렇게 말한다.

> 이러한 미국식의 관행은 미 공화국의 설립 초기부터 개인성을 토착적인 것으로 만들었지만, 동시에 다양한 방식으로 복잡하고 독특한 현대적 삶의 신세를 지고 있는 개인성을 거의 사라질 정도로 억압해 왔다. (2010)

이러한 배경을 보면, 오늘날의 정치적 순간에 대한 좌절은 사람들이 정치적이고 이념적인 분열을 넘어서 근본적인 사실과 증거와 현실에 동의하지 못해서 그렇다는 점은 놀라운 일이 아니다. 자동화되고 맞춤화된 미디어로의 전환은 형식 면에서나 내용 면에서 모두 소비주의적인 개인주의의 개념을 강화하는 방식으로 작용하고, 이는 개인주의 그 자체를 가능케 하는 조건으로 작동하는 배경 실천과 조직과 사회적 관계를 거부한다. 따라서 소셜 미디어와 플랫폼 경제에 대해 우리가 물어보아야 하는 문제는 그것이 제공하는 콘텐츠의 다양성에 관한 것뿐만이 아니라 그것이 구조화하고 강화하는 이러한 소비자 유아론의 방식에 대한 것이어야 한다. 그러한 영향력은 우리가 받는 메시지뿐 아니라 우리가 메시지를 접하게 되는 방식에까지도 확장된다.

만일 의미 있는 숙의를 위한 기본 자원이 손상된다면, 즉 사람들이 타인의 우려와 주장을 듣게 해 주는 바탕이 손상된다면, 기술적으로나 교육적으로 이를 수정하는 것이 중요하긴 하겠지만 충분한 해결책이 될 것인지는 분명치 않다. 대신 뉴스와 정보가 개인화되고 맞춤형으로 상품화되어야 한다는 견해를 강화하는 실천과 플랫폼과 정책을 재구성하는 일이 중요해진다. 여기에서 시민권과 소비자 주권 사이에 아무런 구별이 없다. 여기에서의 핵심은 단지 맞춤화가 콘텐츠를 형성한다는 것에 그치지 않는다. 핵심은 뉴스가 공동의 행위에 대한 자원이 아니라 개인의 선호도나 이데올로기적인 충성도의 문제가 되어 버린다는 것을 함축한다는 점이다. 이는 민주적인 자치에서 숙의가 차지하는 역할 때문에 더 중요한 문제다. 숙의는 폭력의 개입 없이도 의견 불일치를 해결할 수 있는 대안을 제공하기 때문이다. 시몬 챔버스 Simone Chambers가 숙의 민주주의 연구에서 언급했듯이, 정치적 숙의는 부분적으로는 "말하는 것이 싸우는 것보다 낫다는 직관"에 따른다(Chambers, 1996: 2). 만일 말할 수 있는 시민 성향이 소멸된다면, 우리는 힘과 폭력이 촉발되는 포스트숙의, 포스트외교적인 영역에 있는 우리 자신을 발견하게 될 것이다. 어쩌면 우리는 이미 거기에 도달해 있는지도 모른다.

정보 과잉의 방

그러한 주장이 보여 주는 통찰력은 이제 더 이상 미디어 콘텐츠와 관점의 다양함이 의미 있는 숙의를 위한 매개가 되지 못한다는 점이다. 선스타인(2018, 2007, 2001a)이나 페리서(2011) 모두 다양성을 다양성 그 자체로 높이 평가하지는 않으며, 미디어 노출의 폭을 공공의 숙의가 기능하기 위한 전제 조건으로 본다. 즉 온라인 반향실 효과의 증가를 한탄하는 이들이 사람들이 노출되는 관점의 폭에 대해 경험적으로 잘못 알고 있다고 해도, 이는 우리가 더 이상 현대의 정치적 숙의 상태를 걱정할 필요가 없다는 의미는 아니라는 뜻이다. 가장 중요한 변화는 콘텐츠의 범위가 아니라 그 효율성에 있을 가능성이 점점 더 높아지는 것처럼 보인다. 이는 오늘날의 정보 환경이 지닌 역설이다. 어떤 특정 상황에서

숨 막힐 만큼 팽창하는 정보 환경은 정치적인 양극화를 (극복하기보다는) 악화시킬 수도 있다는 역설이다. 이러한 관찰은 아마도 보기보다는 덜 놀라울 것이다. 서로 충돌하는 설명이나 관점들이 무수히 많을 때, 사람들은 그중 하나를 선택하는 일에서 엄청난 지체를 경험한다. 지배적인 미디어 인프라와 소비 실천이 뉴스와 정보의 개인화와 맞춤화를 강조할 때, 이는 공공 삶의 자원으로 여겨지기보다는 개인 감각sensus privatus을 강화하는 개인적인 취향이나 선호로 여겨진다. 미디어가 폭증하는 이 세상에서, 가장 극단적인 견해조차도 다양한 미디어 소스와 자원에 의해(또한 비슷한 생각을 가진 지지자 군단에 의해) 얼마든지 스스로 강화될 수 있는 상황에서, 자신만의 사실을 선택하는 것이 권리일 뿐 아니라 의무이기도 하다고 느끼는 것이 더 쉬울 것이다.

그러나 정보 '과잉'은 그 자체로 이러한 상징적 효율성의 현기증 날 만큼 어지러운 해체를 설명하기에 충분치 않다. 이 모든 것이 거짓, 미신, 잘못된 의견의 혼란을 뚫고 나갈 수 있다는 증거와 합리적 논증이 아닐까? 국가적 규모의 공개 토론의 현실은 미디어의 재현에 크게 의존하고 따라서 이러한 표현의 보증인 역할을 하는 전문성과 책무와 책임 시스템에 대한 근본적인 수준의 신뢰에 의존한다는 의미이기도 하다. 기능적인 논쟁은 또한 합리적이고 일관된 논증의 과정에 신의를 갖고 참여하는 것과 자신의 관점에서 한 발 떨어져서 타인의 관점을 고려할 수 있는 능력, 즉 일정 정도의 일반화의 가능성에 달려 있다. 상업적 플랫폼 모델은 이 두 가지 기본 전제 조건 모두에 중대한 도전을 제기하며, 이는 이 모델의 근본적인 재검토 및 재구성의 중요성을 시사한다. 물론 이러한 도전이 20세기 후반 매스 미디어 발전의 특징이라 할 수 있는 극단적 상업화와 틈새화의 논리를 여러 방식으로 확장하고 있는 소셜 미디어에만 국한되는 것은 아니다.

소셜 미디어의 '민주화'에 대한 약속의 진실은 시민을 소비자(따라서 개인화된 대상 목표)이자 브랜드(자체 마케팅과 자체 방송 작업을 하는)로 재구성하는 것이다(Hearn, 2008). '브랜드'로서의 개인들의 목표는 다른 이들로부터 배우는 것이 아니라 자신의 태도와 믿음을 상품으로 판매하는 것이다. 즉 시간이 지나도 식별 가능한 정체성 틈새시장을 개척하는 것이다. 브랜드는 숙고하지 않는다. 브랜드는 인식 가능한 일련의 연관성을 부과한다. 우리는 공공 브랜드를 대표하는 케이블 TV 뉴스 진행자로부터 이를 알게 되었다. 이들은 이제 소셜 미디어 '인플루언서'와 자체 브랜드를 가진 사람이 되어 소셜 미디어 환경 전반에 걸쳐 일반화되고 있다. 이러한 브랜드는 논쟁과 갈등의 순환과 악화를 우선시하는 방식으로 대중 참여를 촉진하고, 플랫폼에 대한 '고착성'을 높이려는 자동화된 시스템에서 더 영향력을 발휘한다. 우리의 상호 작용을 봇에 넘기고 나면 우리의 상호 의존성, 즉 타인에 대한 의존성을 더욱 인식할 수 없다.

그렇다면 민주적 숙의를 위한 새로운 도전으로는, 증거를 제공하고 반박하는 내러티브와 관점을 제공하는 것이 아니라 다른 이들의 관점과 입장에 서 볼 수 있게끔 하는 근본적인 형태의 상호 의존에 대한 인식을 확보하는 것이며, 다른 이들에게도 그렇게 하도록 요청하는 것이 된다. 다시 말해서, 콘텐츠에 집중하는 것만으로는 민주적 사회를 위한 현재의 정보 환경의 병리를 해결하지 못한다는 데 동의할 수 있다면, 우리는 미디어 인프라, 조직, 실천이 우리 사회의 존재를 뒷받침하는 상호 의존의 형태를 잘못 인식하도록 부추기는 일에서 우리의 관심을 돌려야 한다. 자동화되고 대량 맞춤화된 미디어 환경에서, 민주적 숙의에 대한 진정한 도전은 소셜 미디어 플랫폼에서 이용 가능한 콘텐츠와 관점의 축소가 아니다(특히 이러한 '협소화'의 증거가 별로 없다면), 오히려 정보의 확산으로 인해 그러한 콘텐츠와 관점을 판단하는 데 필요한 자원이 침식되는 것이야말로 더 큰 도전이다.

만일 가상의 필터 버블에서 사람들이 "정보 과잉infoglut"(Andrejevic, 2013)의 맥락에서 자신의 선입견과 편견을 지속적으로 강화함으로써 다른 이들의 견해에 귀를 막는다면, 불협화음 역시 들리지 않을 것이다. 서로 경쟁하는 이야기 간의 판결을 위한 자원이 체계적으로 훼손되는 미디어 과잉의 환경에서, 사람들은 기존 선입견과 편견으로 양극단만을 가리키는 서사와 대항 서사의 바다를 떠돌아다닌다. 게다가 타인의 주장을 인식하고 평가하는 것이 자동화된 사회성의 부상(그리고 공유된 정치적이고 사회적인 헌신의 감각을 제공하는 실천과 제도에 대한 공격)의 증가 때문에 침해된 상호 주관적인 인식과 상상의 공동체의 기본 형태에 달려 있다면, 우리는 합리적인 숙의를 통해 자체적으로 쟁취하는 그 어떤 것도 믿을 수 없게 된다. 현대의 정보 환경의 병리학을 해결한다는 것은 사회적 과정을 실제 숙의를 위한 조건(듣기, 관점을 번갈아 가져

보기, 상호성과 공유된 상호 의존성의 인식)을 훼손하는 상업적이고 자동화된 네트워크에 떠넘기는 것에 대한 대안을 상상하는 것을 의미한다. 그렇게 하지 않는 것은 대화가 더 이상 전투를 피하기 위한 실천적인 대안이 될 수 없다는 것과, 정보는 그저 탄약에 불과하다는 것을 인정한다는 의미일 것이다.

"이제 AI만이 우리를 구할 수 있다"

판결에 적절한 시민적 성향이 없는 상황에서 여러 서사와 관점이 경쟁하듯 확산되면서 생겨나는 문제는 익숙한 해결책을 불러온다. 바로 자동화다. 자동화된 정보 큐레이션 시스템이 성장하면서부터 이러한 해결책의 근거가 마련되었다. 만일 우리가 우리의 정보 환경을 형성하는 사회적 과정을 자동화된 플랫폼에 넘겨버린다면, 그리고 그로 인한 예상 가능한 결과가 일종의 사회적 탈숙련이라면, 그다음 단계는 의사 결정 과정 그 자체를 자동화하는 것이다. 즉 집단적인 '대표'단으로 작동하는 시스템을 개발하는 것이다. 이는 민주 사회의 오래된 이슈인 '인지 대역폭'에 대한 AI의 해결책이다. 복잡하고 때로는 고도로 기술적인 이슈를 해결하기 위해 시민이 쓸 수 있는 시간과 전문 지식이 광범위하게 부재한 상황에서 어떻게 자치가 기능할 수 있을까? 대의 민주주의는 (적어도 이론상으로는) 하나의 전략을 제공하는데, 바로 그러한 이슈들을 감당하기 위한 전문 지식을 습득하는 일을 맡은 정치적 계급을 만들어 내는 것이다. 그러한 해결책은 개인화 경향에 위배되는 것인데, 공유된 공동체 의식과 수십만 혹은 수백만의 다른 사람들과 정치 대표를 기꺼이 공유할 수 있는 시민적 성향이 충분히 요구되는 한 그러하다. 이와는 대조적으로 맞춤화와 개별화의 명령은 추천 알고리즘이 우리를 위해 가능한 구매를 선택해 주는 것과 같은 방식으로 우리의 '대표자' 역할을 할개인 정치 봇을 만든다는 세자르 히달고의 전망을 뒷받침한다. 만일 숙의 과정이 제 기능을 못 하게 되면, 이는 자동화 시스템이 사회 자동화의 다음 단계로 나아가는 하나의 기회가 될 뿐이다. 그것은 바로 정치적인 것의 자동화다.

소셜 미디어의 부상과 콘텐츠의 상업적 맞춤화를 따라다니는 정치적 분열과 양극화의 형태는 판단을 자동화하는 것에 대한 추가적인 근거를 제공한다. 만일 상징적 효율성의 소멸(증거 기반 논증을 받아들이기에는 부족한 이유를 설명하는 것에 도움이 됨)과 소비자 주권의 특권이 민주적 숙의 조건을 전복시킨다면, 자동화가 이러한 곤경을 면하게 해 준다는 주장이다. 기술적 해결책은 현재의 정보 환경이 우리에게 너무 지나치다는 사실을 인정하는 것에서부터 나온다. 그리고 현재 상황은 우리가 집단적인 자치에 관여하는 데 필요한 시민의 자원을 소생시킬 수 있는 가능성을 매우 희박하게 만들고 있다. 아마도 자동화에 대한 가장 설득력 있는 약속은 주제의 편파성partiality을 극복할 수 있으리라는 것이다. 그 편파성은 정보를 흡수할 수 있는 제한된 능력과 필연적으로 정해질 수밖에 없는 위치에서 나오며, 편견과 선입견을 동반한다.

다른 말로 하자면, 만일 '총체적 정보' 혹은 그것과 가장 비슷한 것이 판단과 의사 결정의 규범적인 기준이라 주장된다면, 인간은 강력한 정보 처리 기계보다도 자격이 현저하게 부족할 수밖에 없다. 실제로 자동화된 의사 결정에 대해 되풀이되는 주제 중 하나는 핵심적인 의사 결정 영역에서 기계가 인간을 대체함으로써 사회가 더 나아질 것이라는 것이다. 그러한 주장에서의 이슈는 판단 능력과 판단에 있어서 정보가 많을수록 더 좋고 총체적 정보가 가장 좋다는 기본 가정이다. 자동화된 정보 수집과 처리는 인간의 의미 파악 능력을 훨씬 더 넘어서는 진보를 약속하며, 일부 분석가는 기계가 정작 기계를 창조한 인간보다 더 효과적인 의사 결정자가 될 것이라(혹은 이미 그렇게 되었다고) 주장하기도 한다. 기술 자문 기업인 가트너Gartner의 니겔 레이너Nigel Rayner는 이렇게 말한다. "우리 인간은 결정을 하는 데 매우 서툴다. …… 어디를 보더라도 예측 모델, 기계 기반 알고리즘 시스템, 컴퓨터 기반 시뮬레이션이 인간보다 더 뛰어난 성능을 보인다"(Thibodeau, 2011). 그가 말하는 사례는 비즈니스 전략과 채용 결정인 것으로 보인다. 그는 이 분야에서 인간 관리자의 쇠약해진 편견과 한계가 드러날 수 있다고 주장한다. "우리가 앞을 바라볼 때, 우리는 합리적인 견해를 갖기보다는 과거에 일어났던 일들과 우리가 일어나기를 바라는 일에 대한 지각에 너무 많은 영향을 받는다"(Thibodeau, 2011). 이 책의 1장에서 보았듯, 자동화 무기의 경우에도 비슷한 주장이 등장한다. 즉 전장에서 인간의 실수와 감정과 편견을 제거할 수 있다는 것이다. 이와 비슷한 주장이 사법 결정(Kinson, 2018), 채용(그리고 해고)에 관한 결정(DeNisco, 2018), 그 외 여러 경우에도 등장한다. 이러한 설명에서 합리적인 관점이란 입장 없는 관점이라고 설명되는데, 즉 데이터의 객관적인 분석이 주관적 요인에 좌우되지 않는 관점을 말한다.

합리적 의사 결정에 대한 이러한 관점은 어떤 특정한 결정에 대해 찬성과 반대의 목록을 만들어 나가는 우리 자신을 발견할 때 흔히 마주치는 친숙한 일이다. 마치 명백한 불확정성 아래에 숨어 있는 것이 이미 결정이 내려진 분명한 계산법이기라도 한 것처럼. 그러한 결정은 철학자 이마누엘 칸트Immanuel Kant가 "규정적인 판단"이라 불렀던 것의 범위에 속한다. 즉 단순히 기존 규칙을 어느 상황에 적용하기 때문에 결정은 사실상 이미 내려진 것이나 마찬가지라는 것이다. 미리 프로그래밍된 삼단 논법의 의사 결정은 그러한 판단에 적합하며, 모든 의사 결정이 이 모델로 동화되는 경향이 있다. 그러나 칸트는 또 다른 유형의 판단을 설명하는데, 이는 이 용어의 실질적인 사용과 더 밀접하게 일치한다. 이것이 우리가 판단에 관해 이야기할 때 진정으로 의미하는 바다. 기존의 합리적이거나 논리적인 계산을 통해서만 올바른 결정에 도달할 수 있다면 그 어떤 실제 판단도 필요하지 않다. 적절한 판단은 아직 논리적으로 사전에 해결되지 않은 불확실한 상황을 해결하는 임무를 수반한다. 예를 들어 논리적 삼단 논법은 용어의 실질적인 의미에서 판단할 필요가 없으며 단순히 논리와 기존 규칙을 적용하는 것이다. 칸트는 '반성적 판단'을 기존의 일반 규칙을 특정 사례에 적용하여 해결할 수 없는 것이라 설명했다.

그럼에도 불구하고 반성적 판단은 의사 결정자들이 특정한 사례에서 일반적인 원칙을 식별해 낼 것을 요구하며, 그러한 결정은 단지 자의적인 것이 아니라 타당성을 갖춘 것으로 인식될 수 있다. 한나 아렌트가 칸트의 정치 철학 강의 내용을 펴낸 유고집에서 설명했듯이, "판단에서의 주요 어려움은 그것이 '특정한 것을 생각하는 능력'이라는 점이다. 그러나 생각한다는 것은 일반화하는 것이고, 따라서 판단은 특정한 것과 일반적인 것을 신비하게 결합하는 능력이다"(1982: 76). 칸트는 그러한 판단을 미학에서 설명했는데, 아름다움에 대한 판단은 고고학적으로 삼단논법이 아님에도 일반적인 동의를 가정하기 때문이다. 내가 어떤 회화를 좋아한다고 말하는 것은 취향에 대해 말하는 것이지만, 무엇인가가 아름답다고 주장하는 것은 더욱 일반화할 수 있는 주장을 함의한다. 그 아름다움은 단지 나뿐만이 아니라 다른이들에게도 인식될 것이라는 의미다. 이러한 주장은 어떤 회화가아름다운지 아닌지를 말해 줄 수 있는 기존의 규칙 체계가 없다하더라도 성립한다. 반성적 판단은 미리 기존의 일반 규칙으로돌아갈 수 없는 결정이 그럼에도 불구하고 일반적인 타당성을 주장할 수 있다는 역설을 나타낸다. 어떤 의미에서 그러한 판단은발견의 순간, 그러나 여전히 특정한 수준에 남아 있는 발견의 순간을 나타낸다. 린다 제릴리Linda Zerilli(2005)는 아렌트에 관한 연구를 통해 반성적 판단은 삼단 논법적이지 않은 특성으로 인해인간 자유의 특징적인 장소가 된다고 주장한다. "그러므로 자유를 중심으로 한 판단의 관행은 칸트가 규정적 판단이라 불렀던 것을 특징짓는 규칙에 따라 모델링할 수 없다"(163).

그러한 위치는 총체적 정보가 도달할 수 없는 것이라는 관점이 인정되면 작동하기 시작하며, 심지어 자동화된 시스템에도 그러하다. 일단 총체성이 이상일 뿐이라 관심에서 밀려나면, 정보가 많을수록 필연적으로 더 낫다는 개념은 설득력을 일부 잃게 된다. 결정적인 부분이 누락되어 있을 가능성이 항상 있기 때문이다. 자동화된 시스템은 인간이 이론상으로는 그것에 따라 행동하지만 종종 실재하지 못하는 것의 일반화와 우선순위를 인코딩할 수 있다. 그들은 또한 관련성에 대한 선입견으로 인해 인간이 알아차리지 못하고 지나친 중요한 상관관계를 발견할 수 있다. 이는 미미한 성취가 아니지만, 반성적 의미 판단의 기준, 즉 특정한 사례로부터 일반적인 원칙을 추출해 내는 능력에 도달했는지는 분명치 않다. 이는 아마도 세자르 히달고의 '자동화된' 정치인(시민을 대신하여 정치적 결정을 내리는 소프트웨어 대리인)에 대한 비전이 거짓처럼 들리는 이유일 것이다. 유권자의 우선순위를 정확히 평가하면 최적의 정치적 성과를 산출하는 계산 결과가 나올 것인지의 여부는 분명치 않다. 또한 누군가의 음악이나 예술 취향을 추적하는 알고리즘이 그들이 감상할 만한 예술 작품을 만들어 낼 수 있는가 하는 점이 명백하지 않은 것만큼이나, 유권자들의 욕망이나 선호를 잘 반영할지의 여부도 분명치 않다.

아마도 보다 분명한 것은, 히달고의 모델이 여러 현대적 접근 방식들과 마찬가지로 개인과 집단의 선호를 뭉뚱그려 버리고 소비자와 시민 주권 사이의 구분을 납작하게 만든다는 점이다. 우리는 칸트를 해석하여 반성적 판단에 걸맞은 정치적 특성을 설명했던 아렌트의 주장을 통해 이러한 구별을 읽을 수 있다. 아렌트에 따르면, 칸트가 판단 능력을 본질적으로 정치적으로 만들고, 따라서 《판단력 비판》을 그의 정치철학의 핵심으로 만든 것은, 그것이 공동체community의 감성으로서 공통의 감성(상식)이 아니라 공동 감성sensus communis에 의존한다는 점이다. 아렌트는 칸트의 논의로부터 판단의 행동 원리를 "다른 모든 사람의 자리에서 자신을 생각하는"(Zerilli, 2005 인용) 것이라 연역한다. 그는 이러한 측면에서 칸트가 설명하는 어리석음(자기 자신의 사적 세계로 후퇴한다는 뜻의 어원학적 의미)을 광기의 한 형태로 언급한다. 이러한 시민적 성향이 일차적인 개인주의의 경계를 극복하는 것을 의미하는 것처럼 들리지 않도록, 아렌트는 사교성이 개인주의 다음의 부차적인 것이 아님을 명시한다. "우리는 …… 사교성을 인간성의 목표가 아니라 근원이라 본다. 사교성은 이 세상에서 가장 본질이다"(Zerilli, 2005 인용).

이 책의 7장에서 중요한 내용으로, 아렌트는 사교성에서 언어와 커뮤니케이션의 구성적 역할을 강조하고 따라서 정치와 재현을 강조한다. 디그리스(Degryse, 2011)가 말하듯, "그는 판단의 정신적 과정이 실제 말과 커뮤니케이션에 달려 있다고 본다"(356). 추상적으로 타자성을 상상하기 위해 사색의 영역으로 물러나는 것으로는 충분치 않다. 오히려 판단을 위해서는 담론적으로나 숙의에 있어서나 타자와의 관여가 필요하다. 내면 세계를 직접 표현한 것처럼 보이는 사람의 언어조차도 (특히) 환원할 수 없는 타자성을 지닌다. 이는 언어 자체의 사회적 특성을 고려하면 아마도 놀라운 일은 아닐 것이다. 언어는 신자유주의의 합리성을 특징짓는 고전적인 자유주의 버전의 일차적 개인주의를 해체하는 또 다른 자원이다. 아렌트(1992)의 표현처럼 "비객관적 감각에서의 비주관적 요소는 상호주관성이다"(67). 판단은 정확히 그러한 감각에 의존하는데, 미리 주어진 개념상의 프레임으로 환원될 수 없기 때문이다. 그러한 프레임 속에서 판단과 재현은 커뮤니케이션의 바탕이다. "우리는 심지어 취향도 판단 능력으로 정의할 수 있는데, 개념의 중재 없이 주어진 [지각이 아니라] 재현에서 [감각과 같은] 우리의 느낌을 일반적으로 커뮤니케이션할 수 있게 만든다는 점에서 그렇다"(72).

이러한 자세한 설명의 핵심은, 판단이란 공동체 감각과 상호주관적인 표현 논리에 기반을 두고 있어서 자동화된 시스템에서는 가능하지 않다는 주장에 대한 최초 진입로를 열어주는 일이다. 그러한 시스템이 특정한 맥락에서 인간의 편견과 감정 요소를 줄일 수 있다는 것이 사실이라 해도, 핵심적인 사회적 결정을 그 시스템에 맡겨 버리는 일에 신중해야 할 이유도 충분하다. 그 이유 중 일부는 꽤 친숙한 것들이다. 예컨대 컴퓨터를 통한 편견 세탁의 가능성, 시스템을 소유하고 운영하고 제어하는 사람들이 축적한 권력(대형 상업 조직이 기술의 최근 발전 양상 대부분을 가진 상황에서), 그리고 기술적 발전을 형성하고 지시하고 해석하는 데 (최소한 당분간은) 피할 수 없이 인간이 맡아야 할 역할 등이다. 아렌트가 정의한 판단에는 몇 가지 추가 문제가 더 있다. 그러한 시스템은 정치적이고 상호 주관적인 순간, 즉 살아 있는 공동체의 감각과 타인과의 관계에 얽매이고 의존하는 방식을 인식하는 주관적 성향에 의존한다. 이것은 삶과 자유가 균형을 이룰 때 결정을 내리는 자동화된 시스템의 전망에서 여전히 많은 사람이 불안하게 느끼는 한 가지다. 이 장의 두 절은 이러한 우려에 집중한다. 자동화된 타기팅 및 맞춤화와 관련된 물질적인 관행은 신자유주의적인 개념의 개인주의와 소비주의를 가능케 하는 기본적인 상호주체성 형태의 인식을 억제하는 데 이바지한다. 이는 맞춤형 정보의 흐름, 시청과 청취의 사사화된 관행, 셰리 터클이 설명하는 원격 사교성 sociality-at-a-distance의 관리 등에 이르기까지 다양하다.

우리는 심지어 자동화된 시스템이 일상의 거래에서 개인 사이의 상호 작용을 대체하는 방식들까지도 포함할 수 있다. 당일 배송 가능 지역에 살고 있는 이들에게는 아마존닷컴이 쇼핑몰의 사사화된 공적 공간을 급격히 대체해 나가고 있다. 아마존닷컴은 소비를 마찰이 없는 것처럼 보이게 만드는 회사로, 이는 소비가 의존하는 착취적인 저임금 노동의 형태를 배경화함으로써 완전한 탈사회화를 수반한다. 아마존닷컴 소비자는 다른 인간과 상호 작용 한 번 하지 않고서도 온갖 종류의 상품을 주문할 수 있다. 이러한 혁신이 가져다주는 편리함은 어마어마한 것이지만, 이는 사회관계가 재구성되는 일과 함께 진행된다. 즉 사회생활에서 없어서는 안 될 상호 의존성을 상기시키는 역할을 하는 일상적인 상호 작용들은 모두 최소화하는 것이다. 이러한 측면에서 아마존닷컴은 물신숭배의 기계다. 현관 계단에 놓인 사람 손이 닿지 않은 것처럼 보이는 상품들로 가득한 온라인 풍요의 뿔(코르누코피아)인 것이다. 아마존닷컴이 로봇 배송 시스템(인간 노동자를 자동적으로 해고하는 시스템[Bort, 2019]을 포함하여)을 개발하고 있다는 것도 놀랍지 않다. 배송 과정에서 가능한 한 철저하게 인간을 빼는 것이 목표이기 때문이다.

문화 영역에서 사교성을 자동화된 시스템에 떠넘기는 것은 개인의 자율성이라는 추상성이라는 경향을 악화시킨다. 개인의 자율성은 신자유주의의 '우매함'과 현대의 정치적 양극화를 불러오는 상징적 효율성의 붕괴를 뒷받침한다. 사교성의 생생한 경험 그리고 사교성이 개인의 자유라는 감각 형성에 미치는 역할은 시민의 성향을 발전시키는 데 결정적이다. 사교성 없이는 자유에 대한 개념이 그 근본으로부터 고삐가 풀리게 되어 전혀 반대의 개념으로 변형될 위험이 있다. 이러한 경향은 예를 들어 신자유주의 우익의 정치적 올바름에 대한 조롱성 공격과 대안 우파alt-right[34]의 공격적인 태도가 '표현의 자유'를 옹호하는 것에서도 눈에 띄게 드러난다. 여기서 표현의 자유는 가장 부패하고 악의적인 혐오 발언에도 사회적인 파장이 없어야 한다는 의미다. 많은 경우에 이러한 발언 형태는 법적으로 사전 검열의 적용을 받지 않으며 보

---

34   우파의 한 형태로, 일반적인 보수주의로부터 스스로를 구분하려고 이렇게 부른다. 트럼프를 대통령으로 만드는 데 힘을 모은 사람들이다. 하나의 공식적인 정파가 아니기에 대안 우파라 불리지만, 사실상 극우적 성격에 가깝다. — 옮긴이

호되지만, 그것들이 사회적 영향력의 영역으로부터 어느 정도 제거되었다고 상상하는 것과는 매우 다른 것이다. 규범 없는 표현 공동체란 없다. 이러한 관측은 자신들이 동의하지 않는 사람들에 대해 폭력적인 위협과 적대적인 행동(해킹, 신상 털기, 서비스 거부 공격 등) 패턴을 확립한 대안 우파 괴물들에게도 마찬가지로 적용된다. 그러한 접근 방식의 불일치, 즉 절대적인 표현의 자유와 자신들이 동의하지 않는 이들에 대한 공격 위협(과 어떤 경우에는 실제 공격)을 결합한 주장은 그것이 의존하는 공동체와 시민으로부터의 자유가 불명확함을 나타내는 징후다. 표현의 자유가 공동체로부터의 자유를 의미한다는 개념은 사회적인 탈숙련화가 가져온 직접적인 결과다.

더 일반적인 요점은 사회성을 다양한 형태로 생생하게 경험한 것이 정보 환경을 탐색하는 우리의 능력에 기초로 작용한다는 점이다. 예를 들어 실제 세계를 이동하는 생생한 경험은 공간을 탐색하는 우리의 능력을 배양시킨다(O'Connor, 2019). 자동화된 정보 큐레이션 시스템은 정보 환경에서의 GPS와 같다. 그러한 시스템은 우리가 원하는 곳으로 우리를 쉽게 데려다주지만 그곳에 가기까지의 생생한 경험을 대체하고 재구성한다. 시사 문제 해설가인 올리버 버크먼Oliver Burkeman은 〈가디언〉(2019)에 기고한 글에서 민주적 역량을 약하게 만드는 것은 엄청난 양의 정보와 뉴스에 쏟아붓는 시간이라고 주장한다. "…… 정치적으로 정통한 사람들 사이의 관습적인 통념 — 지금은 뉴스에 더 많이 관여하는 것을 가리키는 — 이 진실의 반대말일 수도 있다"(2019). 알고리즘에 따라 끊임없이 계속되는 논쟁과 토론에 발을 들여놓음으로 써 우리의 관심과 분노와 열정과 분개는 중독의 수준에까지 이르고, 결국 시민의 삶을 위한 자원 배양에 필요한 삶의 여러 측면에 기울일 관심 자원은 고갈될 것이라고 그는 주장한다. 그가 제안하는 해결책은 빼기의 해결책이다. "우리는 우리의 정신뿐 아니라 세상 전체에도 뉴스를 제자리로 되돌릴 방법을 찾아야 할지 모른다." 이러한 버크먼의 진단은 정치철학자 로버트 탤리스Robert Talisse(2019)의 아이디어에 크게 의존하고 있다. 이는 소셜 미디어 플랫폼의 병리학적 효과에 초점을 둔다. 소셜 미디어가 사람들을 정치적으로 확고하게 나뉜 여러 집단으로 분류한 후, 트윗할 수 있고 공유할 수 있는 짧은 글이나 말의 전투로 숙의를 재구성하게끔 만든다는 것이다. 버크먼은 끊임없는 연결을 통해 정치가 사회로 유입된 사례를 선별하고, 이러한 영역 붕괴가 "공적 논란이 되는 모든 주제"를 "순식간에 심리 드라마로" 소용돌이치게 만든다고 주장한다.

상업적인 미디어 플랫폼에서 일어나는 온라인상 주목을 끌기 위한 전투는 '정보화된 시민'이 되어야 하는 필요성을 알리바이로 전환되고, 이를 통해 사람들의 관심을 끌어들여 그들이 사회적 삶에 필요한 다른 의미 있는 자원에서 멀어지게 만든다. 버크먼은 탤리스(2019)의 말에 기반하여 민주적 정치가 기능하기 위해서는 정치적 필요가 적당해야 한다는 역설이 있다고 말한다. 탤리스가 말하듯, 민주적인 정치를 위한 명백하게 혼란스러운 공식에서 "서로가 서로를 정치적으로 동등하게 대하려면, 우리는 서로를 시민 이상의 존재로 보아야 한다"(Burkeman, 2019 인용).

　그와 대조적으로 이 장에서는 우리의 정보 세계를 탐색하는 사회적인 관행을 자동화하려는 시도에 내포된 빈곤한 시민권 해석에 주목했다. 소셜 미디어 뉴스 피드는 이용자를 시민으로 취급하는 것이 아니라 정보를 소비하는 목표 대상으로 취급한다. 다시 말해 사회성을 다른 형태로 대체하는 개인 단말기를 갖고 외부와는 단절된 채 정보를 소비하는 세분화된 대상으로서 말이다. 그것은 또한 정보 환경을 형성하고 탐색하는 자원이 되는 사회성의 생생한 경험을 자동화된 분류 시스템으로 대체한다. 예를 들어 지역 신문이 감소(Nielsen, 2015)하자 공백이 생겼고, 이 공백은 자동화된 큐레이션 시스템을 갖춘 디지털 미디어 플랫폼으로 채워졌다. 소셜 미디어 플랫폼과는 대조적으로, 신문은 심지어 계열사의 일부일 때도 그들이 다루는 기사의 바로 그 공동체에 포함되었다. 편집자와 기자는 그들이 기사로 다루는 정치인, 주민, 사업가들과 이웃한 채 살고 일했다. 이 일련의 연결은 그 자체로 긴장과 갈등을 만들어 냈지만, 생생한 커뮤니티 관계에서 펼쳐지는 것들이었다. 거기에는 공동체 생활을 특징 짓는 상호 의존의 형태를 인식하기 위해 내장된 자원이 있었다. 예를 들어 지방세에 관한 논쟁은 온라인 트위터 전투뿐만 아니라 교사, 사업가, 부모와의 일상적인 사회적 만남에서도 일어났다. 이러한 공동체 관계는 다시 더 광범위한 상상의 공동체라는 개념을 위한 모델로 작용할 수 있었다. 상호 의존의 지역 관계는 점차 세계화되는 세계에서 더 넓은 신뢰와 상호 연결 네트워크로 전개된다.

반대로 소셜 미디어 플랫폼은 모든 공동체 맥락에서 정보 큐레이션 과정을 추상화한다. 원격 위치에서 투명하지 않은 명령에 따라 실행되는 자동화된 시스템은 어떤 정보를 보여 주고 공유할지 결정한다. 지역 뉴스 미디어는 공동체에서 극단주의와 선정주의를 완화하는 데 관심이 있었지만, 원격 플랫폼은 공동체의 착취를 통해 이익을 얻는다. 결과적으로 만일 우리가 시민으로서 숙고할 수 있는 역량, 즉 상호 의존의 형태를 인식하고 이에 따라 정치적 판단 실천에 참여하는 역량이 점차 저하된다면, 자동화된 정치로의 전환은 더욱 유혹적이다. 따라서 아렌트가 설명하는 공동 감성을 형성하기 위한 조건을 억제하면 결국 자동화 주기가 가속화하게 된다. 이 장의 분석은 문제가 판단의 위기와 같은 '대역폭' 문제가 아님을 시사한다. 즉 판단이 의존하는 재현, 성찰, 숙의의 형태를 가능하게 하는 인프라와 관행의 해체가 문제라는 것이다. 두 경우 모두 준비된 반응은 기계가 그것을 분류하게끔 하는 것이다. 그러나 7장에서 주장하겠지만, 이는 정치가 모두 근절될 것이며 주체도 마찬가지라는 환상에 이르게 한다.

4장

선점

신세대 스타트업 기술 회사들은 녹화 내용에 자동으로 반응할 수 있는 모니터링 시스템인 '사전 예방적' 감시 카메라 개발을 선도하고 있다. 예를 들어 제로아이즈ZeroEyes라는 기업은 무장한 공격자를 인식하고 그 용의자의 위치와 무기에 대한 이미지와 정확한 세부 정보를 지역 공무원에게 자동화된 경보로 보낼 수 있는 스마트 카메라 시스템을 개발했다고 주장한다. 이 회사가 선도한 이미지 인식 소프트웨어는 기존 감시 카메라 네트워크를 억제 시스템에서 조기 대응 네트워크로 전환할 것을 약속한다. 회사의 마케팅 자료에는 이렇게 쓰여 있다.

인간이 수백 또는 수천 대 카메라를 모니터하려면 대부분의 시설이 가진 것보다 훨씬 더 많은 자원이 필요하다. 제로아이즈에서는 잠재적인 위협이 될 수 있는 무기와 사람을 탐지하기 위해 인공 지

능을 사용하여 카메라 촬영분을 적극 모니터한다. (ZeroEyes, 2019)

아테나Athena는 페이팔과 악명 높은 보안 분석 기업인 팔란티어의 공동 창업자인 실리콘 밸리의 기업가 피터 틸Peter Thiel이 지원하는 스타트업 기업이다. 이 기업은 폭력 또는 잠재적인 위협을 나타내는 행동의 패턴을 인식할 수 있는 스마트 카메라 시스템을 개발했다고 한다. 여기에는 "싸움, 다른 사람이 빠르게 걸을 때 느리게 걷는 걸음…… 등 사실상 표준에서 벗어난 [일탈]이라면 모든 것을 포함한다"(Tucker, 2019). 어느 언론에서 설명하듯, "소프트웨어는 처음 주먹을 뻗은 후 몇 밀리초가 지나기도 전에 심지어 희생자에게 그 주먹이 가 닿기도 전에 막 싸움이 일어나려 한다는 것을 감지할 수 있다"(Tucker, 2019). 그러한 주장의 시간성은 감시에서의 전환을 강조한다. 이는 폭력을 문서로 기록하는 것으로부터 미리 선점하는 것으로의 전환을 제안한 것이다. 여기서의 목표는 폭력이나 위협이 발생하려는 순간에 가능한 한 가까이 다가가는 것이다. 지금 막 뻗어 나가는 주먹을 식별하는 것이다. 이 목표는 자동화된 응답의 약속이 내포되어 있다. 기계만이 주먹을 감지한 순간과 그 주먹이 목표에 도달하는 순간 사이에 개입하기에 충분할 만큼 빠르다는 것이다.

이 기업을 포함한 비슷한 스타트업 기업들은 미국 정부가 최근 급증하는 총기 폭력의 지속적인 유행(한 달에 1000명 이상 사망. Gun Violence Archive, 2019)과 빗발처럼 쏟아지는 암울한 총기 난사 사건에 대해 정책적으로 대응하기를 꺼리는 틈에 생긴 경제적인 기

회를 알아챘다. 그 기업들은 조작 감시operational surveillance라고 할
만한 쪽으로 방향 전환을 하기도 한다. 단지 데이터 수집의 자동
화만이 아니라 대응도 자동화하는 것이다. 아테나는 당국이 잠
재적인 위협이나 범죄를 감지하면 기이하게 정중한 원격 메시지
를 보내는 옵션을 선택할 수 있도록 제공한다. "아테나입니다. 당
신이 총을 가진 것이 보입니다. 범죄가 되는 공격을 멈추세요. 이
미 경찰 신고를 마쳤고 경찰이 출동 중입니다"(Athena, 2019). 제로
아이즈는 지역 공무원에게 연락을 취해서 무장한 침입자가 입구
에 도착하기 전에 건물을 자동으로 봉쇄하는 선택 조항을 제공
한다. 조작 감시의 관점에서 보자면, '멍청한' 무인 감시 카메라
는 오로지 실제 용의자를 식별할 때만 반응하는 것으로 묘사된
다. 반면 '스마트 시스템'은 실시간으로 반응하는 능력을 제공한
다. 어느 기업체의 업무용 블로그에 언급되어 있듯이, "일반적인
대응 시스템은 정보 기록에만 전적으로 의존하지만, 적극적인 시
스템이 할 수 있는 것처럼 사건이 일어나기 전에 미리 예방할 수
는 없다"(Storage Servers, 2015). 아테나 창립자는 비슷한 말로 자신의
기업에 대한 영감을 표현한다. "우리가 현재 시중에 있는 보안 감
시 카메라를 살펴보니 모든 것이 매우 반응적이었고 적극적인 것
은 하나도 없었다. 사실상 범죄를 막는 데 도움을 주는 것은 하나
도 없다는 의미다"(Athena, 2019). 업계에서 입버릇처럼 말하는 이러
한 내용은 보안 카메라처럼 설치된 가시적인 감시 카메라의 존재
가 억제와 훈육의 효과가 있다는 개념에서 멀어지고 있음을 보
여 준다. 이와 대조적으로 1980년대에는 폐쇄 회로 보안 카메라

를 설치하는 것이 예방적인 조치로 여겨지는 경향이 있었다. 〈뉴욕 타임스〉가 보도한 것처럼, 악명 높은 타이레놀 조작 살인 사건[35]의 여파로, "은행에서부터 패스트푸드 식당과 약국과 슈퍼마켓과 지하철 당국에 이르기까지, 점점 더 많은 기업들이 공공 구역에서 폐쇄 회로 텔레비전 카메라를 사용하여 범죄를 감시하고 억제하고 있다"(Gaiter, 1982).

따라서 AI 지원 시스템의 증가는 새로운 기술적 능력의 등장과 제어 전략으로서의 감시 체계의 전환 모두를 반영한다. 자동화된 이미지 분류법의 발전은 인간이 감시하는 것을 대체할 수 있게 해 주고, 이전까지 감시 능력이 없던 시스템(녹화 기능이 증거 능력이 되던)에 자동화된 감시 능력을 더해 줄 수 있게 해 준다. 동시에 '훈육할 수 없는' 뻔뻔스러운 위협에 대한 우려의 배경에 대항하여 억제를 강조하던 것에서 실시간 선점을 강조하는 것으로 전환이 일어난다. 학교 총격범과 테러리스트처럼 스펙터클로서의 상징적 감시의 힘에 반응하지 않는 경우다. 우리는 이러한 힘을 동원하려는 시도에 익숙하다. 가게의 카운터 위에 놓여 있는 카메라로 촬영 중이니 '스마일' 해 달라는 안내를 접할 때나, 소매

---

35   1982년 미국 시카고 교외에서 일어났던 사건으로, 누군가 소매점에서 판매 중인 타이레놀에 사이안화칼륨('청산가리'라고도 부르는데 이 명칭은 일본어에서 유래한 것이다)을 넣었고 이를 구매하여 복용한 일곱 명이 연쇄적으로 사망했다. 지금까지도 범인은 물론이고 범죄 사유를 특정하지 못한 이 사건은, 이후 처방전 없이도 살 수 있는 약품의 포장을 바꾸는 조치로 이어졌다. ― 옮긴이

점에서 감시 카메라를 나타내는 둥글고 불투명한 모양의 장치를 발견할 때와 같은 경우다. 이러한 기표의 메시지는 명백하다. 늘 감시당하는 것처럼 잘 행동하라. 이러한 권유형 명령은 프랑스의 이론가인 미셸 푸코(1979)가 제러미 벤담Jeremy Bentham의 파놉티콘panopticon 감옥 설계를 두고 설명했던 내용을 요약해 준다. 수감자들은 중앙 감시탑 주변으로 둘러가며 배치된 감방에 수용되어 상시 감시당할 수 있다는 메시지를 심어 주는 것이다. 푸코는 파놉티콘을 다음과 같이 설명한다.

> 파놉티콘의 '주요 효과'는 수감자에게 권력이 자동적으로 작동한다는 점을 확인시켜 줄 수 있도록 의식적이고 지속적인 가시성의 상태를 주입하는 것이다 …… 간단히 말해서 수감자들은 자신들이 지닌 권력의 상황에 스스로 갇히게 되는 것이다. (Foucault, 1979: 201).

이는 "과속 단속 카메라 작동 중"이라 쓰인 도로 표지판의 기능과 같다. 우리는 카메라를 볼 수 없고 실제로 당시에 카메라가 작동 중인지 알 수 없지만, 그럼에도 카메라는 작동 중일 수도 있고 그것만으로도 비싼 벌금을 물어내거나 면허를 취소당할 위험성을 감소시키기에는 충분하다. 우리가 어느 순간엔at any time 가 관찰당할 수 있다는 점을 알게 되면, 우리는 항상all the time 감시당하는 것처럼 행동할 수밖에 없게 된다. 그러나 고속 도로에서 시간을 보내본 사람이라면 누구나 알 듯이 감시의 상징만으로는 충분치 않다. 따라서 점차 더 포괄적인 감시 시스템을 개발하기 위한 노력이 일어난다. 예를 들어 운전자가 특정 구간에서 과속했는지 안 했는지를 파악하기 위한 용도로 평균 속도 측정을 위해 긴 구간에 걸쳐 추적하는 구간 과속 단속 카메라 같은 경우다. 이러한 시스템들은 도로를 따라 정해진 장소에 설치되어 엄격히 감시하는 시스템 대신 도로의 더 긴 구간을 커버할 수 있는 보다 지속적인 추적 시스템으로 대체된다(물론 이는 느린 속도로 구간을 주행하는 것에 상쇄되어 과속의 순간을 놓치기도 한다). 사거리에 설치된 자동화된 교통 카메라는 '단속'과 관련된 불확실성을 제거한다. 만일 빨간 신호에 멈추지 않고 달리면, 딱지를 받는다. 인간 관찰자들은 잠시 휴식을 취하거나 주의력을 잃을 수도 있지만, 자동화된 시스템은 항구적인 경계를 유지한다.

파놉티콘 이후 감시의 종착점은 총체적인 감시의 상징적 표현을 현실로 대체할 수 있는 능력이다. 자동차가 네트워크화됨에 따라 이러한 미래는 거의 불가피해 보인다. 최신 모델은 이미 자동차의 속도와 엔진 성능에 대한 정보를 저장하며, 자율 주행 차량의 미래는 제한 속도를 따르는 것이 시스템에 내장될 가능성이 있다는 것이다. 파놉티콘의 감시는 상징적이다. 그것은 감시의 재현에 대한 주관적인 반응에 의존한다. 이와 대조적으로 포스트 파놉티콘 감시는 조작적이다. 즉 주체화 과정을 모두 우회할 수 있다. 자동화된 시스템이 인간의 결정보다 우선시될 때, 과속 방지는 운전자에게 법 준수를 설득하는 방식으로 이루어지지 않는다. 오히려 자동화된 시스템이 외부적으로 개입하여 과속은 선점

된다. 자동차는 인간 운전자의 의지나 의도와는 상관 없이 과속을 허용하지 않을 것이다.

　이러한 과속 사례는 면밀하게 조정된 것처럼 보일 수도 있지만, 점점 더 다양한 사회적 상호 작용을 통해 물류 이동은 금세 명백하게 드러난다. 모니터링을 조작하는 것은 디지털 자동화를 통해 제어와 거버넌스 방식의 변화가 있었음을 나타낸다. 예를 들어 옛날의 소프트웨어 회사는 구매자들이 소프트웨어를 공유하지 못하도록 법적인 위협에 의존하기도 했다. 이제는 프로그램이 자동으로 온라인을 확인하여 본사가 구매 성사 여부를 볼 수 있게 한다. 더 일반적으로는, 한때 순응하는 주체에 의존했던 통제의 형태가 선점하는 주체 행위로 대체된다.

　우리는 이러한 변화를 억제와 선점의 차이의 측면에서 설명할 수 있고, 이를 더 넓은 역사적 맥락에 위치시켜 볼 수 있다. 포괄적인 용어로 말하자면, 세계적 갈등을 설명하는 문화적으로 지배적인 개념인 냉전으로부터 이른바 테러리즘과의 세계 전쟁이라는 패러다임으로의 전환은 대칭적 억제 논리에서 비대칭적 선점 논리로의 전환을 의미한다. 억제는 예방이라는 상징적 논리의 지평 내에 남아 있다. 상호 확증 파괴(Mutual Assured Destruction: MAD)의 전형적인 냉전 모델에서처럼 시뮬레이션된 미래를 계산에 통합하는 참가자들의 능력에 의존한다.[36] 이 모델은 대칭적인

권력관계와 '선제 공격'의 결과에 관한 개별 행위자의 합리적 계산을 기반으로 한다. 예를 들어 이 경우처럼 이른바 '부시 독트린'의 선점은 관력관계나 합리적인 능력 모두에서 비대칭을 가정한다.[37] 선점의 논리에 따르면, 개입은 억제라는 상징적 논리가 실패했다는 바로 그 이유 때문에 정확히 필요하다. 이 둘 사이의 차이점은 시뮬레이션이 수행하는 서로 다른 역할의 측면에서 설명할 수 있다. 억제의 경우에는 시뮬레이션으로 모든 당사자가 피해야 할 미래를 모델링함으로써 결과적으로 '냉전'이라는 정지 상황을 낳는다. 이와 대조적으로 선점은 현재 작용할 수 있는 지배적인 힘이 초래할 미래의 행위를 예측하기 위해 시뮬레이션에 의존한다. 이 경우 선점은 결코 '냉담하지' 않으며, 지속적이고 끊임없으며 점차 가속화되는 개입의 의무를 부과한다. 억제가 의존

를 보유하고 있을 때 둘 중 어느 한쪽이 선제 공격을 하면 다른 쪽이 보복할 것이므로, 핵무기를 선제적으로 사용하게 되면 쌍방을 모두 파괴시킬 것이 확증된다. 이러한 상황 때문에 결과적으로는 상호 확증 파괴가 성립된 두 나라 사이에는 핵전쟁이 발생하지 않는다는 이론이다. 냉전 시대의 미국과 소련의 관계가 이에 해당한다. — 옮긴이

37   이른바 부시 독트린이란 2002년 미국 부시 정부 백악관이 펴낸 '미국의 국가 안보 전략'을 일컫는 비공식적인 이름이다. 이 독트린에는 다음과 같은 내용이 포함되어 있다. "이 의무는 그 어떤 위협이 심각한 피해를 주기 전에 국가 권력의 모든 요소를 사용하여 위협을 예측하고 대응할 의무를 부과한다는 미국의 지속적인 원칙이다. 상대의 적대적인 행위를 예방하거나 방지하기 위해서라면 미국은 필요한 경우 우리 고유의 자위권 행사를 '선제적으로preemptively' 시행할 것이다"[강조 저자 추가] (Bush, 2006: 18).

하는 주체화 과정을 우회한다는 의미에서 포스트주체적이다. 종속된 측이 행위의 결과를 고려하고 이를 회피하기 위해 행동할 것이라는 가정이다(파놉티콘의 수감자들이 처벌을 피하기 위해 '적절한' 행동 규범을 내면화하는 사례와 마찬가지다). 개입의 대상이 되는 사람들의 내면에서 어떤 계산법이 일어날지에 대한 체계적이고 내재적인 가정은 없다. 그들은 잡힐 가능성과 결과를 추정하고 이에 대응함으로써 유순한 주체가 되도록 요구받지 않는다.

이러한 전환은 의미가 있는데 선점의 효과가 숙의를 위한 공간과 시간의 급격한 축소를 포함하기 때문이다. 예측이 예컨대 교육 수준의 효과라거나 범죄율의 경제적 지표 등과 같은 장기적인 궤적에 초점을 두는 경향이 있다고 한다면, 선점의 시간성은 사건 발생의 순간으로 압축된다. 선점의 '이상형' 혹은 모델이 되는 개념이 상상하는 그림은, 위협이 발생하는 바로 그 순간에 그것을 감지하고 적절히 대응할 수 있게 하는 '적극적인' 감시 시스템이다. 예를 들어 무장한 용의자가 나타나 학교나 교회로 접근하는 바로 그 순간, 그가 행동을 취하기도 전에 그를 막기 위해 관련 당국을 동원하는 경보 시스템이 작동한다. 선점은 즉각적인 위협이 얼마나 긴급한가 하는 기록에 따라 작동한다. 이러한 긴급성은 선점이 동원되는 사회적 영역 전체에서 일반화된다. 데이터 추적은 누군가가 특정 상품을 원한다는 것을 나타내는가? 그렇다면 그 고객이 욕망에 따라 행동하기도 전에 배송할 수 있다. 고객이 주문하기도 전에 상품이 문 앞까지 배송될 수 있는 것이다. 어떤 활동 패턴이 테러리스트의 공격 위협을 암시하는가?

그렇다면 그 공격이 구체화되기 전에 드론이 개입할 수 있다.

선점의 맥락에서, 임박한 위협은 대응 도구를 가진 사람들이 다양한 위험을 볼 수 있는 렌즈가 된다. 모든 잠재적 위협은 식별되는 순간 임박해 있다. 한 명 이상의 사람들이 미래의 어느 시점에서 폭력적인 행동을 할 수 있다는 사실은 그들의 현재 정체성을 긴급한 위협으로 간주하게 한다. 선점의 논리는 확률 조합에 의존하는 '순수한 임박성' 중 하나다. 특정 사건이 발생할 확률은 높지만, 그것이 언제일지 확신할 확률은 낮다. 억제의 시간성이 무한한 연기라면, 선점은 미래가 현재로 붕괴하는 것이다. 미래의 모든 위협에 대한 긴급 대응은 마치 '무차별 총기 난사범'에 대한 제압 방식과 마찬가지다. 억제 논리에서는 현재 갈등이 (지속적으로 지연되는) 미래 사건으로 언급된다. 선점에서는, 이러한 지연된 미래가 현재로 무너지기 때문에 지금 당장 행동해야 한다.

시뮬레이션된 미래를 적시에 생성하는 과정은 점점 더 자동화된 형태의 감시, 모니터링 및 정보 처리 분야가 되었다. 완벽한 선점의 환상은 지속적인 개입 형태의 전개를 가능하게 하는 구조적인 힘의 불균형으로 가능해진다. 아마 가장 친숙한 군사적인 사례는 이른바 '시그니처' 드론 공격, 즉 패턴 감지를 기반으로 한 선점 살상일 것이다. 이것이 선점의 역설이다. 어떤 일이 일어나지 않도록 극단적인 조처를 하기 위해서는 어떤 일이 일어날 것이라 확신할 만한 충분한 정보가 필요하다. 이 역설이 선점과 관련하여 긴박감이 드는 이유다. 정당화의 관점에서 볼 때, 인지된 확실성은 즉각적인 조치를 할 만큼 아주 크다고 알려져 있다.

억제의 경우와 마찬가지로, 선점 논리는 일반화할 수 있으며, 이것이 의존하는 시뮬레이션 및 자동화 기술은 예측 정책을 포함한 다양한 보안 시나리오에 적용하여 사용할 수 있다. 이름에서 알 수 있듯이 예측 정책은 미래 시나리오를 시뮬레이션하여 현재에 적용한다. 과거에서 미래로의 강조의 전환은 인과 관계의 내러티브를 예측적 개입이라는 목표로 대체한다. 그 결과 선점은 규율 감시의 형태와 그에 수반하는 주체화(즉 감시와 미래의 처벌 위협을 동원하여 사람들을 '행동'하게 만듦)의 형태에 의존하지 않고 오히려 전체 모니터 대신 선택적 감시로 대체되는 탈파놉티콘 방식의 감시 논리에 의존하는 것이다. 또 다른 결과는 의사 결정 과정이 정치적 숙의 과정에 덜 개방적이며, 이러한 점에서 선점 전략이 권리와 책임의 측면 모두에서 시민의 역할을 재구성한다는 것이다. 권리는 전체 정보 확보의 필요성에 종속되고, 모든 개인 또는 개인들의 집단이 이해하기에는 너무나도 방대한 정보에 의존하는 자동화된 의사 결정 과정에 의해 책임은 제한된다.

억제와 선점

정치의 군사화는 효율성과 효과성의 작전 명령을 당연하게 받아들이는 선점의 결정적인 경향이 된다. 근본적인 원인 수준에서의 숙의와 개입은 적시 대응이라는 목표로 대체된다. 예를 들어 이라크-레반트 이슬람 국가(ISIL)에 대한 군사력 사용을 승인했던 미국 상원 결의에 대해 데모크라시나우DemocracyNow.Org의 기자 에이미 굿맨Amy Goodman과 캘리포니아의 상원의원 바버라 복서 Barbara Boxer가 나누었던 설전을 생각해 보라. 굿맨은 ISIL의 확산을 적절하게 해결하기 위한 군사적 개입의 명백한 실패(그리고 그 개입이 실제로 ISIL이 부상하는 데 미친 역할)를 감안할 때, 복서가 "비슷비슷한" 군사적 접근에 대해 어떤 의구심을 갖고 있는 것은 아닌지 질문했다(Goodman, 2015). 복서의 응답은 즉각적이고 본능적이며 선점의 시대에 더욱 익숙해 보이는 그런 대답이었다.

> 나는 당신이 미국인을 참수하는 사람들을 뒷짐 지고 앉아 볼 것이라 생각하지 않습니다. ISIL은 엄청난 위협이고, 우리 모두를 위협한다고 생각합니다. 나는 그 땅에 지상군을 보내는 것에 결코 찬성하지 않겠지만, 우리에게는 다른 이들을 도울 수 있는 방법이 있습니다. 그래서 소녀들의 얼굴에 산을 뿌리고 그들을 참수하는 일을 앉아서 보고만 있을 필요는 없습니다. (Goodman, 2015)

굿맨은 자신이 "아무것도 하지 않기"를 옹호하는 것이 아니라 ISIL과 같은 집단의 출현에 기여한 동일한 군사 정책을 지속하는 것보다는 근본적인 원인을 해결하는 것이 합리적이지 않을지 묻고 있는 것이라 응답했다. 특히 그는 그 지역의 미국 동맹국인 사우디아라비아의 역할을 살펴보기에 좋은 시기가 될 수도 있다고 제안했다. 굿맨이 "[ISIL의] 지원을 중단하는 것이 어떻겠습니까?"라고 물었을 때 복서는 이렇게 답했다. "그들이 왜 그런지에 대한 근본 원인을 찾으려 노력하는 일은 당신께 맡기겠습니다. 저는 상원의원이고 우리 국민이 위협받고 있으므로 행동을 취하겠습니다"(Goodman, 2015).

정치, 인과성, 설명에 대한 질문을 반복하려는 굿맨의 시도를 복서가 그저 "아무것도 하지 않는 것"으로 취급한다는 점에서 이러한 설전은 효과적이었다. 마치 직접적이고 즉각적인 무력 사용 이외의 다른 것을 외교 정책에 포함시켰던 패러다임이 이제 시대착오가 되기라도 한 것 같았다. 이론적으로 선점과 예방은 함께할 수도 있다. 그러나 실제로는 임박한 위협에 즉각 대응한다는 의무는, 근본적인 원인과 정치적 해결책에 질문하는 일을 무한정 지연한다. 선점은 다른 수단으로 정치를 하는 것이 아니라 정치를 전적으로 배제하게 된다. 정치의 부재는 폭력적 개입이라는 '인적 비용'을 절감하려는 자동화 시스템의 능력을 통해 더 촉진된다. 적어도 존 유가 치명적인 자율 무기 방어를 주장했듯 개입을 주장하는 사람들에게는 그렇다. 복서는 자신이 주장하는 접근법의 '비용이 들지 않음'을 강조한다. 구체적으로 드론을 언급하지는 않았지만(이는 아마도 미국의 드론 프로그램이 공식적으로는 극비로 남아 있기 때문일 것이다), 그는 스스로를 평화 운동의 "리더"라 지칭하면서 "지상군"을 파견하는 일을 주저한다고 반복적으로 말했다(Goodman, 2015).

냉전이라는 큰 불더미 속에서 정치는 실제 갈등보다 위협을 더 우선시했다(냉전 중에 일어났던 '뜨거운' 대리 전쟁의 수를 고려하면 실제로는 아니겠지만 적어도 이론상으로는 그렇다). 테러와의 전쟁의 시급성은 양면 갈등보다는 일방적 공격을 우선시한다. 비대칭 공격으로 비대칭 위협을 선점하는 것이다. 이러한 측면에서 테러와의 전쟁을 특징짓는 모니터링의 형태는 포스트파놉티콘 형태다. 규율이 아니라 시뮬레이션에 의존한다. 감시의 스펙터클이 아니라 은밀한 모니터링에 의존한다. 불완전하거나 부분적인 감시가 아니라 포괄적인 데이터 수집에 의존한다. 핵심은 처벌의 관행이 사라진 것은 아니지만 권력과 통제의 관계를 구조화하기 위해 다른 논리를 가진 감시 체제가 등장했다는 점이다.

이러한 논리는 전쟁의 패턴 변화에서뿐 아니라 국내의 안보와 치안의 형태 변화에서도 분명하게 드러난다. 따라서 그들은 국제 관계뿐만 아니라 국내 정치 및 시민권과도 관련이 있다. 다음 장에서는 선점 전략을 둘러싼 국내의 제어와 거버넌스 관행을 재구성하는 데 자동화가 미치는 역할을 탐색해 본다.

예측 치안

치안 영역에서 선점의 특징은 점차 정교해지는 기술 및 범죄 행위가 발생하기 전에 예측하는 관행이다. 이른바 예측 치안의 진화다. 경찰이 예측 치안을 설명할 때는 단기 선점이라 할 만한 것에 초점을 맞추는 경향이 있다. 캘리포니아 산타크루즈시에서 선구적으로 사용하는 예측 치안 기술 사용 관련 기사에서 자주 인용되는 표준적인 사례가 있다. 그 사례는 범죄자가 막 행동하려는 위기일발의 순간에 때마침 배치된 경찰의 경우를 이렇게 묘사한다.

> 어느 산타크루즈 관할 경찰이 …… 시내 주차장의 순찰차에서 점심을 먹고 있었다. 교대 근무의 예측 목록에 그 주차장이 올라 있기 때문이었다. 그는 주차된 차를 부수고 들어가려는 두 여성을 발견하고 체포했다. (Baxter, 2013)

이러한 맥락에서 선점은 단기간에 행해지는데 거의 즉각적이라 할 수 있다. 예측 치안에 대한 어느 기사의 첫머리는 이렇게 시작한다. "경찰이 범죄가 발생하기도 전에 이를 감지해 낼 수 있다면 어떨까? 예컨대 강도가 유리창을 미처 깨기도 전에 잡을 수 있다면? 혹은 첫 주먹이 날아가기도 전에 싸움을 멈출 수 있다면?"(O'Donoghue, 2016). 혹은 '사전' 감시 기업인 아테나가 제안하는 사례에서처럼, 주먹이 나가기 시작해서 도착하는 시간 그 사이에 개입할 수 있다면. 이러한 유형의 대응은 강도나 싸움을 유발하는 조건들을 변환하는 의미로 예방하는 것이 아니다. 이는 어떤 임박한 행위가 벌어지기 전에 그것을 멈출 수 있는 최적의 장소에 가 있는 것에 관한 문제다. 그렇다면 선점의 완전함은 행동을 예측하고 개입을 위한 자동화된 인프라를 지원하기 위한 모니터링 및 감시를 점점 더 많이 포괄하는 것에 의존한다. 이 장에서는 이러한 개혁의 본질, 새롭게 등장하는 예측 치안 관행과의 관계, 그리고 감시에 대한 관습적인 대중의 이해와 치안 과정에서 변화하는 역할 사이의 단절을 탐구한다.

　전면적 감시의 목표가 모든 사람을 용의자로 보는 것은 아니다. 오히려 특정한 개인이 아니라 전체적인 인구와 환경을 모두 대상으로 함을 의미한다. 인구는 어떠한 잠재적인 표적이 등장하는 배경 역할이다. 반면 규율적 접근은 범죄자 프로파일에 담긴 내용에 미친 영향과 요인의 서사를 끌어내는 것에 의존한다. 선점의 관행은 주체 형성 수준이 아니라 사건의 출현 수준에 개입한다. 그들은 특정 시간과 장소에서 발생하는 위협이 되는 사건이 출현하는 확률을 결정하기 위해 전반적인 위험 패턴을 검토한다는 의미에서 '보험 통계적'이다. 자동화된 데이터 처리를 통해 활성화된 선점 전략에 따르면, 데이터 프로필이 더 포괄적일수록 관련성이 있거나 실행 가능한 패턴을 발견할 가능성이 더 커진다.

미래 – 과거의 시간성

가장 일반적인 의미에서 예측 치안은 "개별 소스에서 얻은 데이터를 분석하여 미래의 범죄를 예측하고 예방하고 더 효과적으로 대응하기 위한 결과로 사용"하기 위해 데이터 수집과 처리를 사용한다(Pearsall, 2010: 16). 목표는 가능한 한 광범위하게 데이터 수집망을 쳐서 "그저 임의적인 것일 수도 있었을 행위의 패턴을 분리하기 위해 빅 데이터의 힘을" 이용하는 것이다(Ferguson, 2012: 266). 예측 치안은 자원을 보다 효율적으로 할당하고 다른 사회적 관행의 권역을 변화시키는 데이터 마이닝 기술을 수용하려는 경찰 부서에서 매우 과장된 모델이 되었다. 미국에서 가장 유명하고 자기 홍보를 잘하는 전직 경찰국장 윌리엄 브래턴William Bratton은 다소 반복적으로 이렇게 말했다. "예측 치안은 한때 미래였습니다. …… 이제는 현재입니다"(Black, 2016).

2018년 기준 미국 전체 도시의 3분의 1이 어떠한 형태로든 예측 치안이나 그와 유사한 것을 사용한다고 알려졌다(Coasts, 2018). 그러한 프로그램이 인간이 분석한 것보다 더 효과적으로 범죄를 예측하고 감소시켜 왔다는 연구도 있었다(Black, 2016). 그러나 선점의 시간적인 역설은 예측 시스템의 정확성을 테스트하는 것이 그 성공을 측정하는 것과는 다르다는 결과를 낳았다. 스튜어트 울퍼트Stuart Wolpert(2015)가 설명한 프레드폴PredPol[38]의 효과에 대한 연구가 보여 주듯, 이 시스템이 범죄가 발생할 위치를

---

38   프레드폴은 예측 분석을 사용하여 범죄를 예측하는 치안회사의 이름이자 그 회사가 생산하는 소프트웨어의 이름이다. 로스앤젤레스 경찰과 UCLA의 제프 브랜팅엄Jeff Brantingham 교수가 함께 시작한 프로젝트에서 출발했으며, 미국에서 가장 널리 사용되는 예측 알고리즘이기도 하다. 프레드폴은 범죄자를 예측하는 것이 아니라, 과거 범죄가 일어났던 지역을 학습해서 특정 장소에서 언제 어떤 유형의 범죄가 일어날지 예측하는 방식을 취한다. 이 시스템의 도입으로 범죄율이 줄었다는 보도도 있으나, 이 시스템이 오히려 범죄를 생산하는 알고리즘이자 인종 차별에 기반한 것임을 비판하는 목소리가 높아지면서 논쟁에 휩싸였다. 즉 범죄율이 낮아지는 것은 예측이 정확해서라기보다는, 특정 지역을 경찰이 더 빈번하게 감시하기 때문이라는 것이다. 이러한 논쟁 끝에 이 시스템을 개발하고 가장 먼저 도입했던 로스앤젤레스시는 2020년에 이 프로그램의 사용을 중단했다. ― 옮긴이

인간보다 더 정확하게 예측한다면 이 시스템은 '정확'한 것이다. 따라서 이 측정 방법은 실제 범죄 기록에 의존한다. 그러나 이 시스템은 범죄가 적게 발생하는 경우, 즉 이 방법이 실행되는 지역에서 실제 범죄율이 떨어질 때 '효과가 있는' 것으로 설명된다. 그렇다면 이러한 두 가지 측정 방법은 서로 상쇄하는 경향이 있다. 만일 시스템이 배치된 곳에서 범죄율이 감소하면 범죄가 발생했을 수도 있었을 현장에 경찰이 파견되었기 때문이라고 가정한다. 범죄는 발생(정확성)과 예방(효과) 둘 모두를 측정할 수 없기 때문에, 평가를 위해서는 반드시 시간상 나뉘는 경우여야 한다. 시스템의 정확성은 그것이 배치된 것과는 다른 시간 프레임에서만 테스트할 수 있다. 예를 들어 그 시스템이 경찰력 배치 이전에 먼저 범죄를 예측했고 그런 후에 범죄율이 떨어진다면, 여기서의 감소는 범죄 행위를 선점하여 정확하게 예측했기 때문이라 가정한다. 아마도 경찰이 오기 전 특정 장소에서 범죄가 꾸며지고 있었을 것이고, 경찰의 존재로 인해 얼마간의 시간 동안은 그들을 무력화했을 것이다. 시스템에 대한 믿음의 도약은 불가역적이다. 일어나지 않은 범죄가 있음을 증명하기란 어렵다.

그럼에도 불구하고 그러한 프로그램의 명백한 성공은 범죄 관리 및 예방의 규율 형태를 선점 목표를 향한 보험 통계적 형태의 감시로 대체(또는 보완)함으로써 역사적 기대와 이해에 도전하는 포스트파놉티콘 감시 모델의 발전을 뒷받침한다. 이러한 변화는 정책 토론과 데이터베이스 시대에 경찰 감시의 역할에 대한 대중의 이해 모두에 영향을 미친다. 한때 범죄율을 우려하는 사람들이 폭력적이거나 범죄적인 행동의 사회적이고 개인적인 원인을 조사했을지도 모르지만, 이제 질문은 "예측하고 선점하기에 충분한 데이터가 있는가"라는 방향으로 바뀌어 가고 있다.

이러한 편향은 9·11 이후 법 집행 자금의 패턴에서 명백하다. 한때 각 지역 공동체의 범죄 예방에 지원을 제공했던 미국 지방법정액보조금프로그램The US Local Law Enforcement Block Grant program은 9·11 이후에 지원 자금이 급격히 감소했으며, 2004년에는 장비와 교육에 초점을 둔 연방정의지원보조금프로그램 Federal Justice Assistance Grant Program으로 완전히 대체되었다(Bauer, 2004). 청소년 범죄 예방을 위해 추진되었던 심야 농구 프로그램은 데이터베이스와 알고리즘(및 강화된 감시 기술)에 자리를 내주고 사라졌다. 주체를 다스리는 것에 대한 강조는 그다지 없었고, 인구 전반에 걸쳐 어느 정도 규칙적으로 발생하는 것으로 추정되는 폭력적이고 범죄적인 행동의 분출을 예측하고 선점하는 방법을 찾는 것이 점점 더 중요하게 강조되었다. 이러한 변화는 감시를 위해 재구성된 역할과 일치한다.

다시 파놉티콘을 되돌아보기

영화 〈마이너리티 리포트*Minority Report*〉에서 가상으로 묘사된 사전 범죄 탐지는 22세의 시카고 출신 로버트 맥대니얼Robert McDaniel의 현실과 충돌했다. 어느 여름날 경찰관이 그의 현관문 앞에 나타나 경찰이 지켜보고 있으니 문제에 말려들지 말라고 경고했다. 이 경고는 시카고 경찰국에서 사용하는 예측 치안 프로그램에서 촉발된 것으로 알려졌는데, 이 프로그램은 "시카고에서 폭력적인 범죄에 연루된 것으로 추정되는 대략 400여 명의 사람들"을 담은 "요주의 목록"을 생성했다(Stroud, 2014). 이 요주의 목록은 과거 범죄 활동이 집중되었던 지역을 식별하는 데 사용되었던 범죄 정보의 내역 그리고 과거 체포되거나 유죄 판결을 받았던 적이 있는 도시 안의 모든 사람의 목록 및 그들이 접촉한 사람들에 대한 정보를 결합한 알고리즘에 따라 작성되었다. 여기서 목표는 합리적으로 관리 가능한 용의자 목록을 좁혀서 감시 공정을 간소화하는 것이었다. 언론 보도에서도 설명된 것처럼, 핵심 목록 모델은 치안의 규율 모델이라고 할 만한 것을 보존한다(Foucault, 1979). 감시 공정은 경고의 형태로 감시 대상에게 스스로를 드러낸다. "당신은 감시받고 있습니다: 그러니 똑바로 행동하십시오."

이 부분에서 잘 알려진 대로 푸코가 《감시와 처벌*Disciplin and Punish*》에서 말했던 파놉티콘에 대해 더 깊이 설명할 필요가 있다. "파놉티콘은 보고/보이는 한 쌍을 분리하기 위한 기계다. 바깥쪽 원형 감옥에 있는 사람은 전혀 보지 않으면서 완전히 보인다. 중앙 [감시]탑에서는 전혀 보이지 않으면서 모든 것을 본다"(Foucault, 1979: 202). 교도소 수감자는 중앙의 전망대에 있는 감독관을 보지 못할 수도 있지만, 탑은 항시적으로 상기한다. 중앙 탑은 수감자의 시선에 언제나 존재해야만 한다. 따라서 레그 휘태커Reg Whitaker(1999)가 설명하듯이, 파놉티콘은 스펙터클의 권력에 의존한다. 이는 파놉티시즘(소수가 다수를 바라보는 것)과 시놉티시즘을 결합한다. 다수는 소수의 (시선의) 스펙터클을 관찰한다. 규율의 논리, 즉 감시하는 시선의 내면화에 의존하는 감시 기술은 언제나 스펙터클의 요소를 결합한다. 그것은 누군가 지켜봄을 당하고 있다는 단서 혹은 실마리다. 규율의 에이전트는 실제 모니터링을 대체하기 위해 감시의 기표를 사용하는 것으로 알려져 있다. 예를 들어 제복을 입은 마네킹만이 탄 경찰차는 (최소한 잠시 동안은) 과속을 하지 못하게 하는 함정 단속의 역할을 할 수 있다. 바트 사이먼Bart Simon(2005)이 말했듯이, "벤담의 계획에서 푸코에게 중요한 것은 수감자가 자신의 존재 신호를 통해 감독자의 시선을 인식하는 것이다"(11).

규율은 감시의 스펙터클에 의존한다. 감시가 내면화와 주체화 과정을 동원하기 때문이다. 모니터링 장치는 주체가 스스로 작업하게끔 하는 것이 목표다. 사이먼(2005)은 다음과 같이 말한다.

> 그렇다면 최소한 단순한 파놉티콘은 지식의 동질적 기반을 공유하는 합리적 행위자의 집단을 가정한다. …… 순전히 구조적 결정론적 모델하에서, 시각장애인, 무지한 사람 또는 비합리적인 사람들은 파놉티콘 권력에 영향을 받지 않는다. (16)

따라서 파놉티콘은 합리적인 선택 의사 결정이라는 공리주의적인 개념에 따라 작동하는 경제적인 기계다. 이는 파놉티콘이 원래부터 공리주의의 창시자에 의해 제안되었다는 점을 고려하면 놀라운 일이 아니다. 그러나 우리는 이 주장에서 조금 더 나아가 사이먼(2005)이 추적한 선을 따라가볼 수도 있다. 파놉티콘은 단순히 주체에 대한 특정한 개념뿐 아니라 잘 작동하는 재현의 과정, 즉 스펙터클의 효능에도 의존한다. 가장 합리적인 효용극대화론자조차도 이용 가능한 정보가 뒤섞인 속에서 일관된 메시지를 도출하는 것이 불가능해지면 난관에 봉착한다. 규율은 일터에서 감시 과정을 인식하고 감시의 시선에 의해 드러나는 명령을 결정하는 능력에 달려 있다. 결정적으로, 그것은 이러한 명령을 내재화할 의지와 능력을 지닌 주체를 가정한다.

〈형사 콜롬보〉에서 〈특수기동대〉까지

자동화된 시스템에 의해 가능한 선점은 이러한 주체의 속성을 생략하고 규율 모델 너머까지 밀어붙인다. 일레인 래핑Elayne Rapping(2004)은 정책으로서의 비일관성이 증가하고 있음을 폭로하는 텔레비전 범죄 재현의 변화에 관한 연구를 통해 이러한 궤적을 추적한다. 그는 범죄 드라마의 분석을 바탕으로 "사회적 안정과 국가 권위 유지에" 이데올로기적인 역할이 있음을 주장한다. 그의 주장에 따르면, 그러한 드라마에 나타난 허구적이며 관습적인 공식의 전환은 변화하는 사회의 이해와 일치하는 재현 형식과 논리의 변화와 일치한다.

법 집행 시스템을 추진하는 과정과 정책의 주요 변화가 발생할 때, 대중에게 이러한 변화를 "통보해 주고" 문화적으로나 심리적으로 그 의미에 적응하는 데 가장 강력한 역할을 하는 것은 언제나 텔레비전이다. (220)

래핑(2004)은 〈특수기동대Cops〉와 같은 리얼리티 쇼의 부상을 규율의 논리가 실패하고 감시의 스펙터클을 부추기는 측면에서 설명한다. 미국의 여러 관할 구역에서 일하는 경찰관을 따라다니며 촬영하는 〈특수기동대〉는 폭스 네트워크에서 가장 오랫동안 방송된 프로그램이었다(25시즌). 이 프로그램은 이 책을 쓰는 현재 스파이크 TV로 채널을 옮겨 28번째 시즌을 계속하고 있다. 래핑에게 있어서 〈특수기동대〉는 범죄에 대한 규율적 접근에서 벗어남을 나타낸다. 여기서 범죄자는

본질적인 악의 인물에서 새로운 범죄과학을 위한 연구 주체로 변환된다. 여기에는 "유순한 몸"을 위한 "더 부드러운 처벌"이 가능한데, 이는 태어나면서부터 훈련되어 내재화하고 사회의 규범을 준수하게 되고, 만일 그렇게 하지 못할 경우 죄책감을 느끼는 방식으로 훈련될 수 있다. (221)

규율 정책은 "일탈, 비행, 개혁, 재활"이라는 어휘를 사용하는 지식 기반 개혁 관행의 세대에 의존한다(Rapping, 2004: 228). 이는 20세기의 사회학과 범죄학의 담론에서 받아들여졌던 것들이

다. 이와 대조적으로 래핑(2004)은 〈특수기동대〉가 우리가 새롭게 부상하는 비일관성의 전략이라고 부를 만한 것들과 일치하는 범죄학의 버전을 묘사한다고 주장한다. 〈특수기동대〉에서는 범죄자들이 "형편없이 '타자'이고 '외계인'이다. 그들은 자유 민주주의의 규범과 가치를 내면화하거나 준수할 수 없다. 그들은 그러한 조치가 효과적이기에는 너무나도 비합리적이고 통제 불가능하며 이해할 수 없기 때문이다"(227). 〈특수기동대〉에 등장하는 범죄자들은 감시의 위협과 처벌의 공포가 두려워 합리적 계산을 하는 인물이 아니다. 그들은 규율할 수 없는 범주의 범죄자 유형의 부활을 대표한다. 그 프로그램의 무대는 거기에서 묘사되는 범죄 혐의자들의 무자각성을 드러내어 감시 시선에 이르도록 강조한다. 그들은 TV에까지 나오는데도 '제대로 행동'할 수 없거나 그럴 의지가 없다.

위협과 위험에 대한 포스트파놉티콘 접근은 9·11 이후 시대에 점차 익숙한 것이 되어 가고 있다. 래핑(2004)이 언급하듯, 불가사의하고 어디에나 있는 위협의 전형적인 인물은 바로 테러리스트다.

테러리스트는 비합리적이고 불가해하며 본질적으로 폭력적이다. …… 그리고 그들은 전통적인 교정 방법으로는 '개혁'되거나 '재활'될 수 없다. 왜냐하면 그들은 그러한 조치가 적용되는 코드를 인식하거나 존중하지 않기 때문이다. (225)

이 관찰은 더욱 일반적으로 선점의 특징적인 속성인 주체의 '블랙박스화'를 포착한다. 설명이 불가능한 주체는 치안 및 보안의 특징일 뿐 아니라 점차 증가하는 자동화된 의사 결정 과정의 특징이기도 하다. 사람들은 특정 광고에 대해 다른 것보다 더 즉각적으로 반응하는가? 특정한 브라우저를 사용하는 사람들은 더 나은 직원이 될 가능성이 있는가? 기압이 떨어지면 범죄율이 증가하는가? 질문은 질문을 낳는다 — 발견은 충분하고, 아마도 더 많은 데이터와 더 많은 상관관계 발견은 '왜'라는 질문에서 얻을 수 있는 그 어떤 통찰력보다도 더 쉽게 추가로 유용한 정보를 생성할 것이다. 테러리즘과 범죄의 영역에서, '왜'라는 질문은 금기되었다. 이는 악의 출현을 사회학의 문제로 축소함으로써 행위자들의 개인적인 책임을 면제하는 참을 수 없는 정치적 정확성의 징표로 여겨진다. 문제는 더는 '왜'가 아니라 '언제?,' '어디서?,' '어떻게?'다. 이러한 접근 방식은 정치적 의미에서 근본적으로 보수적이다. 그들은 사회적 조건을 주어진 것으로 받아들이고 또 그렇게 함으로써 의도치 않게 그 재생산에 이바지하게 된다.

감시가 '환경이 되다'

미디어 기술과 실행의 발전은 종종 전쟁과 보안의 영역에서부터 이동하여 시장의 영역으로 향하지만, 예측 치안의 경우에는 그 방향이 반대다. 수학적 모델링과 데이터 마이닝에서 법 집행의 관심은 21세기 첫 10여 년 동안 기술 분야로부터 도시의 관할 구역으로 이동한다. 이는 범죄 데이터가 치안 실천에 정기적으로 통합되지 않았다는 의미가 아니며, 측정과 패턴 분석의 선구적인 테크닉에서 수행되었던 치안의 역할을 간과하는 것도 아니다(예를 들어 Sekula, 1986 참조). 오히려 이는 상대적으로 단기간에 거대한 데이터베이스 및 이를 활용하기 위한 기법과 기술을 발전시켰던 기술 산업의 발전에 영감을 받아 정보를 생각하고 처리하는 방식에서 변화가 있음을 주목하는 것이다. 만일 옛날 옛적에 공공 부문이 세상에 존재하는 저장된 데이터 대부분을 저장하는 저장소 역할을 했다면, 정보 경제의 출현은 극적인 역할 반전을 일으켰다. 이를 조명한 사례가 바로 잡지 〈타임〉에 실렸던 기사로, 페이스북의 창시자 마크 저커버그를 본사로 찾아가 깜짝 방문했던 일에 관한 것이었다. 저커버그가 한창 회의 중이던 순간에,

문이 열리자 눈에 뜨이는 외모의 백발 남성이 갑자기 뛰어들어 왔고 …… 뒤이어 두 명의 보좌관이 따라 들어왔다. 그는 방 안에서 스무 살 넘게 차이 날 만큼 가장 나이가 많은 사람이자 정장을 차려입은 유일한 사람이었다. 그는 이제 막 확실한 승리를 확보하게 된 양 기쁨에 들떠 있었고, 이 건물에 온 김에 그저 잠시 들러 저커버그를 만나 인사하고 싶었을 뿐이라며 이렇게 말했다. FBI 국장인 로버트 뮐러Robert Mueller입니다. 만나서 반갑습니다. (Grossman, 2010)

FBI 국장은 마스터 정보 수집기 이전에 정보를 수집했던 사람이다. 즉 이용자가 데이터를 직접 제공하는 작업을 수행하도록 하여 전례 없는 규모로 이용자의 일상생활에 대한 가장 포괄적인 프로필을 수집할 수 있는 사람이었다. 이후의 폭로에서 드러나듯, 보안 기관인 FBI가 구글, 마이크로소프트, 페이스북을 포함한 기술 분야의 주요 업체의 데이터 수집 행위에 편승하는 방법을 찾아왔다는 점을 고려할 때, 밀러가 아주 실용적인 것에 매혹된 것일 수도 있었다(Ackerman & Rushe, 2014).

네트워크로 연결된 상호 작용 기술은 방대한 분량의 데이터를 수집하고 저장할 수 있게 해 주지만, 모니터링의 실용성에도 변화를 가져왔다. 예전에 정보기관이 개별 목표에 초점을 맞추었다면, 이제 초점은 인구와 패턴으로 이동했다. 예측 치안이 점점 더 포괄적인 형태의 데이터 수집에 의존할 때 이는 치안이 "환경화"되는 순간을 의미한다(Anderson, 2011: 220). 아마도 이 순간의 선구자로는 1990년대 뉴욕시에서 '깨진 창문' 이론에 영감을 받아 무관용 정책을 시행했던 전 경찰국장 브래턴을 들 수 있다(Wilson & Kelling, 1982). 이 이론은 특정 개인을 관리하는 형태가 아니라 그들이 행동하는 상황에 대한 개입을 요구한다는 점에서 환경적이라 설명할 수 있다. 치안에 대한 이러한 '미끄러운 경사' 접근법은 사소하게 보일 수도 있는 공공 부문에 대한 방치가 동네 소멸과 범죄 활동 비율의 증가라는 더 심각한 형태로 이어지는 관문 역할을 한다고 가정했다(Harcourt, 2009). 이러한 방식의 환경 치안을 뉴욕시에 도입한 직후, 브래턴은 컴스탯CompStat이라 불리는 후속 예측 치안을 위한 프로토타입을 개발했다. 이는 "경찰이 인력에 집중하도록 하면 범죄율이 낮아질 것이라는 가정 아래 범죄 집중 발생 지역을 식별하기 위해 데이터 분석"을 사용하여 "무관용과 데이터 기반 접근"을 결합한 방식이다(Bartosiewicz, 2015).

이른바 정보 기반 치안 활동의 개발은 더욱 효율적인 자원 할당을 지원하는 기술을 사용하여 빠듯한 예산을 보상한다는 목표에 잘 들어맞는다. 브래턴이 로스앤젤레스로 이주했을 때, 그는 미군에 대한 예측 분석을 수행했던 캘리포니아대학교 교수 두 명과의 협업을 감독했다. 이러한 양측의 만남은 대게릴라전 기법을 치안 유지와 통합했다는 의미에서 결정적이며, 9·11 이후 시대의 특징적인 융합 형태를 취했다. 이 시기에 전쟁은 (더 이상 한 정된 시간과 공간과 인력에 제한되지 않고) 치안의 요소를 취했고, 반면 치안은 (중동 전투 지역의 긴장 완화로 인해 군사 장비를 옮긴 덕분에) 대게릴라전의 접근법과 도구를 채택했다. 이러한 융합은 부분적으로 도시지역안전계획Urban Areas Security Initiative에 의해 승인되었고, 도시 경찰이 대테러 작전에 80억 달러 이상을 동원할 수 있도록 해주었다(Bartosiewicz, 2015). 이러한 측면에서 래핑(2004)이 도시 정경에서 범죄성의 변화하는 구성을 설명하기 위해 테러리스트의 모습을 불러들인 것은 현명한 것이었다.

데이터 기반 효율성의 약속은 예측 치안의 경제적 모델을 위한 논리로 작용했다. 프레드폴은 이윤을 추구하는 이니셔티브로 효율적인 자원 할당을 통한 범죄율 감소라는 약속에 기반하여 경찰 부서를 홍보한다. 법 집행관은 충분한 양의 데이터를 추가하기만 하면 더 높은 생산성을 거둘 수 있다. 프레드폴의 개발을 도왔던 UCLA 인류학 교수 제프 브랜팅엄은 다음과 같이 말한다.

> 당신은 경찰력의 소중한 시간을 최적화하는 데 도움을 주고 있다…… 제한된 자원을 사용하여 그들이 조금 더 효율적이 될 수 있도록 도울 수만 있다면, 이것이 바로 예측 치안과 프레드폴의 모든 것이다. 즉 그 조금의 최적화를 통해 사실상 먼 길을 갈 수 있는 것이다. (Funnell, 2015)

대게릴라전으로서의 치안

정보 기반 치안 활동의 바탕은 위치를 나타내는 핀이 잔뜩 꽂힌 지도다. 이 지도의 이미지가 나타내듯, 범죄 행위는 벤 앤더슨Ben Anderson(2011)이 설명하는 의미로 긴급하고 "제시간에 출현하는" 것으로 프레임된다. 그는 대게릴라전의 관점에서, 목표는 "폭력이 나타났다 다시 사라지기 전에 정확히 제시간에 일어나는 사건에서만 나타난다"고 주장한다(Anderson, 2011: 222). 이 시간성은 민간인 범죄의 구분에 대한 재구성을 암시하는 것이다. 범죄성 폭발의 위험은 확률적으로 인구 전체에 분포하는 것으로 이해되어 시간과 공간의 특정 시점에서 다른 가능성으로 나타날 수 있다. 따라서 모든 사람은 자신에게 할당된 위협 수준을 알고, 모든 사람은 모니터링 및 데이터 캡처 패턴으로 정리된다. 앤더슨이 말하듯, "이는 제시간에 맞춰 벌어지는 사건 바깥의 시간들은 '기다림'의 측면에서 잘 고려되지 않는다. …… 대신 이는 전체 주민을 알고자 하는 시도가 강화되었다는 특징을 보인다"(222).

정보 기반 치안 시대에, 미국 국가안보국장 제임스 클래퍼James Clapper가 2016년 입장을 통해 밝혔듯이 감시는 환경이 된다. 그는 "미래에는 정보기관이 신원 확인, 감시, 모니터링, 위치 추적 및 특정 타깃 모집 등을 위해 [사물 인터넷]을 사용하거나 네트워크 혹은 이용자 신용 증명에 액세스할 수 있다"고 말한다(Ackerman & Thielman, 2016). 치안 모델은 새로운 기술의 등장과 함께 변화한다. 예컨대 완전히 "감지된" 사회 환경이 도래하게 되면, 물리적 세계를 "평생 무제한으로" 감시할 수 있는 수준까지 확장하는 대화형 오버레이가 장착되는 식이다(Anderson, 2011: 218). 포괄적인 모니터링이 목표가 되는 순간, 우리가 가정이나 일터에 상시 작동하는 정보 캡처 장치를 통합하라는 권유를 지속적으로 받는 것은 우연이 아니다.

만일 규율 권력의 모델이 고백적인 것이라면, 즉 주체가 자신에 대한 서사 설명을 제공하는 공간이라면, 선점 권력의 아바타는 개인의 행동과 상호 작용을 자세히 기록하는 스마트 도시다. 규율의 목표가 감시의 스펙터클이라면 선점의 목표는 유비쿼터스로 사라지는 것이다. 감시가 어디에나 있다면 그것은 더 이상 별개의 과정이 아니라 우리가 따라 움직이는 미디어다. 규율 감시는 부분적일 수 있지만 그 대상에게 알려져야 한다. 규율 이후 감시는 은밀할 수 있지만 포괄적이어야 한다. 이는 규율 이후 감시가 규율의 효과가 없다는 의미가 아니라(포괄적 모니터링에 대한 인식이 경우에 따라서는 감시 시선의 내재화로 이어질 수도 있다) 오히려 이러한 효과가 그 결정적인 목적은 아니라는 의미다.

이와 비슷하게 규율 권력의 대상이 서사화된 주체성 측면에서 명백하게 인간이라면, 선점 권력의 대상은 여러 '자연적인' 힘까지도 포괄한다. 프레드폴은 지진 모델링 기술을 사용하여 범죄의 반복 패턴을 예측하는 것으로 악명이 높다. 프레드폴을 개발한 선임 과학자는 다음과 같이 이야기한다.

> 프레드폴에서 사용하는 모델 중 일부는 원래 지진과 여진 분포를 모델링하기 위해 개발된 자기 자극점 프로세스self-exciting point process[39]다. 이러한 모델이 지진 및 범죄 사건 데이터에 매우 적합하다는 사실은 그 자체로 멋진 결과다. (Mohler, 2015)

길거리 범죄를 예측하는 또 다른 접근 방식은 갱 활동을 늑대 무리 행동에 비유하여(Smith et al., 2012), 범죄의 유령을 더 자연화하고 탈주체화한다. 그러한 접근 방식은 규율 감시와 환경 권

---

39 '자기 자극점 프로세스'는 '혹스Hawkes 프로세스'라고도 불리며, 특정한 사건의 발생은 짧은 시간 동안 어떤 원인이 폭발적으로 집중되면서 나타난다는 것을 의미한다. 주로 지진이나 화산 폭발의 예측 같은 분야에 사용되지만, 범죄 예측이나 주식 거래 등 사회 분야의 현상을 예측할 때 응용되기도 한다. ― 옮긴이

력 사이의 불일치를 강조한다.

지진은 자기 정의와 자기 공개의 지속적인 논리에 참여할 수 없다. 그것은 늑대 무리의 구성원들처럼 주체화 과정의 외부에 남아 있다. 두 경우 모두 수행할 수 있는 가장 큰 방법은 행동 가능한 지식을 산출하는 방식으로 행동을 시뮬레이션하기 위해 자연을 배가하는 것이다. 프레드폴 개발에 참여한 제프 브랜팅엄은 선점 수학을 설명하는 데 다음처럼 말한다.

> 반대론자들은 인간이란 너무나 복잡하고 무작위적인 존재여서 수학으로는 설명할 수 없는 것이라 우리를 설득하려 들겠지만, 인간은 우리가 생각하는 것만큼 무작위적이지 않다. 어떤 의미에서 범죄는 물리적 과정일 뿐이다. (Rubin, 2010: 10 인용)

이 설명은 분명 중요하다. 여기서는 범죄의 물리적 특성을 무엇과 상반되는 것으로 강조하는가? 사회성 혹은 아마도 주체성? 데이터 마이닝의 관점에서 볼 때 범죄는 당구공만큼의 예측 가능성이 있다. 완벽한 선점에 대한 약속은 윌리엄 보가드William Bogard(1996)가 "감시의 시뮬레이션"이라는 설명에 의지한다. 여기서 목표는 단순히 환경을 지도로 만드는 것이 아니라 모델 형태로 강화하는 것이다. "불가능하지만, 감시가 상상하는 것은 완벽한 노출이다. 시뮬레이션이 상상하는 것은 완벽한 재현이다. 결국, 감시의 시뮬레이션이 상상하는 것은 노출을 완벽하게 재현하는 것이다"(47). 충분한 데이터를 수집함으로써 과거와 현재뿐 아니라 미래 역시 지도로 만들어진다. 이는 브랜딩엄이 야기했던 감지 가능한 '물리적' 패턴으로 행위자를 축소하는 과정이다.

예측 치안 모델은 범죄 데이터의 역사적인 패턴에 크게 의존하는 경향이 있고, 경우에 따라서는 소셜 미디어와 기타 접근 가능한 개인 데이터를 긁어모은 것에 의존하기도 하지만, 그럼에도 가능한 한 많은 정보를 수집하려는 경향이 있다. 분명한 것은 환경적인 요인이 범죄학적 계산(예를 들면 날씨의 패턴과 기압)과 생체 인식적 계산(예를 들면 새로운 형태의 센서 구현을 통해 식별된 것, 예컨대 체온과 얼굴 표정과 맥박 및 기타 신호를 모니터링하여 '악의성'을 감지하려는 국토안보부의 선구적인 노력 등)뿐만 아니라 유전 요인 및 궁극적으로는 이용 가능하고 상상 가능한 모든 형태의 데이터 수집과 모델링의 특색에 맞게 변화한다는 점이다. 예를 들어 핀란드에서 수행된 연구에 따르면, 두 가지 특정한 유전자를 지닌 사람들은 그 유전자를 갖지 않은 사람들에 비해 "반복적인 폭력 행위를 할 가능성이 13배 더 큰 것으로"(Hogenboom, 2014) 드러났다. 연구자들은 이러한 샘플을 바탕으로 "핀란드에서 벌어지는 모든 폭력 범죄 중 최소 5~10%는 이러한 유전자형을 가진 개인들의 탓이라 할 수 있다"고 추산했다(Hogenboom, 2014). 유전학은 데이터 수집, 예측 및 개입이 '환경이 되는' 또 다른 요소가 된다. 헌치랩HunchLab이라는 플랫폼은 전형적인 예측 치안 프로그램의 범위를 확대하여 과거 범죄 활동 이력에 대한 기존의 데이터 이외에도 "인구 밀도, 인구 센서스 데이터, 술집과 교회와 학교와 교통 요충지의 위치, 홈경기 일정, 심지어 달의 위상"과 같은 요소까지도 포함한다

(Chammah, 2016). 응용 프로그램 중 한 설명에 따르면, 일부 상관관계는 예상할 수 있었지만, "다른 것들은 조금 더 의문스럽다. 시카고에서 폭행이 가중되는 비율은 바람이 많이 부는 날일수록 감소했으며 필라델피아에서 자동차는 학교 근처에 주차했을 때 더 자주 도난당했다"(Chammah, 2016).

이러한 접근 방식은 다른 데이터 기반 전략들의 추측적 특성을 취한다. 가능한 한 많은 정보를 쏟아두고 어떤 유형의 상관관계가 드러나는지 확인하는 것이다. 목표는 설명이 아니라 선점이기 때문에 결과를 해석할 필요가 없다(예를 들어 바람이 더 많이 불면 폭행이 감소하는 이유를 묻지 않는다). 그저 자료를 할당할 뿐이다.

순수한 내재성

모니터링 관행에 대한 상식적인 이해가 이러한 포스트규율의 변화에 반드시 보조를 맞추는 것은 아니다. 예를 들어 FBI가 샌버나디노에서 발생한 총기 난사 사건 범인의 아이폰에 저장된 데이터에 접근하기 위해 애플 측에 협조를 요청했다. 이때 여기에서 비롯한 공개 논쟁에는 매우 흥미로운 측면이 있었다. 사람들은 정부가 미국 시민을 광범위하게 감시하고 있다는 폭로보다도 FBI가 애플에 그런 요청을 했다는 점에 대해 더 강경한 반응을 보였다는 점이다. 〈뉴욕 타임스〉에서도 보도했듯, "애플의 사례는 이미 '메타 데이터 수집' 및 프리즘Prism과 엑스키스코어

XKeyscore[40]와 같은 코드명의 프로그램에 대한 스노든의 폭로보다도 더 많은 대중의 관심을 받았다"(Shear, Sanger, & Benner, 2016). 대중을 광범위하게 감시한다는 사실보다도 연쇄 살인범의 전화에 접근하고자 법 집행을 시도하는 데 대중이 더 관심을 갖는 이유는 무엇일까? 〈뉴욕 타임스〉의 기사는 "이제 이슈는 대부분의 미국인이 주머니에 넣고 다니는 기기를 중심으로 이루어지기 때문에, 국가안보국이 수행한 감시는 전례없이 구체적이고 개인적인 것"이라 추측했다(Shear et al., 2016). 퓨리서치센터의 리 레이니Lee Rainie가 언급하듯, "훨씬 더 많은 미국인에게 이는 스노든의 폭로보다도 더 대놓고 공격적인 명제다"(Shear et al., 2016 인용). FBI가 누군가의 전화에 접근하는 것이 어째서 국가안보국이 당신을 포함하여 당신이 통화한 모든 이들의 데이터에 접근하는 것보다 더 "대놓고 공격적인" 것이라 할 수 있는지는 분명하지 않다. 아마도 더 "대놓고 공격적인"이라는 말이 의미하는 바는 수사팀이 전화에서 찾을 수 있는 모든 것을 읽고 분석할 준비가 확실히 되어 있다는 사실일 것이다. 이 사례는 대량의 데이터를 스캔하고 분류하는 비인간적인 기계가 아니라 보다 더 개인화된 것이다. 즉 정부 요원이 휴대전화 소유자만 접근할 수 있는 데이터를 읽는 것

---

40   엑스키스코어는 미국 국가안보국이 사용하던 감시 체계로, 원래는 극비 시스템이었으나 2013년 에드워드 스노든의 폭로로 세상에 드러났다. 엑스키스코어는 개인이 인터넷상에서 하는 거의 모든 활동의 데이터를 수집할 수 있는데, 이메일 내용과 웹 사이트 방문이나 검색 기록 등을 모두 포함한다. ─ 옮긴이

이다.

대중은 여전히 자기 공개의 강요에 근거한 감시의 규율 모델에 더 익숙할 수도 있다. 이러한 유형의 조사는 더 익숙하고 개인적으로 보인다. 21세기형 수사관은 문을 부수고 개인 소지품을 선별한다. 사람들은 휴대전화를 자신의 것으로 생각하는 반면, 순환하는 데이터는 이미 통제할 수 있는 영역 너머에 있는 것으로, 즉 자신이 제공하는 그만큼 자신이 소유하는 것은 아니라는 점을 이해하게 되었다. 그러나 이 명백하게 구별되는 두 가지 유형의 국가 감시에 대해 각각 다른 반응이 나타난다는 점에는 뭔가 더 작용하는 점이 있다. 데이터를 캐는 사람들과 데이터를 제공하는 사람들이 데이터를 어떻게 사용할 수 있는지에 대해 생각하는 방식 사이의 단절이다. 데이터 채굴사들은 패턴과 상관관계의 측면에서 생각하는 반면, '채굴당하는 사람들'은 특정 인간 수용자와 자기 삶 이야기의 측면에서 생각한다. 이들은 자기 삶의 세부 사항이나 그 이유에 대해 관심이 있는 사람들이다. 이러한 측면에서 두 가지 형태의 감시에 대한 서로 다른 수용 방식은 그 범위와 깊이 사이의 새로운 단절을 나타낸다. 특정 용의자에 대한 집중 표적 대 자동화된 형태의 감시와 선점과 관련된 전체 인구에 대한 대규모 모니터링 사이의 단절이다.

예측 치안의 출현은 포스트파놉티콘의 논리가 형성되는 하나의 영역을 나타내므로 자동화된 미디어에 의해 활성화된 규율로부터 전환된 정치적 결과를 고려하는 데 유용한 사이트의 역할을 한다. 완벽한 예측이라는 상상은 개입에 들어가는 시간 프레임을 단축한다. 장기적인 예방 조치는 즉각적인 선점(행동 바로 직전에 개시한다는 '때마침'의 의미에서)으로 대체된다. 이러한 시간성의 변화는 자동화를 향한 경향으로부터 흘러드는 사회적이고 정책적인 함의를 가진다. 유비쿼터스하고 끊임없는 감시의 목표는 모니터링 시선의 훈육 능력의 실패로 파악되는 배경을 바탕으로 드러난다. 만일 주체가 스스로를 훈육하는 데 의존할 수 없다면 감시는 가능한 한 포괄적이어야 한다. 그러나 이러한 수준의 모니터링을 위해서는 데이터 수집과 데이터 처리의 자동화 그리고 결국은 반응의 자동화가 필요하다. 이 장의 첫머리에서 언급했던 아테나와 제로아이즈의 사례가 보여 주듯, 자동화된 감지는 필연적으로 자동화된 대응을 의미한다. 심지어 '사전 예방적' 감시 시스템조차도 가장 약한(혹은 가장 느린) 고리인 인간의 반응 시간만큼 빠르다. 일단 이러한 시스템이 구축되면 자동화된 대응 시스템은 불가피한 것이 된다. 만일 스마트 카메라가 동작을 취하려는 총격범을 식별할 수 있다면, 그다음 단계는 그의 움직임을 멈추도록 만드는 것이다.

자동화의 필요성은 위협이 임박했거나 오히려 예측했던 위험을 임박한 위험으로 재구성함으로써 부각된다. 그 필요성을 알 수만 있다면 그것만으로도 실행 가능하게 만드는 것은 충분하다. 임박한 위협 앞에서는 숙의의 지연도 고려 대상에서 제외된다. 동시에 전문가와 일반 시민의 역량은 어떤 개인이나 개별 집단이 처리하기에는 너무나 많은 데이터가 축적됨에 따라 어려움을 겪는다. 따라서 이 장에서 제기한 우려는 세 가지로 정리할 수 있다. 예측 치안으로의 전환은 근본적인 원인을 해결하지는 못하기 때문에 한층 더 포괄적인 형태의 감시에 대한 '필요'를 동원하는 자체 강화의 나선으로 이어지고, 자동화의 목표와 결합된 임박함의 수사학은 숙의 및 인과 분석을 위한 시간과 공간을 감소시키며, 대중은 이러한 자동화된 형태의 모니터링과 감시가 가져올 함의와 결과를 아직 제대로 이해하지 못하고 있다. 포스트규율의 모니터링 논리는, 보다 직접적이고 비대칭적이며 지속적인 선점의 권력을 이와 경쟁하는 인과적 주장의 협상으로 대체하는 다소 불길한 결과를 낳는다. 이 권력은 숙의와 사회적 절차를 자동화된 시스템에 떠넘기는 지속적인 과정과 함께한다. 숙의와 정치를 포기하고 그 대신 자동화된 형태를 선호하는 것이다.

5장

조작 도시

디지털 기술과 관련된 상호 작용 및 자동화의 행진은 동시에 민영화의 과정이기도 하다. 즉 데이비드 하비가 "강탈에 의한 축적"(Harvey, 2009)이라 불렀던 과정이다. 영토 축적이나 그와 비슷한 것에 의하지 않고, 인터랙티브 도시의 부상은 데이터 축적에 기반을 두고 있다. 상업용 감지 시스템이 물리적 공간에 스며들게 되면, 자동 데이터 수집을 위한 인터페이스로 변환되어 데이터의 축적과 민영화가 이루어진다. 일단 독점 센서 네트워크가 공공 공간에 장착되고 나면 인터넷의 발자취를 따라 민영화가 그 공간을 뒤덮는다. 예를 들어 네트워크로 연결되고 센서가 장착된 장치 인프라에 의존하는 자율 주행 자동차에 대한 전망을 생각해 보자. 이러한 전망은 도로와 고속 도로 등 잘 갖추어진 공공 인프라에 편승하겠지만, 곧 민영화의 그림자로 뒤덮일 것이다. 만일 예상대로 자동차 플랫폼을 개인이 제어하게 된다면, 이는 개발자에게 다양한 상업적 가능성을 제공할 것이다. 예를 들어 자동 순환 시스템이 공공 교통 신호를 대체하게 되면, 추가 요금을 낼 의향이 있는 사람들은 꽉 막힌 도로를 더 빨리 통과하여 이동할 수 있다. 한때 '공공 운송' 시스템이었던 도로, 즉 대개 (다인승 차량 전용 차로와 유료 차로를 제외하고) 교통을 동등하게 취급했던 도로가 이제는 고도로 계층화된 시스템이 될 것이다. 저소득층 라이더들은 특권층의 고속 환승을 가능케 하기 위해 자신들의 교통이 '꽉 막힌' 상태임을 알게 될 것이다. 예방적 규제가 없는 경우, 부유한 사람들은 자신들의 동네로부터 차량이 멀리 돌아가게끔 하거나 심지어는 일부 유형의 운전자를 배제하기 위해 비용을 지불할 수 있을 것이다. 도로는 공공장소로 남아 있겠지만 그 사용을 관리하는 '앱'은 사설 인프라의 개발을 통해 점점 더 상업화될 것이다.

상호 작용형 플랫폼을 통한 이러한 축적 방식은 공공, 가정 및 상업 공간에서 사용할 수 있는 정보를 캡처하고 사유화하는 가상 및 정보 인클로저의 구성을 통해 전자기 스펙트럼에서 나타나기 때문에 더 식별하기가 어려울 수 있다. 이 과정은 물리적 흔적이 남지 않는 것은 아니어서, 정보화 사회의 일상생활에 스며들어 있으며 급속히 발전하는 센서 인프라와 스마트 카메라, 내장 마이크, 스마트 스피커 등 네트워크가 포함된다. 예를 들어 도시 인프라의 측면에서 뉴욕시의 링크NYCLinkNYC 키오스크는 이동 전화의 증가로 인해 이제는 낡은 것이 되어 버린 공중전화 부스를 점차 대체해 왔다. 공중전화 부스는 이제 도시를 통과하는 사람들에 대한 데이터를 수집하는 대가로 무료 와이파이와 전기를 제공하는 네트워크로 바뀌었다. 링크NYC를 맡은 사설 컨소시엄은 구글의 모회사인 알파벳이 소유한 사이드워크랩 Sidewalk Labs이 주도한다. 이를 통해 구글은 차세대 민영화 도시 개발의 선두 주자가 되었다(Pinto, 2016).

링크NYC 프로젝트는 구글이 가장 중요하게 여기는 상품인 정보에 대한 대가로 도시에 무료 와이파이를 제공하려는 구글의 10여 년 된 계획을 다시 시작한다. 구글은 이미 2006년 샌프란시스코에서 비슷한 프로젝트를 제안한 적이 있었으나 구현되지 않았다. 그러나 이제는 데이터 마이닝 전략의 개발과 그사이에 막대한 데이터 세트가 추가로 축적된 덕분에 여러 용도로 사용되는 데이터를 수집할 수 있는 능력을 지니게 되었다. 상업적으로 제공되는 무료 와이파이는 도시의 민영화를 위한 관문 기술이다. 구글은 토론토 시내 일부를 '스마트 시티'로 재개발하려는 계획을 가지고 '인터넷을 통해' 도시의 생활을 재편하려는 한층 더 야심에 찬 시도에 착수했다. 스마트 시티는 물리적 세계를 인터페이스로 바꾸는 과정에서 데이터와 인프라 모두에서 새로운 시장을 창출하려는 사이버자본주의의 상상에서 오랫동안 반복되는 주제였다. 이른바 사물 인터넷은 모든 장치, 기기 또는 공간에 대화형 오버레이를 제공하겠다고 약속함으로써 컴퓨터 기술의 잠재적 시장을 극적으로 확장한다. 동시에 물리적 환경을 점점 더 유연하고 반응적이며 이용자 맞춤형으로 하게 하는 새로운 형태의 자동화된 편의와 제어를 더욱 쉽게 만든다. 개인화된 형태의 자동화된 데이터 수집과 반응에 의존하는 스마트 시티는 종종 조작 도시가 된다. 즉 몰입적이고 유연한 '선택 설계자'를 제공하기 위해 도시 환경millieu에 영향을 미치는 거버넌스 형태의 장소가 된다. 이 장에서는 자동화된 미디어의 조작 편향과 환경 거버넌스 시스템에서의 역할을 탐구하기 위해 스마트 시티의 사례를 이용한다. 기술주의적인 꿈은 도시를 완전한 상호 작용의 공간으로 바꾸는 것이다. 이용자의 궤적을 매핑하고 변조할 수 있는 소셜 미디어 플랫폼과 물리적으로 비슷한 것이다.

스마트 시티는 디지털 인클로저와 도시 생활의 공간이 융합되는 순간을 상상한다. 그 상상의 결과, 도시 공간은 도시 자본화와 통제를 위한 현대적인 모델로 플랫폼화한다. 구글처럼 거대한 기술 기업이 세계의 정보를 조직화하려는 야망을 갖고 그 출발선으로 도시의 공공 생활을 바라본다는 사실은, 역사적으로 잉여 자본이 집중되는 장소로서 도시가 해왔던 역할을 말해 준다. 데이비드 하비가 말했듯이, 자본주의의 발전과 도시화 사이에는 "친밀한 연결"이 있다. "자본가들은 잉여 가치를 창출하기 위해 잉여 상품을 생산해야 한다. 이는 다시 더 많은 잉여 가치 생산을 위해 재투자되어야만 한다"(Harvey, 2008: 24). 도시 환경은 자본 집약적인 재투자에 적절한 방식으로 노동자, 소비자, 인프라, 문화를 집중시킨다. 기술 산업은 잉여 자본의 명백한 출처가 되는데, 이는 공공 부문을 긴축으로 이끌면서 상업 기업에게는 아주 적게 부과된 세금 혜택으로 현금 보유고를 축적할 수 있도록 해 준 규제와 경제 정책이 성공한 덕분이다. 예를 들어 미국에서는 상위 5개의 기술 회사가 미국 전체 연간 예산의 약 5분의 1에 해당하는 준비금을 축적해 왔다(Rapier & Peilisson, 2017).

도시가 자본 집중과 잉여 가치를 투자하는 장소로서 지니는 기능은 도시가 공공 생활의 고전적인 장소locus classicus로서 지녀왔던 역사적인 역할과 긴장감을 조성한다. 지리학자 돈 미첼Don Mitchell은 "도시는 공공장소이므로 필연적으로 다른 사람들과의 사회적 상호 작용과 교류가 일어나는 장소였다"고 주장한다(Mitchell, 2012: 18). 바로 이러한 이유 덕분에, 사람과 기구가 집중된 도시는 상호 작용적으로 생성된 데이터가 풍부한 장소가 된다. 기술 기업의 관점에서 볼 때, 도시는 끝없이 생산적인 정보 저장소다. 인터랙티브 기술의 발전 덕분에 도시는 자본 재투자뿐만 아니라 데이터 추출 및 수익화의 장소이기도 하다. 하비가 언급했듯이 자본주의는 끊임없이 "일반적으로는 새로운 생산 수단을, 그리고 특히 천연자원을 찾고 있으며, 이 때문에 필요한 원재료를 생산하기 위해 자연환경에 점점 더 많은 압력을 가하고 있다"(Harvey, 2008: 24). 이러한 탐색은 새로운 자원을 포착하고 통제하는 식민지화와 제국주의 과정 이면에 있는 추진력을 제공한다. 디지털 인클로저 과정은 도시 공간의 내부 식민지화(Virilio, 2005)의 한 형태에 해당한다. 민영화되고 상업화된 디지털 감시 시스템의 배포 덕분에, 새로운 자원이 정보 형태로 두 배의 가치가 될 때 도시 환경에서 추출될 수 있게 되었다. 새로운 자원을 찾기 위해 지속적으로 외부로 확장하는 대신, 인터랙티브 인프라는 스스로를 되찾아 공간을 디지털 형태로 재구성하여 그 전개가 활용될 수 있게 한다. 잡지 〈아틀란틱*Atlantic*〉의 한 머리기사가 표현하듯, "미래의 도시는 데이터 수집 기계다"(Fussell, 2018).

새로운 약장사

데이터가 '가치 있는' 상품이라는 개념은 디지털 시대의 진실이 되어 정작 그 이유를 잊기 쉽다. 그에 대한 답이 디지털 민주주의 와 역량 강화에 대한 테크노유토피아적인 과장에 맞서고 있다는 사실에도 불구하고, 그리 놀랍지는 않다. 데이터는 거버넌스와 보안에서부터 상거래와 마케팅에 이르기까지 여러 영역에서 효율적인 제어 과정을 촉진하고 만들 수 있다는 점에서 가치가 있다. 신자유주의 경제 정책의 맥락에서 시장은 전체 정보 접근에 대한 약속에 오랫동안 완벽함을 도모해 온 중앙 집중적이고 특징적인 통제 메커니즘으로 등장한다. 신고전주의 경제학에 따르면 시장의 원활하고 효율적인 기능에 대한 장벽은 독점 통제와 불완전한 정보 이렇게 두 가지다. 한때 빌 게이츠는 상품에 관한 정보를 소비자에게 널리 보급함으로써 인터넷이 "마찰 없는" 자본주의의 꿈을 실현할 것으로 예측했다. "이것은 우리를 시장 정보가 풍부하고 거래 비용이 낮은 저마찰 저비용 자본주의의 새로운 세계로 인도할 것입니다"(Gates, Myhrvold, & Rinearson, 1995).

빌 게이츠는 온라인 판매업자들로 인해 지역 상점 일부가 폐업할 것이라 예상했다. 그러나 그는 글로벌 소매 거상들이 등장하여 여러 시장에서 온갖 상품에 대해 사실상 독점적 지위를 차지하기 위해 경쟁을 축소하거나 협력할 것이라고 볼 정도로 비관적이지는 않았다(Merrill, 2014). 그는 또한 온라인 플랫폼이 소비자에게 정보를 제공할 뿐만 아니라 소비자의 선호도와 행동에 대한 막대한 데이터를 생성하는 방식도 고려하지 않았다. 계속 상기하고 있다시피 데이터의 투기적 가치는 거래의 정보 비용을 낮추겠다는 약속뿐 아니라 소비자 행동을 예측하고 형성하는 능력에 기반한다.

통제의 관점에서 볼 때 온라인 경제의 실제 정보는 제품 가격에 대한 데이터가 아니라 사람과 상황에 대한 데이터다. 마케팅 산업이 제안하는 친숙한 두 얼굴의 수사학이 있다. 소비자를 향한 얼굴은 사람을 자율적인 개인으로 취급한다. 이는 미리 형성되고 내부적으로 생성된 욕망과 선호와 필요를 가진 고전 자유주의의 로크적인 주체다. 반면 고객을 향한 얼굴은 사람들을 사회적 구조의 사물로 묘사한다. 이들은 담론적으로 구성되고 형성되며 영향을 받는 존재로 묘사된다. 빌 게이츠는 소비자를 향한 주체 모델을 재생산하는데, 이들에게 경제적으로 관련된 정보란 모두 상품의 특성과 가격에 관한 것이다. 현대의 데이터 수집은 이를 훨씬 넘어서서 고객 행동 패턴에 대한 구체적인 정보가 소비자 반응을 예상하는 비밀을 담고 있다는 약속을 동원한다.

이는 4장에서 살펴보았듯 보안 및 법 집행의 목적으로 모니터링하는 경우도 마찬가지다. 점점 더 포괄적으로 되어 가는 데이터 수집이 미래의 행동 패턴에 대한 실행 가능한 정보를 산출할 수 있다는 약속이 있다. 이러한 형태의 모니터는 주체화 과정(즉 감시의 상징에 대한 반응에서 행동에 대한 수정)이 아니라 개입에 의존하기 때문에, 그 목표는 포괄적인 감시다. 포스트규율의 맥락에서 위험 관리가 "평생 무제한으로" 모니터링의 확장에 의존하는 것이라면(Anderson, 2011: 224), 기회에 대해서도 마찬가지일 수 있다. 마케팅의 관점에서 볼 때, 이익의 기회는 새롭게 등장하는 재산이고, 이는 부분적으로는 언제 어디서나 소비 환경을 가능케 하는 인터넷 덕분이다. 디지털 인클로저의 어포던스로 인해 전체 네트워크 환경이 소비와 노동의 공간이기 때문에, 우리는 구매를 시작하기 위해 상점이나 쇼핑몰에 있을 필요가 없다. 이 때문에 소비 역시 언제 어디에나 존재하는 신흥 잠재력이 되어, 온갖 다양한 변수들(날씨, 달의 위상, 분위기 등에 영향받는가?)에 따라 소비의 조건은 달라진다. 따라서 보안과 수익을 위한 모니터링 방식은 환경을 완전히 센서화된 정경으로 전환하려는 목표로 수렴된다.

도시 환경

도시 공간은 사람과 거래와 상호 작용이 집중되어 있어서 모니터링에 적합하다. 이 모두는 센서 네트워크에서 수집될 수 있는 정보를 극대화한다. '조작 도시'로서 스마트 시티가 건네는 약속은 이러한 네트워크를 정보 수집과 환경 관리에 이용하는 것이다. 플랫폼을 제어하는 사람들이 선호하는 반응을 유도하기 위해 상호 작용형 '선택 환경'을 만들어 내는 데 사용할 수 있는 세부 정보를 캡처하는 것이다. 온라인 환경의 경우에서처럼 정보 수집과 환경 조정이라는 이러한 두 가지 기능은 상호 작용한다. 정보는 상호 작용 환경을 재구성하는 데 사용되고, 이는 다시 재구성된 조건에 사람들이 반응하는 정보를 수집한다. 상호 작용 시스템은 그저 정보를 수집하는 것만이 아니다. 이 시스템은 끝없는 변경과 실험을 통해 정보를 생성한다. 이러한 역동적인 모델은 이용자에 대한 지속적이고 대규모이며 반복적인 실험을 인터넷의 순응적인 디지털 환경으로부터 차용한다. 광고의 한 버전이 다른 버전보다 더 많은 클릭 수를 생성하는가? 특정 인구학적 속성에서 하나의 가격대가 더 잘 작동하는가? 온라인 게시물에서 불행하다고 표현한 10대들이 특정한 광고에 반응할 가능성이 더 큰가? '환경' 선택에 개입하여 사람들에게 간접적으로 작용하는 이른바 "넛지" 접근 방식(Thaler & Sunstein, 2009)에 대한 열광적인 반응이 온라인 마케팅 및 광고의 부상과 동시에 일어난 것은 우연이 아니다. 디지털 영역은 이른바 선택 '아키텍처'의 지속적인 재구성과 설계에 적용되는 대규모 데이터 수집에 적합하다.

여기서 스마트 시티의 개념적인 기반은 상업용 인터넷이 개척한 감시 및 관리의 환경 모델을 기반으로 한다. 애덤 그린필드 Adam Greenfield가 지적하듯이, 스마트 시티라는 아이디어는 두 겹의 측면을 가지고 있다. 한편으로는 지난 20여 년 동안 널리 알려지고 많이 홍보된 지방자치제 개발 프로젝트로 한국, 아랍에미레이트, 포르투갈, 토론토 등이 여기에 포함된다. 다른 한편으로는

'사물 인터넷'의 '상향식' 구현으로 모니터링, 편의, 제어를 위한 인프라다. 그린필드는 이 용어의 광범위한 의미를 "네트워크 정보 기술을 기존의 도시 장소로 개조하려는 한결 더 결과론적인 추진"(Greenfield, 2013: 201)을 포괄하는 것이라 설명한다. 두 접근법 모두 현대의 도시 환경 관리의 복잡성에 대한 반응으로 데이터에 기반을 둔 합리화라는 가능성을 제시한다. 그린필드가 말했듯 스마트 시티의 "첫 번째 가정"은 "현대의 도시 환경이 너무나 복잡하고 까다로워서 평범하고 별다른 도움 없는 인류가 그것을 현명하게 관리하기는커녕 제대로 이해하기를 바랄 수도 없다는 점이다"(2013: 203).

이와 관련하여 스마트 시티는 이 책의 다른 부분에서도 설명했던 자동화의 탈정치 경향과 함께한다. 스마트 시티는 고도로 집중된 도시 환경에서 공공 생활을 조직하고 관리하기 위해 갖가지 기술관료주의적인 해법들을 내놓는다. 사회적 실천의 다른 영역에서와 마찬가지로 데이터를 사용하여 물류 문제(변화하는 통근 패턴을 반영하도록 버스를 배차하는 방법)뿐 아니라 사회적이고 정치적 문제까지도 해결할 수 있기를 희망하는 것이다. 구글 사이드워크랩의 CEO는 퀘이사이드Quayside 프로젝트[41]에 대한 선언문에서 정

---

41   구글의 자회사인 사이드워크랩은 2017년에 캐나다 토론토를 스마트 시티로 구축하는 퀘이사이드 프로젝트를 출범했다. 퀘이사이드 프로젝트는 자율 주행 자동차 등 60여 개의 첨단 기술 적용을 계획하며 기대를 모았으나, 2020년에 사이드워크랩이 프로젝트 포기 선언을 하면서 현실화되지 못했다. 이 프로젝트 포기 선언의 배

치와 사회적 참여에서부터 고용, 생활비, 환경 영향, 교육 및 건강에 이르기까지 사회생활의 모든 측면에서 '스마트' 도시가 얻을 수 있는 잠재적 이점을 설명한다. 간단히 말해서 이는 왕년에 정치가 차지했던 영역이다(Doctoroff, 2016). 탈정치의 디스토피아 패러디에서, 우리는 정치적인 것을 포기함에 따른 부산물을 스마트 환경이 어떻게 해결할 수 있는지 상상할 필요가 있다. 정치와 기후 변화의 도전에 대응하기 위해 조직을 구성할 수 없다면 '스마트한' 유틸리티 및 운송 시스템을 통해 실현된 환경 효율성을 우리는 구할 수 있다(급증하는 센서 인프라가 소비하는 엄청난 양의 전기를 고려하면 이는 가능성이 거의 없는 것 같다). 미국이 유의미한 총기 규제 법안을 통과시킬 수 없다면 일련의 자동화된 대응 시스템이 위협의 등장을 포착하고 비활성화할 수 있을지도 모른다. 공교육 자금을 적절히 지원하지 않으면 자동화된 학습 시스템이 아이들의 모든 행동과 의사소통에 대한 자세한 데이터에 대한 대가로 아이들을 교육할 수 있다. 우리가 스스로 자치 시민으로서 행동할 수 없다면 아마도 기계가 우리를 대신 통치할지도 모른다.

경으로는 사생활 침해와 개인 정보 유출 등의 문제를 해결하지 못했던 점이 꼽힌다. 2017년 사이드워크랩이 스마트 시티 건설의 파트너사로 선정되었을 때는 페이스북의 대규모 개인 정보 유출 논란 등으로 인해 거대 테크 기업에 대한 반감이 높은 상황이었다. 이러한 상황에서 토론토 시민들이 스마트 시티로 얻는 편의의 대가로 개인 정보를 구글 손에 넘기게 될 것이라는 반대 여론이 거셌으며 심지어 '감시 자본주의의 식민지화 실험'이라고 비판받기도 했다. — 옮긴이

퀘이사이드를 개발하려는 구글의 비전은 그린필드가 설명하는 스마트 시티 비전의 고전적 형태인 "역사의 철수, 정치의 철수, 그리고 궁극적으로는 도시 전체에서의 철수"(2013: 113)와 일치한다. 디자이너이자 기술 컨설턴트인 마크 드 파페Marc de Pape가 투표를 위한 새로운 메커니즘에 대한 질문을 받고 그 응답으로 구글 토론토 프로젝트의 '주거 생활 감독'직 지원서를 철회했다는 점은 의미심장하다.

나는 캐나다인으로서 그 질문에 매우 놀랍고 불쾌했지만(미국의 민간 기업 하나가 토론토의 공공 투표 시스템을 자신들의 손안에 넣으려 하면서까지 그토록 맹목적인 야심을 가져야만 하는가?), 내가 지원한 회사가 토론토를 인큐베이터로 사용하여 도시와 시민을 위한 완전한 플랫폼을 수출하고자 하는 회사라는 점을 깨달은 것은 면접 인터뷰를 모두 마치고 나서였다. (De Pape, 2018)

세자르 힐다고가 예상했던 것처럼, 구글의 투표 시스템 인수에서부터 과거의 선호도와 행동을 기반으로 한 투표 선호도의 자동화에 이르기까지는 그렇게 많이 떨어져 있지 않다. 이제 구글은 온라인과 오프라인의 삶에서 수집한 데이터의 조합 덕분에 검색 요청에 답을 하고 문자 메시지를 완성한다. 아마 구글은 머지않아 우리가 누구에게 투표하려 하는지에 대해서 우리 자신보다 더 잘 알게 될지도 모른다.

도시의 '우매함'

도시의 홍보와 시민 생활, 그리고 도시 공간의 재개발을 위한 민영화된 상업 시스템의 구현 사이에는 깊은 긴장감이 있다. 조금 다른 용어로 표현하자면, 상업적으로 주도되는 자동화는 미첼이 마르크스의 '농촌 생활의 우매함'의 개념을 바탕으로 묘사한 것처럼 도시 생활을 '바보처럼' 만든다. "이런 의미에서 우매함은 거주민들의 지능이나 관습의 본질을 의미하는 것이 아니라 본질적인 사생활을 의미한다. 따라서 시골 생활의 고립과 동질성을 의미한다"(Mitchell, 2012). 자동화된 도시는 도시지리학자 카푸이 아토Kafui Attoh(2017)가 마르크스와 엥겔스의 인용문에 빗대어 "도시 생활의 우매함"이라고 표현한 것에서 끝날 위험이 있다. 아토는 할 드레이퍼Hal Draper의 연구에 기대어 이렇게 주장한다.

> 마르크스와 엥겔스는 고전적인 의미(그리스어 idiotai가 어원)에서 독일어 idiotismus(멍청한 것으로 번역됨)를 이런 의미로 사용한다. "공공(공동) 관심사에서 물러난 사적인 사람, '더 큰 커뮤니티로부터 소외'라는 원래의 의미에서 비정치적인 사람." (Draper, 2004: 220)

그는 마르크스와 엥겔스가 이러한 맥락에서 "우매함"이라 한 것은 강건한 시민의 생활과 공공의 생활 형성을 방해하는 파편화되고 소외된 활동의 조건을 의미한다고 주장한다. 마르크스와 엥겔스 모두에게 있어서 "시골의 우매함은 사실 프롤레타리

아를 불가능하게 한다. 이는 '즉자적 계급'의 형성을 불가능하게 할 뿐 아니라 상상할 수조차 없게 만든다"(Attoh, 2017: 198).

이와는 대조적으로 산업 도시는 모든 퇴보에도 불구하고 정치와 시민 생활이 번창할 수 있는 공간으로 사용되었다. "도시는 새로운 동맹과 연합의 가능성을 내놓았다"(198). 그러나 아토는 도시에 대한 이러한 견해가 인클로저와 집중이라는 산업의 논리와 역사적으로 관련된다고 지적한다. 아토는 디지털 측면이 강화된 도시 환경에서 대중교통의 운명을 우려하며, "'개인화된 고립'은 시골의 현상일 뿐 아니라 도시적인 현상이기도 하다"고 주장한다(207). 아토에게 있어서 도시를 '멍청하게' 만드는 것은 격리와 분리와 배제를 기반으로 하는 교통 정책과 인프라다. 그러나 그의 주장은 스마트 시티의 조작 버전의 특징이기도 한 개별화 및 자체 인클로저의 형태에까지 확장된다. 스마트 시티에서 자율 주행 자동차의 가상 모델은 레이먼드 윌리엄스Raymond Williams(2003)가 한때 "유동성의 사사화"라고 설명했던 것을 명쾌하게 요약한다. 개별 거주자는 각자의 여정을 추구하면서 물리적으로나 정보적으로나 자신만의 방 안에 갇히게 된다. 아토는 잘못 계획되고 민영화된 교통 시스템이 "인구가 대중의 일부가 되는 것을 기능적으로 방지"한다고 보았다. 이러한 종류의 '우매함'은 3장에서 설명했던 개인 맞춤형과 개인화 및 타기팅이 증가하는 조건하에서 시민 성향의 해체를 상기하게 한다. 이 두 가지 분석에서 모두 위기에 처한 것은 정치의 운명이며, 이에 대해서는 7장에서 더 자세히 다룰 것이다. 정치를 우회하고 주관적인 판단의 순간을 없애려는 시도는 서로 맞물린다. 이는 자동화가 가져오는 '편향'의 두 가지 측면이다.

이것은 데이터가 다양한 조직의 공정 관리에 중요한 역할을 한다는 점을 부정하는 것이 아니라, 마치 사회와 정치적인 갈등에 대한 해결책이 단순히 불완전한 정보의 문제에 불과하기라도 한 것처럼 정치적인 것을 기술적인 것으로 붕괴시키려는 지속적인 시도를 강조하기 위한 것이다. 정보와 커뮤니케이션 시스템이 (시장에서) '완벽하다면' 정치는 불필요하다고 보는 개념은, 존 더럼 피터스John Durham Peters(1989)가 커뮤니케이션 이론을 지탱하는 고전적인 자유주의의 가정 중 하나라 지적했던 것을 요약해 준다. 갈등이란 근본적으로 오인과 오해의 한 형태다. 이는 미디어의 불완전함에서 오는 기능이기 때문에, 미디어의 마찰과 왜곡을 제거하면 갈등이 해결될 수 있다고 보는 것이다. 자동화의 편향은 디지털 시대에 대한 이러한 접근 방식을 재구성한다. 사회 문제는 현대 사회의 복잡성과 속도를 해결하는 데 필요한 대량 정보에 직면한 인간 주체의 한계 기능이다. 기계는 인간이 감당하기에는 너무 무거워진 정보 부하를 감당할 수 있기 때문에 정치적인 갈등을 초래하는 비효율성과 단점을 해결할 수 있다. 만일 충분한 정보를 수집하고 처리할 수만 있다면 복잡한 전체 시스템을 이해하고 분류할 수 있어서 인간이 사회를 관리해야 하는 일로부터 자유로워질 수 있다.

그러한 세계에 대한 모델은 충분한 정보가 있다면 모든 개별 조각이 말끔히 조화를 이룰 것이라는 가정에 의존한다. 즉 세계는 '모든 면에서' 이해되고 설계될 수 있다는 가정이다. 자동화의 탈정치적 편향을 비판하는 일은 세계가 그런 가정대로 돌아가지 않을 수 있다는 가능성과 관련된다. 세계는 '모든 면에서' 파악되거나 측정될 수는 없다. 현실에는 돌이킬 수 없는 불확실성과 간극이 존재하므로, 3장에서 설명했던 것과 같은 판단을 수행해야 하기 때문이다. 그리고 주체는 그러한 간극의 상관관계라 할 수 있는데, 이에 대해서는 7장에서 더 자세히 다루겠다.

자동화된 접근 방식의 '우매함'은 주체를 환경과 유사하게 파악하는 방식에서 찾을 수 있다. 즉 환경과 마찬가지로 주체 역시 불완전하거나 부족한 장이 아니라 충분한 데이터가 있어서 완벽하게 구체화될 수 있는 개체로 보는 것이다(마치 전체 우주를 포착할 수 있을 만큼 포괄적인 센서 배치를 개발할 수 있기라도 한 것처럼). 이는 커즈와일이 재구성한 아버지 봇이 실제 자신의 아버지보다 더 아버지와 비슷하다고 상상할 때 제안했던 내용이기도 하다. 그러나 저스틴 스미스Justin Smith가 말하듯 주체의 전체 사양이 소멸해 가는 반전이 일어난다. "인간 주체는 좋아요, 조회 수, 클릭 수, 그리고 기타 측정 항목의 쓰나미 아래에서 사라져 버릴 것만큼 작아서 현재 경제 단위가 되어 버린 데이터 벡터로 변환되고 있는 것 같다"(Smith, 2018). 그는 "인간 주체성을 경제적 목적에 따라 파괴"하는 것을 언어의 운명과 연결하고, 이를 확장하여 숙의, 대표제, 민주주의까지 연결함으로써 이들이 모두 자동화된 시스템에 대체된다고 본다.

낡은 생산 시스템에서 작업하는 작가는 문장을 작성하고 괜찮은 아이디어를 언어로 만드는 데 며칠을 보낼 수도 있다. 일단 일을 마치고 나서야 인터넷이 이미 그와 어느 정도 비슷한 문장들을 수없이 많이 생산했다는 사실을 알게 된다. …… 내가 보기에는 19세기 이후 직공의 자리가 없었던 것만큼이나 우리의 미래에는 작가와 사상가를 위한 자리는 없을 것 같다. (Smith, 2018)

만일 모든 순열이 미리 구체적으로 지정되어 있다면 쓸 것은 남아 있지 않을 것이고 주체의 지정 불가능한 핵심과 겹치는 행렬에서 간격은 없을 것이다.

아마 장 보드리야르Jean Baudrillard는 디지털 형태로 세상을 두 배 확장하려는 시도라는 측면에서 새삼 관련될 것이다. 그는 가상화 과정을 자기 소멸의 하나로 설명한다.

가상이라는 아이디어는 무엇인가? 그것은 근본적인 효과, 세계의 무조건적인 실현, 우리가 하는 모든 행동과 모든 역사적 사건과 모든 물질적 실체와 에너지를 순수한 정보로 변형시키는 일일 것이다. 이상적으로는 모든 사실과 데이터를 이 세계만큼의 해상도로 나타내는 일일 것이다. (Baudrillard, 1995: 101)

그는 완전한 정보화의 환상을 아서 클라크Arthur Clarke가 자동화에 대해서 말했던 "90억 개 신의 이름"에 비유한다. 여기에서 일군의 티베트 승려들은 IBM 팀을 고용하여 신의 이름에 대한 모든 가능한 알파벳 순열을 작성하도록 한다. 그렇게 하지 않으면 1만 5000년이 걸릴 것으로 추정되는 만큼의 일이다. IBM 컴퓨터 덕분에 그들은 단 100일 만에 임무를 완료했고, 이 시점에서 컴퓨터 프로그래머는 눈을 들어 하나씩 깜박이는 별을 본다 (이야기가 전해 주듯 "모든 것에는 마지막 시간이 있다")(Baudrillard, 1995: 101).

불가능해 보일 수도 있지만, 완전한 사양을 달성하려는 야망은 실제로 과잉 맞춤형 과정에서 나타난다. 따라서 '조작 도시'로서 스마트 시티가 제기하는 보다 즉각적인 도전은 시민 생활에 중요한 공공 성향을 뒷받침하는 공간 및 사회적 조건에 대한 것이다. 스마트 시티는 3장에서 설명했던 것과 같은 경향을 도시 건축에 구축한다. 즉 편의성과 효율성이라는 이름의 디지털 고치 만들기다. 이러한 맥락에서 자동화는 폴리스의 세계시민주의에서부터 온라인 세계의 맞춤형 '우매함'에 이르기까지 또 다른 변증법적 반전에 영향을 미친다. 돈 미첼에게는 도시가 "공공 장소이므로 필연적으로 서로 다른 사람들과의 사회적 상호 작용과 교류가 일어나는 장소"다(Mitchell, 2012: 18). 이러한 측면에서 보면 정치의 어원이 '폴리스'와 연관이 있는 것은 우연이 아니며, 앙리 르페브르Henri Lefebvre가 "도시에 대한 권리"(1996)를 정교화하는 데 그렇게 많은 정치적이고 비판적인 노력을 기울인 이유이기도 하다. 데이비드 하비에게 이 '권리'는 "도시의 잉여 투자의 생산과 활용에 대해 더 많은 민주적 통제권을 행사하는 것에 관련된다. 도시의 과정은 잉여 사용의 주요 채널이기 때문에 도시 배치에 관한 민주적인 관리를 확립하는 것은 도시에 대한 권리를 구성하는 요소다"(Harvey, 2008: 37).

그러나 토론토 퀘이사이드와 같은 도시의 핵심 지역에 대한 통제를 구글 자회사로 넘기는 계획은 반대 방향으로 나간다. 즉 상업적인 기업에 의해 시민의 생활이 식민지화로 향하는 것이다. 이러한 노력은 "점점 더 우리는 도시에 대한 권리가 사적이거나 준사적인 이해관계의 손에 넘어가는 것을 보고 있다"라고 말한 하비의 주장을 잘 보여 준다(Harvey, 2008: 38). 미첼(2012)이 말했듯이 만일 도시가 공동의 작업, 즉 작품oeuvre이라면, 그 관리와 경영을 자동화된 시스템에 떠넘겨 버리는 것은 도시를 생산한 사람들로부터 창작물을 소외시키는 것이나 마찬가지다. 자동화의 매력에는 포기의 요소가 있다. 즉 현재의 기술 조건하에서 사회 생활의 복잡성이 인간이 이해할 수 있는 범위를 넘어서서 돌이킬 수 없는 소외를 겪는다는 것을 기꺼이 인정하려는 것이다. 공공 생활의 관리를 기업에 맡겨 우리에게 끝없는 디지털 콘텐츠 스트림을 제공하게 하여 공공 생활의 공허함을 메우게 하는 것이 어떨까? 이는 인터넷을 통해 가능해진 광범위한 정보에 대한 접근이 보편적인 정보 시민을 만들어 민주주의를 향상시킬 것이라는 희망에 대한 혼란스러운 왜곡이다. 최악의 시나리오는 구글이나 다른 기술 대기업이 조작하는 도시라는 기계가 괴로움 없이 지속하는 반면 우리는 끊임없이 정보를 얻어 우회하게 될 것이라는 점이다.

우리가 이것을 완화할 수 있는 방법이 있기는 하다. 도시 생활을 개선하는 방식으로 자동화의 혜택을 받을 수 있고, 시간을 잡아먹는 통근 시간에서 사람들을 해방시키거나 삶의 질을 향상시키는 생산성을 촉진함으로써 시민 참여를 강화할 수 있다는 전망도 있다. 동시에 3장에서 제시했던 것처럼 소비자 주권에 특권을 부여하는 상업적인 우선순위와 시민 생활을 지지하는 민주적인 우선순위 사이에는 지속적인 긴장이 있다. 또한 정치적 결정을 기술적 논리에 동화시키는 경향이 있어 기계적 의사 결정의 영역과 판단의 영역을 구분하는 경계를 모호하게 만든다. 예컨대 죽느냐 사느냐의 결정을 내리는 위치에 놓인 '치명적인 자율 무기' 또는 자율 주행 자동차에 대한 전망이 그것이다.

　　도시 생활의 관점에서 볼 때, 자동화의 범위를 무기한 확장해야 하는 강력한 상업적 의무가 있다. 생산, 소비, 여가 및 가정 생활의 리듬에 따라 도시를 돌아다니는 인구의 생성은 성장하는 센서의 배치에 비례하여 지속적이고 풍부한 가치를 추출하는 원천이 된다. 조정된 모니터링 네트워크에 의한 도시 공간의 폐쇄는 조작성 및 환경성을 포함하여 자동화의 편향을 포함하는 재구성된 형태의 제어 및 거버넌스를 가능하게 한다. 다음 절에서는 이들 각각이 지리학자 아토가 설명하는 도시의 '우매함', 즉 제외하고 계층화하고 사유화하는 물질적인 과정에 어떻게 기여하는지 살펴본다.

환경성

자동화된 시스템은 활동을 추적하고 패턴을 인식하는 인간의 능력을 능가하는 수준이 되어, 올림포스의 관점, 즉 높은 곳에서 내려다보는 관점에 해당하는 데이터를 가능하게 한다. 예를 들어 이전에 알려지지 않았던 약물의 상호 작용을 밝혀내기 위해 순식간에 수천 건의 의학 연구 기사를 처리하는 능력은 초인적 정보 처리 능력(수천 권의 잡지를 훑어보고는 눈 깜짝할 사이에 데이터베이스 전체를 다운로드하는 외계인 군단, 로봇, 혹은 인공적으로 강화된 인간에 대한 묘사 같은 것, 혹은 언젠가는 알약 하나만 깨물면 셰익스피어 작품 전체를 '알게' 될 것이라는 네그로폰테의 예측 같은 것)에 대한 SF 소설의 오랜 환상을 실현한다. 만일 주관적인 관점이 공간, 장소 혹은 상황 전체를 포착하고 정의하고 처리하는 능력을 제한하는 경우에 스마트 공간의 '미디어화'는 포괄적인 정보 포착의 전망을 포용한다. 시각적인 측면에서 우리는 드론이 장착된 고르곤 스테어Gorgon Stare[42]가 실시간으로 도시 전체를 모니터링할 수 있다고 주장하는 등 항공 카메라의 개발에서 이러한 관점을 식별할 수 있다(Thompson, 2015). 리사 파크스Lisa Parks는 에얄 와이즈먼Eyal Weizman의 연구에 기반을

---

[42] 미 공군 무인 정찰기 '고르곤 스테어' 명칭은 그리스 신화의 '고르곤'에서 따왔다. 고르곤은 머리카락이 뱀으로 되어 있고 자신을 보는 사람을 돌로 만들어 버린다는 여성 괴물이다. 이 시스템에는 라틴어로 '항상 경계하는 눈oculus sempre vigilans'이라는 문구가 붙어 있다. ― 옮긴이

두어 항공 데이터 포착을 "수직 미디어화"의 한 형태로 설명했다 (Parks, 2016). 항공 이미지는 오랫동안 신의 시선이 지닌 전지전능함을 나타내는 은유로 사용되어 왔지만(Amad, 2012), 내장된 감지 시스템이 바라보는 전망은 수직성(때로는 여전히 상황적 시점을 암시하는)을 넘어서 '대기' 혹은 환경적 매개라 묘사할 수 있을 정도가 된다. 만일 항공 관점이 높은 곳으로부터의 관점이라면, 대기의 관점은 모든 곳으로부터 한 번에 바라보기 때문에 특별히 어디에도 없는 '뷰'라 할 수 있다. 시각적 데이터 포착의 의미에서 이는 단순한 '뷰'가 아니라 감각적인 혼합체. 정보 센서가 수집할 수 있는 모든 정보의 조합, 즉 아마 이미지뿐 아니라 사운드, 온도, 대기압, (사람들의) 분위기, 상호 작용 패턴, 교통의 흐름, 물의 흐름 등과 같은 것의 혼합체.

자동화는 대기의 기록명부에서 데이터를 수집하는 것을 가능하게 하므로 환경 혹은 푸코의 용어를 빌리자면 '밀리유milieu'를 거버넌스의 매개로 다룰 가능성이 있다. 푸코가 말한 인구의 전반적인 안녕을 관리하는 데 전념하는 거버넌스 방식으로서 '생명정치' 개념은 이미 이러한 방향으로 나아가고 있다.

생명정치의 마지막 영역은 …… 인종 또는 하나의 종이자 살아 있는 존재로서의 인류와 그들이 살고 있는 밀리유인 환경 사이의 관계를 제어하는 것이다. 여기에는 지리적 환경과 기후 환경 또는 수로 환경의 직접적인 영향이 포함된다. (Foucault, 2003: 245).

이 설명에서 두드러지는 것은 권력 행사의 핵심으로서의 주체로부터 점차 거리를 둔다는 점이다. 이 궤적은 그가 했던 두 번의 후속 강연에서도 이어졌는데, 특히 그가 20세기 독일의 신자유주의와 관련하여 "규범적인 규율 시스템에서의 대대적인 철수"라 설명했던 것에서 잘 나타난다(2003: 260). 4장에서 언급했듯이 규율 제도는 감시 장치로 수립된 내재화된 규범에 의존한다는 의미에서 주체 중심이다. 환경은 변형된 거버넌스 양식의 중심이며, 다음과 같은 경우에 규율 체계에 덜 의존한다. "인류가 관련되어 있는 지리적이고 기후적이고 물리적인 환경의 끊임없는 복잡함"에는 덜 의존한다(2007: 23). 4장에서 설명한 선점 논리에 따라 푸코는 "환경에 대처할 정치 기술"이 "보안 메커니즘의 배치"에서 "근본적인 요인 중 하나"라고 설명한다(2007: 23). 또한 이 강의에서 그는 주체에 직접적으로 작용하기보다는 그들이 작용하는 맥락에 초점을 맞춘 '환경 기술'의 신자유주의적 수용을 불러냄으로써 환경 수준에서의 개입을 설명한다. 최근 널리 알려진 "넛지" 이론(Thaler & Sunstein, 2009)은 환경 기반 거버넌스의 대중문화를 정제한 것으로, 여기에서는 "플레이어가 아니라 규칙에 따라 행동이 취해지며, …… 개인의 내적인 예속 대신에 환경적 유형의 개입이 있다"(2009: 260).

이러한 변화는 자본주의적 생산과 분배 양식의 광범위한 역사적 발전과 유사하다. 규율 통제는 대량 생산 시대의 산업 경영 논리다. 이는 '표준'인 사람들, 즉 모범이 되는 노동자, 환자, 수감자, 시민에 대한 위협과 동일성의 전략에 의존한다. 규율 전략은 희소성의 산물이다. 모든 사람을 확실하게 지켜볼 수 있는 유일한 방법은 사람들이 자신을 지켜보도록 하는 것이다. 반면 자동화된 환경성은 소비자주의의 논리, 그리고 탈산업화의 맞춤화 논리다. 장 보드리야르가 말했듯이, "더 이상 모델에 대해서나 '당신이 모델이야'라는 시선에 복종할 의무는 없다"(Baudrillard, 1994: 29). 우리는 우리 자신보다 우리와 더 비슷한 모델의 기초를 형성한다.

자동화가 생산 과정에 점점 더 중요한 역할을 하게 되면서 거버넌스의 초점은 소비와 여가 및 가정 내의 과정으로 전환한다. '생산적이고 유순한' 규율의 모델은 '과잉 소비 및 과잉 상호 작용' 모델로 대체된다. 정보화된 과정은 작업장 관리의 범위를 확장하는 데 전념하지만 환경성 모델은 노동과 여가 및 가정의 경계를 모호하게 한다. 온라인 경제에서 생산성 향상의 많은 부분은 소비 영역에서 유래한 것이며, 이는 점점 더 생성되고 상호 작용이 활발해진다. 디지털 경제의 목표는 이전에는 '비생산적'이었던 시간을 전체적으로 포착하거나 이러한 시간을 생산적으로 만드는 상호 작용형 맥락으로 통합하는 것이다. 조너선 크래리 Jonathan Crary(2013)가 수면을 자본의 생산 기계로부터의 마지막 피난처로 파악한 것은 틀렸다. 디지털 모니터링 장치 덕분에 심지어 잠자는 사람조차도 마케팅 담당자와 데이터 중개인에게 유용한 정보(우리의 건강, 우리의 일하는 삶, 우리가 살고 있는 곳, 우리가 함께 자는 사람 등)를 생성해 줄 수 있다.

환경 거버넌스의 관점에서 다양성은 생성 자원이다. 각각의 개별 반응은 자동화된 시스템에 새로운 데이터 포인트를 제공하고 이는 우리의 정보 환경을 조정한다. '넛지' 이론의 "자유주의적 가부장주의"(Thaler & Sunstein, 2009) 설명은 규범적인 형태의 규율을 기피한다. '환경성'의 한 형태로서 자유주의적 가부장주의는 반응 패턴을 활용하여 사람들을 모니터링함으로써 그들이 행동을 설계하는 최선의 방법을 결정한다. 또 다른 결정적인 요소는 점점 더 세분화되는 이용자 맞춤형 경향이다. 자유주의의 비사회적 경향은 사양 및 맞춤화 기술에 의해 증폭되고 강화된다. '자유주의적 가부장주의'라는 이름에서 알 수 있듯, 이러한 접근법은 정치와 시민의 삶이 없는 도시 거버넌스의 가능성을 그리게 해 준다. 제어 작업은 내부에서 개별 교육이나 규율 과정을 통해 발생하는 것이 아니라 센서와 탐지 및 필요한 경우에는 에이전트의 역할을 하는 환경을 통해 외부에서 발생한다. 제니퍼 가브리스Jennifer Gabrys(2014)가 스마트 시티의 거버넌스에 대한 논의에서 관찰했던 것처럼, 푸코의 '환경성'에 대한 설명은 "환경 조건의 변화가 규제를 이행하는 새로운 방법이 될 수 있으므로 주체, 즉 인간이 생명정치의 기술 실행을 이해하는 데는 관련이 덜하다는 점을 시사한다"(35). 이 공식은 내면화된 예방 형태로부터 외부화된 선점 양식으로, 감시의 상징인 카메라의 역할(규율된 주체를 설명하기 위한)로부터 환경에 직접 개입하기 위해 행동을 모니터링하는 자동화된 데이터 캡처의 작동에 이르기까지, 규율에서 예측으로의 전환을 말끔히 잡아낸다.

환경이 센서가 되면, 수집하고 분류하고 처리할 대상에 대한 명확한 제한이 없어서 그 결과로 데이터 마이닝의 새롭고 예측할 수 있는 특성을 유지하게 된다. 데이터 수집의 범위를 제한하는 것은 예상치 못한 상관관계를 발견한다는 목표에 반하는 것이다. 모니터링 장치의 배포는 상시적인 데이터 캡처를 선호하는데, 이는 네트워크 상호 작용이 확장되면서 가능해진 것이다. 6장에서 주장하겠지만, 자동화된 데이터 수집은 여러 의미로 '프레임 없는' 것으로 설명될 수 있다. 선택의 범주, 즉 관련 정보를 미리 결정하기 위한 '프레임워크'를 생략할 수 있는 것이다. 사전 선택 기준이 없기 때문에 데이터 수집 인프라가 끊임없이 확장될 것이라 예상할 수 있다. 상호 작용형 장치는 새롭고도 더욱 정교한 센서를 축적하여 계속 확장되는 정보의 범주(생체 인식, 기분 등)를 포착한다. 스마트 시티는 생활 환경의 포괄적인 '센서화'를 예상하는 약어가 된다. 결국 모니터링되는 공간과 모니터링되지 않는 공간을 구분하기 위한 공간적이거나 기능적인 근거는 없다. 산업 통제의 규율 모델에서 감시는 작업 공간(과 기타 지정된 규제 장소. 예를 들어 학교와 교도소)에 초점을 둔다. 모니터링은 생산 공간을 여가 혹은 가정의 공간으로부터 구별하는 데 도움이 되는데, 이들은 작업 공간과 관련된 집중 감독 및 통제 체제의 대상이 아니다. 이와 대조적으로 디지털 시대에 네트워크 상호작용성은 모니터링 과정을 구분하지 않는다. 데이터 캡처는 점점 늘어나는 감각의 차원에서 더 많은 공간과 활동에 스며들게 된다.

만일 푸코가 말한 환경성이 '환경'을 통한 거버넌스를 구상했던 것이라 한다면, 스마트 시티는 거버넌스 양식뿐 아니라 그 기능도 자동화하는 데이터 수집, 피드백 및 대응의 추가적인 차이를 제공한다. 자동화는 거버넌스의 맞춤화도 가능케 하는데, 점차 개인화된 방식으로 '선택 아키텍처'를 조정하는 능력이다. 빌 게이츠는 이미 25년 전에 온라인 경제의 유아론적 요소를 예상하면서, 언젠가는 시청자가 스타 역할에 자신을 대입한 개인 맞춤형 영화를 보게 되리라 예측한 바 있다("당신은 비비언 리와 클라크 게이블 대신 자신의 얼굴과 목소리가 담긴 〈바람과 함께 사라지다Gone with the Wind〉를 감상할 수 있게 될 것이다")(Gates, Myhrvold & Rinearson, 1995: 128). 이런 버전의 문화에는 어리석은 '우매함'이 있다. 즉 외부 세계 전체를 자기 자신으로 흡수하려는 충동이다. 어디를 보든 우리는 자신의 얼굴만이 뒤돌아보는 모습을 보게 된다. 맞춤형으로 기록된 자동화의 궤적은 외부 세계를 자아로 축소하는 것이다. 타자성과 비동일성의 엄청난 감소는 테오도르 아도르노Theodor Adorno가 한때 모든 이상주의자의 "분노"라고 묘사했던 것이다(2003: 23).

맞춤형의 상업적인 필요성은 도시 홍보의 공간에서 사유화된 데이터베이스 공간으로 차이의 역할을 옮긴다. 매스 미디어와 대중 사회가 거의 인식하지 못하는 다양한 취향과 선호도와 행동을 기록할 수 있는 능력이야말로 자동화된 거버넌스를 특히 강하게 만든다. 따라서 데이터베이스는 차별화 기계가 된다. 개별 행동의 세부 사항을 포착하고 대상 마케팅 전략에 따라 맞춤형 정보 환경에 통합한다. 링크NYC 시스템을 떠받치는 상업 전략은 도시의 센서에서 생성할 수 있는 극히 일부의 정보만을 감지할 뿐이다.

오늘날까지 스마트 시티의 구현은 과장된 광고에 비하면 훨씬 뒤떨어져 있다. 하지만 기술 기업이 축적한 막대한 자본과 도시 개발 과정에 대한 침투를 감안하면, 구글과 같은 회사가 개인에 대한 온라인 데이터와 도시의 물리적 공간에서 수집할 수 있는 정보를 결합할 수 있도록 허용함으로써 어떤 의미를 지니게 될 것인지 고려해야 할 시급한 이유가 있다.

그러한 우려는 '도시에 대한 권리'에 대한 오랜 우려를 구성하는 배제와 편견이라는 친숙한 사례로 인해 더욱 복잡해진다. 예를 들어 IBM이 지원했던 리우데자네이루의 스마트 시티 프로젝트는 도시의 부유한 지역에 집중된 교통 모니터링 시스템을 구축했고, 이는 "이미 존재하는 불평등을 악화하는" 것이었다(Privacy International, 2017: 17). 필리핀의 두테르테 정부는 정치적 반대를 억압하기 위해 네트워크 감시 시스템을 사용했다(Privacy International, 2017). 인도에서는 스마트 시티 개발로 인해 그동안 거리의 안전을 보장해 주는 것으로 인정되었던 노동 계급 커뮤니티와 노점상들이 강제 이주해야만 했다(Privacy International, 2017).

기술은 시민 생활을 향상하는 역할을 하지만, 상업적인 플랫폼은 그것이 민주적 숙의와 참여를 위한 인프라의 역할을 할 때 이해관계의 깊은 갈등을 드러낸다. 토론토 같은 도시가 시민의 공간을 구글 자회사로 넘기려 했다는 것은 사회 문제가 어디까지 기술주의적인 문제로 구성되고 있는지를 보여 준다. 이는 기술 산업의 경이로운 성공이고 민영화를 위한 신자유주의 열광의 통합이며, 이제 언론의 반응을 볼 때 실리콘밸리의 다음 단계는 자연스럽게도 도시 생활을 상업적으로 인수하는 것처럼 보인다. 한때 상업 플랫폼이 공립학교와 같은 시민 생활의 기둥을 재건하는 것을 꺼리기도 했지만 이제 교육 기관은 페이스북이나 구글이 마치 공공시설이기라도 한 것처럼 받아들인다.

우매함을 조작하기

커뮤니케이션 도시의 플랫폼화는 기능이 자동화되고 불투명한 방식으로 관리되는 '조작 도시'로의 전환을 구상한다.[43] 이 맥락에서 '조작'의 개념은 트레버 페글렌의 작업에서 차용한 것으로, 페글렌은 정치적 의미와 상징적 의미 모두에서 '조작'을 '재현'과 병치한다. 시각예술가로서 페글렌은 자동화 시대의 이미지가 지닌 운명에 관심이 있는데, 이는 영화감독 하룬 파로키의 작업과 유사하다. 파로키는 산업 기계가 생산한 이미지를 연구하여 그 기계의 센서가 인간 조작자에게 하는 행동을 재현한다. 파로키는 이렇게 말한다. "나는 그런 이미지를 '조작 이미지'라 불렀다. 이는 대상을 재현하는 이미지가 아니라 조작의 일부다"(2004: 17).

　10여 년이 더 지난 후에 페글렌이 파로키의 작업을 업데이트하려 시도했을 때, 그는 "기계는 우리가 [파로키의] 〈눈/기계*Eye/*

43　이 공식에 대해서는 네드 로시터에게 빚을 졌다.

Machine〉에서 보았던 조작 이미지를 육안으로 식별 가능하게 만들고자 시도조차 하지 않는다. 그건 정말 의미가 없다. 어쨌든 무슨 일이 벌어지는지 보기에는 육안은 너무나도 비효율적이다"(Paglen, 2014: 3). 시간이 흐르면서 기계가 점점 더 복잡해지고 더욱 자동화됨에 따라 인간이 볼 수 있는 이미지의 생산이란 무의미하고 불필요한 것이 된다. 여기에서 작동하는 것은 사라짐의 무감각anesthetics이다. 이는 폴 비릴리오Paul Virillio(2009)가 탐색했던 스크린의 비물질화가 아니라 그 소멸이다. 페글렌이 설명하는 조작 이미지는 포스트재현, 포스트스크린 그리고 포스트미학적인 것이다. 조작은 자동화되어 기계 장치 속으로 사라진다. 이는 마치 센서가 환경 속으로 모습을 감추는 것과 마찬가지이며, 조작 센서의 출력은 눈에 보이지 않는 전자기 통신의 대기로 흩어진다. 그 센서들이 만드는 '이미지'는 인간이 접근하거나 이해할 수 있는 영역을 넘어서서 다차원적이고 다감각적인 입력이 수렴형 비트 언어로 합병된 것으로 이루어져 있다.

조지 다이슨George Dyson[44]은 2019년의 시작을 알리는 글에서 조작성의 논리를 이렇게 강조한다. "디지털 혁명은 저장 프로그램 컴퓨터가 사물을 의미하는mean 숫자와 사물을 수행하는do

---

44　조지 다이슨은 미국의 논픽션 작가이자 기술역사가다. 그는 컴퓨터의 역사, 알고리즘 개발, 통신 시스템, 우주 탐사 등 다양한 주제에 대한 글을 썼으며, 여러 책을 통해 물리적이고 사회적인 기술의 진화를 광범위하게 다루고 있다. — 옮긴이

숫자 사이의 구별을 깼을 때 시작되었다. 일을 수행하는 숫자가 이제 세상을 지배한다"(Dyson, 2019). 우리는 이 관찰을 보다 광범위한 정보에까지 일반화할 수 있다. 일을 수행하는 데이터는 재현과 의미와 해석에 대한 질문을 대체하거나 우회하도록 위협한다. 예를 들어 하나의 인터넷 브라우저를 사용하여 구직 신청서를 작성하는 것이 더 뛰어난 업무 수행력과 관련된다는 사실 뒤에 또 다른 깊은 의미가 있는 것일까? 그것이 중요할까? 고용주는 이를 신경 쓸까? 이러한 질문들은 더 일반적으로 자동화된 데이터 수집 과정에 적용된다. 우리가 초점을 '기계 판독 가능한' 입력으로 전환하면 우리에게 익숙한 이해라는 개념이 사라진다. 대규모 데이터 세트를 사용하면 일정 수준의 신뢰성으로 행동을 예측할 수 있지만, 그것이 이러한 행동 이해에 반드시 기여하는 것은 아니다. 그러나 우리는 심지어 개념적인 접근에 있어서도 예측과 이해 사이의 구별을 잃을지도 모르는 미래를 향해 달려가고 있는 것이다.

볼 것이 아무것도 남아 있지 않은 때에 '투명성'이 책임감을 촉구하는 외침이라는 점은 놀랍지 않다. 우리는 재현할 수 없는 것을 (다시 한 번) 재현하고자 한다. 수백만 개의 변수 사이의 복잡한 상호 작용과 그들이 생성하는 새로운 결정 이면의 이유를 재현하고자 한다. 설사 데이터베이스가 강제로 열리더라도 의사 결정 과정은 신경망으로 그리고 데이터 마이닝과 기계 학습의 새로운 과정으로 후퇴했다. 자동화된 조작주의의 궤적은 중요한 책임이라는 문제만 제기하는 것은 아니다. 그것은 또한 재현의 공간과 따라서 정치의 공간까지도 무너뜨린다.

이러한 한계에 도달하면 데이터 기반 의사 결정의 종착점은 4장에서 설명한 판단의 자동화다. 실질적인 측면에서 목표는 삶과 자유와 기회를 다스리는 의사 결정을 내리는 자동화된 시스템을 개발하는 것이다. 이러한 측면에서 자동화는 가상 현실의 약속에 맞먹는 비매개immediation(매체가 보이지 않거나 사라지는 것)의 논리를 수용한다. 이 둘은 모두 철학자 슬라보예 지젝이 "단지 의미의 매개 영역을 통해 주체에 작동하는 것에 머무르지 않고 실재에 직접적인 영향을 미치는 언어에 대한 꿈"(1996: 196)이라 묘사한 것에 함께한다. 이것이 기계 '언어'의 약속이다. 이는 비재현적이라는 면에서 인간의 언어와는 정확하게 다르다. 기계의 경우 기호와 지시어 사이에 공백이 없다. 그 자체로 완전한 언어에 '부족함'이란 없다. 이러한 측면에서 기계 언어는 지젝이 가상 현실을 설명하기 위해 사용하는 의미로 '정신병적'이다.

> 만일 '정상적인' 상징적 커뮤니케이션에서 우리가 감각의 영역을 위한 공간을 여는 거리('사물'과 '단어' 사이)를 다루고 있다면, 이와 반대로 가상 현실의 경우에는 상징적 참여를 위해 그 안의 매우 과도한 근접성(기호와 지시 내용의)이 상징적 참여를 위한 공간을 닫으며 우리를 분리시킨다. (1996: 196)

지젝의 용어로 상징적(혹은 '자연') 언어는 상호 해석과 정치와 판단을 위한 공간을 열어주는데, 이는 바로 그 간극과 그 불완전성 덕분이다. 반면 조작주의는 시민 생활의 노동을 자동화된 시스템에 떠넘긴다. 그것은 소멸을 통해 사회생활의 완성을 구상한다. 상시 연결은 통신 과부하의 병리학에서 절정에 이르고, 이는 다시 기계 학습 시스템에 데이터를 제공하여 우리의 사회성을 자동화함으로써 문제를 해결할 것이라 약속한다.

　　자동화된 미디어가 도시의 구조로 진출하여 작동함에 따라 그들은 우리가 공유하고 접근하는 정보뿐만 아니라 우리의 사회 세계를 형성하는 통제와 거버넌스 양식까지도 재구성한다. 도시 환경은 사회적인 활동에 집중하는 방식 때문에 센서 기반 데이터 캡처에 적당하다. 그것은 우리의 정보 문화를 관리하는 데 점점 더 중심적인 역할을 하는 기업에 의해 조직되고 분류되는 정보 과잉 사이트가 된다. 점점 더 자동화되는 상업 플랫폼에 문화 영역의 조직을 양도함으로써 물리적 공간의 설계와 구성 및 기능에서 유사한 과정이 작동하고 있음을 알게 되었다. 또한 가상 오버레이의 구성에서도 우리는 유비쿼터스 데이터 캡처와 '상호 작용적인' 공간과 증강 현실의 형태가 다가오고 있음을 알게 되었다.

　　이것은 한때 공공 투자와 공공 정책의 지역이었던 대규모의 지방 자치 단체, 지역 및 국가 프로젝트를 수행하는 일에서도 공공 부문이 기술 산업을 바라보고 있는 시대의 징조다(바로 이것이 큰 그림을 그리는 사고가 민간 부분으로 이양된 서구의 인프라 상상과 기술 기업이 대규모 국영 기업으로 몰리는 중국의 인프라 상상 사이에 존재하는 큰 차이 중 하나다). 경제 생산성과 시민 생활의 허브인 도시는 새로운 정보와 커뮤니케이션 기술을 통합하는 통제와 거버넌스 체제의 출현을 위한 핵심 장소이기도 하다. [이러한 도시는] 자동화가 사회생활에 미치는 영향을 고려할 수 있는 곳이며, 이는 다시 정보의 사용과 흐름에 의해 형성된다. 우리 도시에 점점 더 많은 상업 플랫폼이 스며들어 일단 온라인 영역으로 강등되면 우리가 직면하게 될 긴급한 질문은 이러한 경제와 공공 생활의 재구성에 따라 자동화의 편향을 어떻게 해결할 것인가 하는 문제다. 정치의 자동화와 주체의 부재, 그리고 맞춤형 편의와 통제를 통해 미리 준비된 도시의 우매함 등을 피하기 위해 행정 업무와 정치 생활 사이의 경계를 유지하는 것은 지속적인 도전이자 중요한 업무가 될 것이다.

6장

프레임 없음

디지털 시뮬레이션 시대에 재현의 운명은 다양한 지도의 비유를 들어 이야기된다. 그것은 추상으로서 재현의 힘에 대한 상징이다. 의식과 마찬가지로 지도는 선택에 의존한다. 유한한 존재에게 있어서 세계를 탐색한다는 것은 세부적인 것 일부를 생략하고 다른 것들에 집중해야 하는 일이기 때문이다. 루이스 캐럴Lewis Carrol(1988)은 기발한 소설 《실비와 브루노 완결편*Sylvie and Bruno Concluded*》에서 영토 전체를 담는 '전체 지도'의 비실용성을 강조한다. '마인 헤어Mein Herr'라는 학자연하는 인물은 "우리는 실제 일대일 축척으로 이 나라 전체 지도를 만들었어!"라며 자랑한다. "아직 펴본 적은 없지만 …… 농부들이 반대했어. 그들은 이 지도가 나라 전체를 덮어서 해를 가려 버릴 거래. 그래서 우리는 나라를 지도 그 자체로 사용하고 있고, 거의 비슷하게 작동한다고 확신해"(143). 영토가 곧 지도의 역할을 할 수 있다는 개념은 재현의 논리를 배제한다. 완전성을 얻는 대신 효용성을 포기하는 것이다. 이와 비슷하게 호르헤 루이스 보르헤스(Borges, 1998)는 자신이 쓴 우화인 "과학의 정확성"에서 일대일 축척 지도의 무익함을 강조한다. 그는 이것이 결국 황폐함으로 끝나고 마는 제국의 야망이라 묘사한다.

> 지도 제작자 조합은 제국의 실제 크기와 같은 제국의 지도를 발견했는데, 이 지도의 모든 지점은 그것이 가리키는 실제와 정확히 일치했다. 그다음 세대는 …… 광활한 이 지도가 쓸모없다는 것을 깨닫고, 약간의 불손함이 없는 것은 아니었으나 그것을 태양과 겨울의 혹독함에 맡겨 버렸다. 서부의 사막에는 지금도 누더기가 된 그 지도가 남아 있어, 동물과 거지가 그 안에 거주하고 있다. (1998: 272)

영토와 일치하는 지도는 모든 것을 한꺼번에 말하려는 이야기와 같다. 즉 이야기가 전혀 없는 셈이다. 그러한 지도는 세계를 이해하거나 탐색하려는 목표를 전체적으로 재현하려는 신과 같은 야망으로 대체한다. 재현이 아니라 시뮬레이션(혹은 창조)을 목표로 하는 것이다. 따라서 장 보드리야르는 영향력 있는 저서 《시뮬라시옹*Simulacres et Simulation*》에서 보르헤스의 비유를 뒤집는 것으로 시작한다. 우리의 매개된 세계에서 지도는 "영토에 선행한다." 시뮬레이션은 예를 들어 개인의 유전자 프로필을 바탕으로 선제 수술을 하거나 컴퓨터 프로필을 바탕으로 구직자의 고용을 거부할 수 있다는 의미에서 우리의 현실을 형성한다. 그러나 이러한 공식은 여전히 보드리야르가 지지하기 힘든 시뮬레이션과 실재 사이의 차이를 유지한다. "더는 지도나 영토의 문제가 아니다. 무엇인가가 사라졌다. 추상화의 매력을 구성하는 이 둘 사이의 주권의 차이가"(1994: 2). 이러한 붕괴의 지점은 오랫동안 기술 전문가이자 〈와이어드〉의 공동 창간인이었던 케빈 켈리 Kevin Kelly가 2019년 연례 기사에서 보르헤스의 원래 설명으로 되돌아가는 척했던 바로 그때다(2019). "우리는 이제 거의 상상할 수 없었던 범위로 이러한 1:1 지도를 구축하고 있으며, 이 세상은 차세대 디지털 플랫폼이 될 것이다"(2019). 켈리가 자신의 기사에서 언급하지는 않았지만, 그가 가상 현실과 물질적 현실 사이의 융합, 즉 기술 제국의 최신 디지털 야망을 설명한다는 점을 고려하면, 보드리야르는 아마도 가장 적절한 참고가 될 것이다. 켈리가 말하듯, "전 세계의 기술 회사의 연구실 깊숙한 곳에서 과학자와 엔지니어는 실제 장소를 덮는 가상 장소를 건설하기 위해 경쟁하고 있다. 결정적으로 이러한 부상하는 디지털 정경은 실제처럼 느껴질 것이다. 그들은 조경사가 장소성이라 부르는 것을 전시할 것이다"(2019). '증강 현실'로 구현된 가상 지도는 건축 환경과 직접적으로 일치하지만, 이번에는 켈리의 말에 따라 완전한 오버레이가 단순히 재현의 문제만은 아니기 때문에 쓸모없어지거나 낡아짐의 희생양이 되지는 않을 것이다. 그가 설명하는 디지털 지도는 '조작'에 관한 것일 것이다. 정보 세계는 물리적 세계를 소화하여 거주할 수 있는 인터넷으로 변형할 것이다. "이 플랫폼에서 모든 사물과 장소는 알고리즘의 힘에 의해 기계가 읽을 수 있다. 누구든 이 거대한 세 번째 플랫폼을 지배하는 사람이 역사상 가장 부유하고 가장 강력한 사람이 될 것이다"(2019). 세계가 플랫폼화되면 플랫폼 소유자가 세계를 지배할 것이다.

거대한 제국의 몸짓으로 플랫폼화 현실은 모든 것을 디지털 형식으로 재생산하는 일이 필요하다.

> 지구만큼 커다란 지도를 3D로 재창조하려면 언제나 가능한 모든 각도에서 모든 장소와 사물들을 촬영해야만 한다. 즉 항상 켜진 상태인 카메라로 가득한 지구가 되어야 한다. (2019)

그리고 단지 카메라뿐만이 아니다. 예상컨대 완전한 디지털 재구성을 창출하기 위해 필요한 모든 차원의 정보에 대해 모든 종류의 센서가 있어야 한다. 모든 것에 대한 모든 정보는 실시간으로 수집되어야 한다. 디지털 오버레이는 가상 거울처럼 작동하여 기계가 읽을 수 있는 형태로 세상을 다시 비춰 준다. 자동화의 전망만이 실재 플랫폼화의 야망을 가능케 한다. 자동화된 시스템만이 이러한 거대 규모로 정보를 수집하고 처리할 수 있기 때문이다. 특이점의 사례에서 보듯, 실재와 공존하는 지도라는 전망은 무한함의 관점에서만 의미가 있다. 자동화의 환상은 그 범위의 넓이와 그 범주의 야망에 관한 것이고, 이는 어디에서나 보는 혹은 아무 곳에서도 보지 않는 포스트주체적인 관점에 도달할 수 있다. 즉 그 무엇도 남기지 않는 순전히 객관적인 재현이다.

'프레임 없음'의 사례로 이보다 더 나은 것을 찾기란 어려울 것이다. 이는 언제나 동시에 모든 것을 모니터링하려는 시도에 해당하며, 어디에서 보는지 모르게 보는 것이다. 여기에는 총체적인 야망이 작용하고 있다. 즉 자동화된 데이터 수집 및 처리 가능성에 힘입어 디지털 전지전능을 실현하는 야망이다. 포스트휴먼의 야망은 기계가 유한한 인간 대상이 사용할 수 없는 새로운 수준의 인식으로 우리를 구동하여 우리(또는 우리의 디지털 보철물)에게 수집한 모든 정보를 우리가 이해할 필요도 없이 (왜냐하면 이해력은 기본적으로 재현의 수준으로 돌아가기 때문에) 사용할 수 있는 능력을 부여한다는 약속에 달려 있다. 이것은 기계의 신이 그 전임자들과 구별되는 지점이다. 우리는 그 관점에 살지 않을 수도 있지만, 우리가 그것을 지었기 때문에 우리의 목적에 맞게 돌릴 수 있다. 세상을 재현하고 이해하는 너무나도 인간적인 과정은 그것을 재구성하는 목표로 대체된다. 총체적인 정보 수집과 가상 현실이 함께한다. 동시에 일과 여가와 가정의 영역을 구분하는 공간적 경계는 재구성되어 앎과 행함, 이미지와 지시 대상을 구분하는 경계도 재구성되었다. '깊이의 모델'은 1:1 지도의 시대에는 낡은 것이 되어 버린다. 표면의 외양과 근본적인 실재가 일치하기 때문이다.

옛날 옛적에, 1990년대 혹은 그 무렵, 인터넷은 우리가 들어갈 수 있는 독특한 장소('사이버 공간')로 여겨졌고, 가상성, 상호작용성, 연결성과 같은 새로운 어포던스(행위 유도성)로 인해 완성되었다. 그러나 최근 몇 년 동안 이러한 고유한 정보의 공간에 대한 비전은 스크린의 범위를 넘어서 예전에는 '실재의 삶'이라고 알려졌던 세계로까지 번져나갔다. 물리적 세계가 점점 더 상호 작용하게 됨에 따라 온라인 공간의 일부 특성을 갖게 된다. 우리는 이러한 대화형 오버레이의 흔적이 여러 관련 기업들이 고안해 낸 다양한 모습으로 우리 주변에서 자라나는 흔적을 발견한다. '스마트' 스피커에서부터 '스마트' 공간이나 도시에 이르기까지, 상호 작용 인프라와 데이터 캡처의 인프라는 함께한다.

그러나 온라인 환경의 사례처럼 우리는 새롭게 스마트화된 공간에서 우리가 어디까지 모니터링되는지 거의 알지 못한다. 예를 들어 디지털 비서인 에코가 상호 작용하는 사람들에 대해 수집하는 정보가 어디까지인지를 누설하지 않으려는 아마존닷컴의 전략을 생각해 보라. 아마존은 처음에 아칸소의 살인 사건 재판과 관련하여 에코가 캡처한 음성 녹음 제출을 요청하는 수색 영장을 거부했고, 아마존의 인공 지능 비서인 알렉사의 목소리가 미국 수정헌법 1조의 보호를 받고 있다고 주장했다. 역설적으로 이용자의 프라이버시권에 호소하면서, 아마존닷컴은 다음과 같이 주장했다. "첫째, 응답에는 이용자가 요청한 팟캐스트, 오디오북, 음악 등의 표현에 관한 자료들이 포함될 수 있다. 둘째, 응답 그 자체는 수정헌법 제1조에 의하여 보호되는 아마존의 말이다"(Brewster, 2017a, 2017b). 이러한 아마존의 방어가 보여 주는 부조리함은 에코가 전자 귀를 쫑긋 세우고 전국의 가정에서 수집하는 정보가 얼마나 많은지 누설하지 않으려는 절박함을 나타낸다.

에코는 라디오의 등장과 함께 확성 스피커가 가정에 침투함으로써 시작된 전자 매스 미디어 시대를 마감한다. 라디오 규제의 초창기에는 상업 광고가 가정 영역으로 침입하는 것에 대해

커다란 우려가 있었다. 음악과 뉴스를 부르주아 가정의 친밀한 영역으로 가져오는 것은 괜찮았지만, 상업적인 목소리가 무례하게 선을 타고 흘러드는 것은 또 다른 문제였다. 훗날 대통령이 된 허버트 후버가 1921년에 상무부 장관이 되었을 때, 그는 "우리가 광고 수다에 빠져들게 하는 서비스의 엄청난 가능성을 허용해야 한다는 것은 상상할 수 없는 일"임을 알았다(Marchand, 1989: 89). 그러나 상황이 진행됨에 따라 상상할 수 없었던 것들은 급격히 상상할 수 있게 되어 이제 우리는 가정으로 광고를 흘러들게 할 뿐 아니라 우리 자신의 정보를 같은 방식으로 다시 내보내게 되었다. 대중 사회가 대중 광고에 의존했다면 대중 맞춤형 사회는 포괄적인 데이터 수집에 의존한다. 라디오는 일 대 다 미디어인 반면, 알렉사는 다 대 일(또는 다 대 다) 미디어이기도 하다. 고속 소비는 전쟁과 커뮤니케이션(무선 인터넷 액세스와 치명적인 미사일을 모두 제공하는 데 사용되는 드론의 촬영을 통해)의 특성을 짓는 동일한 수직 논리에 의존한다. '스마트' 홈은 시장 조사 연구소의 임무를 두 배 혹은 세 배로 증가시킨다. 각각의 소비 행위는 데이터 포인트의 형태로 배가된다. 그러나 이러한 점은 상호 작용형 공간을 통해 활성화되는 정보 생태계에 존재한다. 알렉사는 소비자가 아마존닷컴에서 무엇을 주문하는지뿐만 아니라 하루 중 언제 주문하고 그때 무슨 음악을 듣고 있었는지, 그리고 그 이전에 온라인에서 무엇을 미리 검색했는지 등을 알게 된다. 기술이 발전함에 따라 데이터 수집의 한계는 사라지고 완전히 모니터링되며 기록된 삶으로 묘사될 수 있는 가능성이 생긴다. 이러한 전망은 산업 시대의 공간과 관련된 차별화된 형태의 모니터링에 도전하는 것인데, 그때는 작업장이 고용주가 모니터링하는 초점이었고 시장은 상업적인 도청과 정보 수집을 위한 결정적인 장소였다.[45] 모니터링의 공간이 수렴된 것과 마찬가지로 그 기능 또한 그러하다. 완전하게 모니터링되는 삶은 마케팅 담당자와 법 집행 기관은 물론이고 고용주와 교육자에게도 자원이 된다. 모니터링의 범위는 '스마트'한 물건들 덕분에 가능해진 기능에 따라 함께 확장된다. 만일 우유가 다 떨어져 갈 때 스마트 냉장고가 우유를 구매할 수 있다면, 마케팅 담당자, 교육자, 건강 전문가에게 우리의 식습관을 알려 공유할 수도 있다.

이와 관련하여 앞으로 다가올 상호 작용 단계에 대한 가장 적절한 설명은 편재성일 것이다. 옛날 옛적에 물리적 공간이 그 안에서 일어나는 모니터링 유형을 결정했다면, 디지털 기술의 등장은 벽 없이 모니터링되는 디지털 인클로저를 만들어 상황을 극적으로 변형시켰다. 디지털 시대 이전에 쇼핑몰은 폐쇄 회로 TV를 사용하여 고객을 추적할 수 있었다. 고용주는 노동자를 시각적으로 감시할 수 있지만 일단 노동자가 시야에서 벗어나면(예를 들어 포장 상자를 배달하는 길 위라면) 불가능했다. 이제 확장된 전자기

45　피고용인들이 작업장을 넘어선 범위에서까지 감시받았던 역사는 오래되었는데, 그중에는 프레더릭 테일러의 '과학적 관리' 시스템에 관련된 피고용인의 배경 연구와 포드 자동차 회사의 사회학 부서Sociological Department 등이 있다.

인클로저를 통해 고용주는 지리적으로 분산된 직원을 추적하고 그들과 커뮤니케이션할 수 있다. 휴대전화 회사는 하루종일 구독자의 움직임을 수집한 데이터를 기반으로 이용자가 볼 확률이 높은 광고판을 추적할 수 있다. 웹 사이트에서 이용자가 이전에 어디를 방문했는지 내장된 '쿠키'를 통해 알아내는 것과 마찬가지로, 소규모 상점에서는 소비자가 이전에 어디에서 쇼핑했는지 (휴대전화로부터 수집한 정보를 공유함으로써) 알아낼 수 있다.

물리적 벽의 프레임이 전체적인 디지털 인클로저(와이파이 네트워크에서부터 GPS 위성, 휴대전화 기지국, 신호를 운반하는 드론에 이르기까지 모든 것으로부터 생성됨)에 자리를 내주었기 때문에 다양한 유형의 데이터 이용 사이의 차이도 모호해진다. 당신의 온라인 브라우징 데이터는 광고주와 NSA(미 국가안전보장국)가 공히 사용할 수 있다. 투기적 형태의 데이터 마이닝이 출현한 덕분에 소비 선호도에 대한 정보는 고용주와 의료 서비스 종사자와 마케팅 담당자에게도 유용하게 되었다. 어떤 데이터가 수집되어 어떻게 사용되는지 정의하고 구분하는 '프레임'은 제거되었다.

프레임의 위기는 재현의 영역에서 식별할 수 있다. 이는 우리가 처음 상상할 수 있는 것처럼 감시의 위기로부터 그리 멀지 않다. 가상 현실, 증강 현실, 360도 카메라 등 프레임의 한계를 없앨 수 있는 디지털 이미지의 발전을 고려해 보라. 목표는 이미지를 형성하고 축소한 선택성으로부터 이미지를 해제하는 것이다. 이는 부분적으로는 전체 정보 캡처의 약속을 이행하고 불공평의 편견을 극복하기 위한 것이다. 이와 관련하여 데이터 수집 영역에서 보안 기관과 마케팅 담당자는 모두 제한 없는 데이터 수집의 전망을 그린다. 즉 모니터링의 범위, 깊이, 기능에 대한 논리적인 제한이 내장되어 있지 않다. 예를 들어 아마존의 에코, 구글의 홈, LG의 허브 로봇을 포함하여 가정 내 '가상 비서'의 등장은 사람 사이뿐만 아니라 이용자와 건축 환경을 구성하는 대상 사이의 지속적인 연결 시대를 예고한다. 이러한 장치는 항상 말하는 모든 것을 캡처할 수 있는 기능을 갖고 있기 때문에, 취향, 선호도, 욕구, 필요, 생활 패턴에 대한 광범위한 정보를 수집할 수 있다. 구글 특허 세목에서는 '커넥티드 홈 어시스턴트'(구글 '홈'이라 부르는)의 후손 격인 센서를 장착한 '스마트' 기기로 구현되는 포괄적인 모니터링의 미래를 구상한다.

> 바닥을 가로지르는 식당 의자의 움직임과 일치하는 오디오의 특징적인 소리는 그 의자에 사람이 앉아 있음을 나타내 준다. 실제로 비디오 입력은 의자와 테이블에 사람이 앉아 있는지 확인 및 식별할 수 있다. 이에 더하여 스마트 장치 입력은 식기의 움직임, 대화 내용, 증기 감지 등과 같은 다양한 상황의 실마리를 얻을 수 있다. (Google, 2018: 25)

데이터 마이닝 및 기계 학습 시스템과 결합한 센서의 입력은 이용자 개인과 활동을 식별할 수 있다.

오디오의 특징과 비디오의 특징은 양치질의 소리와 이미지와 연관될 수 있다. …… 다음으로 추가적인 특성이 결정될 수 있다(예를 들어 싱크대가 빈 채 남겨진 시간, 양치질의 지속 시간, 칫솔질의 속도 등). 이러한 결과는 시스템 내에 보고되고 기록될 수 있다. (Google, 2018: 28)

오디오와 비디오 특징의 조합은 가정 내의 활동을 전방위적으로 식별하는 데 사용되며, 그 가정생활의 리듬과 패턴을 데이터 형태로 재생산한다. "빗자루질 활동, 전기청소기 활동, 걸레질 활동 등. 이에 더하여 상황에 관한 데이터는 학습/숙제 활동, 악기 연습 등을 나타내는 오디오와 비디오 데이터를 포함할 수 있다"(Google, 2018: 32). 이 시스템에는 데이터 서명을 통해 가정의 모든 활동을 모니터링하는 자동화된 '가정 관리자'가 포함되어 있으며, 예를 들어 "집안일이 완료되었는지"의 여부를 결정한다(32). 물론 동시에 '세계의 정보'를 상업적 목적으로 조직하고 사용하여 이익을 얻는 기업인 구글을 위해 가정생활의 완전한 초상화를 생성한다. '스마트' 시티의 경우와 마찬가지로, 정보의 수집과 저장과 분류의 범위는 원칙적으로 제한이 없다.

프레임 분석

데이터 수집 및 재현 영역에서의 이러한 발전(동일한 과정의 양면)은 사회학 및 정신분석학의 개념을 포함하여 프레임과 관련된 다른 개념들을 불안정하게 만들기도 한다. 사회학자 그레고리 베이트슨Gregory Bateson(1972)은 프레임을 해석 방법을 나타내는 메시지에 대한 메타커뮤니케이션의 중요한 형태로 설명했다. 그는 동물이 서로 꼬집는 사례를 들어 설명했다. 그 행동이 공격이나 위협의 신호로 간주되지 않으려면, 동물은 그 행동 자체를 이해해야만 한다. 그대로라면 경고나 위협이 될 수 있는 것을 놀이의 한 형태로 지정하는 것이 하나의 '프레임'이다. 우리는 비아냥에 대해서도 비슷하게 말할 수 있다. 이는 듣는 사람에게 지금 말하는 것을 진지하게 받아들이지 말아야 한다는 것을 알려주는 프레임이다. 프레임의 역할은 그것이 무너질 때 분명해진다. 즉 내가 "그냥 농담이에요" 혹은 "비꼬는 거예요"라고 말해야 하는 순간이다. 반면에 프레임이 작동할 때, 메시지는 해석을 위한 자체의 지침과 함께 전달된다. 마이클 마허Michael Maher(2001)가 말하듯, "베이트슨은 …… 프레임이 메시지를 보낸 사람이 조직한 메시지 관련 요소를 의미하며, 이는 수신자에게 '이 메시지는 상호 연관되고 이 프레임 바깥의 메시지는 무시해도 좋다'는 것을 상기한다고 강조했다"(Reese, Gandy & Grant, 2010: 86에서 재인용). 미디어의 영역에서 우리는 예컨대 〈디 어니언The Onion〉에 실린 풍자적인 기사를 다른 미디어가 실제 뉴스로 다시 보도할 때 그러한 미디어 프레임이 붕괴하는 것을 본다.

미디어 연구는 프레임의 개념을 채택하여 미디어 게이트키퍼가 무엇을 뉴스로 간주하며 특정 스토리가 기사에는 언급되지 않은 선입견에 의해 어떻게 만들어지는지 결정하는 과정을 설명한다. 미디어 비평가인 토드 기틀린Todd Gitlin은 미디어 프레임을

"지속적인 인지와 해석과 표현의 패턴, 선택과 강조와 배제를 통해 기호 처리자가 언어적이거나 시각적으로 일상적으로 구성하는 담론"이라 설명했다(Gitlin, 1980: 7). 구체적으로 표현하자면, 프레임은 뉴스 기사에 대해 제안된 해석으로 이끄는 일련의 우선순위를 의미한다. 예를 들어 산업의 파업에 관한 이야기는 노동자가 겪는 어려움에 초점을 둘 것인가, 혹은 파업이 소비자에게 가져다주는 불편에 관해 이야기할 것인가? 규제 폐지에 대한 뉴스는 환경에 부정적인 영향을 강조할 것인가 혹은 산업에 가져다줄 이점을 강조할 것인가? 이러한 질문에 대한 답변은 일반적으로 독자 또는 시청자가 뉴스 미디어와 상호 작용하는 컨텍스트의 확립에 따라 달라진다. 보수적인 미디어에서 기사를 읽는 보수적인 시청자들은 특정한 유형의 프레이밍을 기대한다. 이는 진보적인 뉴스 미디어와 그 수용자들에게도 마찬가지로 적용된다.

반면 객관성의 관습은 사실의 선택과 이야기에서의 표현이 중립적으로 일어난다는 것을 암시함으로써 프레임의 존재를 가장하는 방식으로 작동한다. 즉 세상은 단순히 '있는 그대로' 표현되고 있다는 것이다. 아직 저널리즘의 성찰성이 전성기를 누리기 이전의 일이지만, 월터 크롱카이트Walter Cronkite는 자신의 뉴스 방송을 마친 후에 이렇게 말하곤 했다. "지금까지 있는 그대로의 뉴스였습니다." 분명한 것은, 이제 더 이상은 있는 그대로가 아니라는 것이다. 현명한 수용자들이 현재 합의하고 있는 것은 어떠한 형태라도 프레이밍은 불가피하다는 토드 기틀린의 주장을 반영하는 것이다. 켈리(2019)가 설명한 증강 현실의 "거울 세계"의 경우와 마찬가지로 프레임 없는 표현의 약속은 세계를 전체적으로 보여 줌으로써 객관성의 버전을 재구성하는 것이다. 예를 들어 가상현실 기자들은 "당신이 거기 있는 것처럼" 경험할 수 있도록 사건을 재창조할 수 있는 가능성을 상상한다. 그래서 재현은 (가상으로) 사건 그 자체로부터 구별할 수 없게 된다. VR 저널리즘의 선구자인 노니 델라 페냐Nonny De La Peña는 다음과 같이 말한다.

> 집으로 걸어가다가 누군가가 자전거에 부딪힌 것을 보았다고 하자. 그 장소에 멈춰 서서 보았을 때의 시각적 느낌과 그날 밤 친구들에게 그 이야기를 했을 때 느낌은 아주 다를 것이다. 친구들은 그 이야기를 듣고 "아이쿠"라고 했겠지만, 당신이 현장에 있을 때와 같은 시각적인 느낌을 갖지 못했을 것이다. 그것이 당신이 걸어다니고 그 한가운데에 있을 때 온몸으로 경험할 수 있는 것과의 차이다. (Garling, 2015)

이러한 형태의 재현에서 프레임은 더 이상 텍스트에 있지 않다. 현실과 구별할 수 없거나 공존하는 (따라서 선택적이지 않은) 관찰자에 있다. 그러면 시청자가 어떻게 '프레임 없는' 상태가 될 수 있는가? 혹은 어떤 유형의 관찰자가 재현의 프레임 없음의 상태와 일치할 수 있을까? 한 가지 가능한 대답은 비선택적인 관찰자, 모든 가능한 정보를 하나도 남김없이 사용할 수 있고 처리할 수 있는 관찰자, 그러한 관찰자는 비인간 '관찰자'일 수 있다.

우리는 현대 미디어의 순간, 그리고 재현의 구상에 대한 회의적인 정통성의 특징적인 태도를 프레임 없음이라는 이상(그리고 그와 관련된 몰입의 미학)을 암시적으로 수용하는 것으로 설명할 수 있다. 조금 다르게 말하자면, 재현에 대한 현대적 비판의 원동력은 그것에 틀이 없다는 점이다. 재현은 항상 어쩔 수 없이 선택적이고 편견이 있으며 따라서 논쟁과 수정과 불신의 대상이 된다. 이것은 현대 미디어 환경에서 정치적 권리에 의해 동원된 '가짜 뉴스'의 혐의에 대한 실제 메시지가 아닐까? 뉴스는 명백하게 사실이 아닌 것은 아니지만 항상 불완전하며, 실제 증거 구매를 박탈하는 방식으로 추가 설명과 맥락화의 대상이 되는 것은 아닐까?

우리는 가장 단순해 보이는 이미지와 관련하여 비슷한 말을 할 수도 있다. 예를 들어 저 악명 높은 트럼프와 오바마의 취임식 군중 비교 사진이 있다. 정치적 우파들은 "가짜 뉴스: 트럼프의 취임식 참석 군중 규모를 축소한 미디어 사진"(The Great Recession Blog, 2017)과 같은 헤드라인을 붙여 가며, 이러한 비교 사진을 '가짜 뉴스'라 헐뜯었다. 극단적인 음모론만큼은 아니지만 이슈가 되었던 것으로는 영상 숏의 타이밍과 프레이밍이 있다(이보다 더 극단적인 것은 이미지 조작의 영역에 포함된다). 트럼프 행정부 관리들과 러시아 요원들 사이의 커뮤니케이션 의혹 재구성에도 비슷한 노력을 기울인 일이 있다. 트럼프 지지자들이 자신이 지지하는 후보가 러시아인과 접촉했다는 뉴스가 '가짜'라고 설명할 때 그들은 이러한 논의가 전혀 일어나지 않았다고 말하는 것이 아니라 이의를 제기할 수 있을 만큼 잘못 구성되었다고 설명한다. 실제로는 그것이 (a) 정상적이고 납득할 만한 형식의 외교였고, (b) 트럼프가 역동적인 혁신가임을 드러내며 현상 유지를 바람직하게 붕괴하는 모습이라는 주장이다.

우익 미디어와 그 수용자들이 유포하는 명백하게 사실이 아닌 이야기를 설명하는 방식으로 시작된 '가짜 뉴스'의 혐의가 정치권에 의해 그렇게 쉽게 받아들여지고 용도가 변경된 점은 주목할 만하다. 처음에는 교황이 도널드 트럼프를 지지했다거나 힐러리 클린턴이 워싱턴 D.C.의 피자 가게에서 악마 같은 아동 성매매 업소를 운영했다는 등의 거짓 주장을 설명하는 데 사용되었던 '가짜 뉴스'라는 용어는 순식간에 도널드 트럼프에 대한 모든 부정적인 보도를 헐뜯는 우파의 외침이 되었다. 심지어 명백하게 사실인 기사(예컨대 마이클 플린 장군과 러시아 관료와의 접촉으로 플린이 결국 국가안보보좌관의 직위로부터 사퇴했던 것)의 경우에도 마찬가지다. 다시 말해서, 좌파와 우파의 '가짜 뉴스' 사용 사이에는 명백한 차이가 하나 있는데, 좌파는 이를 사용하여 '현실 원칙'을 소생시키고 우파는 원칙을 완전히 배제하기 위해 이를 사용한다.

우파가 이 용어를 쉽게 점령한 것은 아마도 정치적 좌파에 의해 동원된 지배적 내러티브에 대한 오랜 비판 때문일 것이다. 활동가와 진보주의자들은 (비판적 이론가들과 함께) 확립된 정치적 내러티브가 권력과 지배의 관계에서 포착되는 방식을 설명하는 데 중요한 역할을 했다. 그들은 진리/지식의 관점적인 특성과 이것이 어떻게 확고한 정치 및 경제 세력의 이익에 기여하는 경향이 있는지 지적했다. 그들은 월터 크롱카이트의 "있는 그대로의 뉴스"에 대해 중요하고도 필요한 비평을 제공했다. 그러나 그들은 또한 확고한 형태의 권력과 지배에 도전하지 않고 자신들을 위협하는 불편한 진리로부터 이들을 격리하려는 반동적 우파 비평을 위한 영감과 도구를 제공했다. 그러한 비판의 목표는 '권력에 진실을 외치는' 시도에서 신랄함을 제외하는 것이다. 트럼프 시대 초기의 언론은 뿌리 깊은 권력에 대해 진실을 사들이려는 허술한 시도를 행사했을 뿐이었다. 트럼프의 제 무덤을 파는 이야기들로 저널리즘의 쓰레기는 높이 쌓여 있다(《액세스 할리우드*Access Hollywood*》 촬영 테이프,[46] 트럼프대학 사기 사건,[47] 스토미 대니얼스Stormy Daniels와의 스캔들[48] 등).

프레임 없음의 암묵적인 '이상'이 '가짜 뉴스'의 외침에서 하

---

46   2016년 미국 대선에서 후보였던 트럼프가 2006년 방송인 윌리엄 홀 '빌리' 부시William Hall "Billy" Bush와 〈액세스 할리우드〉를 촬영하러 가는 길에 인터뷰 대상이었던 여성에게 심각한 성희롱 발언을 하는 장면이 담긴 녹화 테이프가 2차 TV 토론 직전에 공개되었다. 부시는 자신이 맡고 있던 프로그램에서 하차해야 했고, 트럼프의 지지율이 크게 떨어졌다. ― 옮긴이

47   트럼프가 2004년에 설립한 '트럼프대학'은 이름과 달리 정규 대학이 아니라 부동산 실무 교육 프로그램을 진행하는 회사였다. 여러 건의 조사와 소송과 학생들의 항의 끝에 2011년 문을 닫았다. 2016년 미국 대선 공화당 경선에서 트럼프의 상대 후보가 "트럼프는 사기꾼입니다. 그의 약속은 트럼프대학의 학위만큼이나 아무 가치가 없습니다"라고 공격했다. ― 옮긴이

48   2018년 1월 미국 〈월스트리트 저널〉은 2016년 미국 대선 당시 성인 영화 배우 스토미 대니얼스가 트럼프와의 부적절한 관계를 발설하지 않는 조건으로 트럼프의 변호사 마이클 코언으로부터 13만 달러를 받았다고 보도했다. 코언은 처음에 그 일이 선거 운동과 무관하며 그 돈이 자기 주머니에서 나왔다고 주장하면서 기밀 유지 협약 파기를 빌미로 소송을 걸었으나, 곧 트럼프 때문이었음을 인정했다. ― 옮긴이

는 역할을 고려하기 위해 프레임 분석의 개념으로 돌아갈 수도 있다. 커뮤니케이션 연구에서 잘 발달되어 온 전통인 프레임 분석은 특정 사건이나 토론이 해석되거나 재검토되는 방식을 형성하는 '프레임'으로부터 제외되고 남은 것은 무엇인지를 결정하는 그 경계를 추적한다. 수많은 미디어 비평이 미디어 프레임의 차원을 추적하는 데 집중해 왔고, 특히 프레임이 특정 이익과 정치적 의제에 어떻게 이바지하는지 주목하는 데 전념했다. 동시에 프레임 분석은 무한 회귀라는 현기증을 동반한다(그리고 프레임 뒤의 프레임에 접근할 때는 어떤 프레임을 통해야 하는가?). 아마도 우리는 헤겔이 왜 무한 회귀를 '나쁜' 형태의 무한이라 불렀는지 다시 배우는 중인 것 같다. 비판이 자기 자신을 향할 때, 그 비판은 점차 반동적이 된다. 이러한 진행은 익숙한 것이다. 프레임의 필수적인 존재에 대한 인식은 모든 가능한 내러티브 설명에 대해 지시할 수 있는 불법화 도구로 동원된다. 이는 언제나 반드시 부분적이다(그 프레임 때문이다).

프레임의 필요성에 대한 인식이 잘못된 손에 들어가면 이는 권위주의의 도구가 된다. 예를 들어 러시아인들이 미국 민주당의 이메일을 해킹했다는 정보 보고서에 대한 도널드 트럼프의 답변을 상기해 보라. "나는 다른 사람들이 알지 못하는 것을 알고 있으므로 '그들도 확신할 수 없다'"(Seipel, 2016, 강조는 저자 표시). 지식의 불완전성은 그 특징이 아니라(결국 지식이 온전하다면 우리의 작업은 완료될 것이다. 그 어떤 지식도 더 이상 남지 않을 것이다) 그 결함에 있고, 따라서 그것이 행동과 무관해지는 근거가 된다. 트럼프 주장의 본질은 무엇인가 프레임 바깥에 남아 있다는 것인데, 이 프레임은 "다른 사람들이 알지 못하는 것을 안다"는 자신의 주장에 의해 유발한 것이다. 그 어떤 설명이라도 부분적인 것으로 남고(언제나 알아야 할 것은 더 있기 마련이다. 언제나 다른 놓친 조각들을 알고 있는 누군가가 있다) 따라서 정치적인 행동의 근거로는 부적절하다. 그렇다면 그러한 행동의 기초는 무엇인가 다른 것이 된다. 리더의 재능이나 본능이 된다. 트럼프가 말하듯, "나는 매우 본능적인 사람이지만, 내 본능은 옳은 것으로 드러났다"(Time Staff, 2017).

기후 변화와 관련한 정치권의 전략에 대해서도 비슷하게 말할 수 있다. 언제나 편견의 가능성이 있고 언제나 무엇인가는 빠져 있다. 과학은 결코 '안정되지' 않는다. 따라서 현상 유지에 어긋나는 행동을 취할 수 없다. 또 다른 방향에서 바라보면, 이러한 불완전성에 대한 주장은 행동의 기준이 불가능함을 암묵적으로 제안한다. 즉 프레임이 없는 것이다. 특정한 사건이나 상황에 대해 알 수 있는 모든 것은 완전한 편집이다. 이러한 제안이 프레임 분석의 비판적인 추진력을 오독한다는 것은 전략적으로 간과된다. 현대 선전의 평준화 전략은 모든 설명이 불완전하기 때문에 잘못될 가능성이 있음을 암시하는 것이다. (따라서 우리에겐 좋아하는 것을 선택할 자유가 있고, 최소한 좋아하는 권력자를 선택할 자유가 있다.) 의심의 해석학을 동원하는 것조차도 일반화가 될 때 반동적이 된다. 이는 아마도 트럼프의 등장과 관련된 비판과 음모론 융합이 가져다준 교훈일 것이다. 비판은 현실 원칙을 유지하며, 진실과 거짓, 정확성과 기만 사이의 구별을 유지한다. 음모론은 기본적으로 불가능한 완전성의 표준(프레임 없음)과 의사 결정을 위한 대안 표준 사이의 선택이다. 직감, 정서적 제휴, 박해/영웅에 대한 환상, 편견과 두려움의 수용 같은 것들이다.

메시지 내용에 대한 메타커뮤니케이션의 한 형태로서의 프레임을 규정한 베이트슨의 개념에서부터 사람들이 "일상적인 사회적 경험을 이해하기 위해"(Reese, Gandy, & Grant, 2010: 7) 사용하는 일련의 기대치로 프레임을 정의한 고프먼의 설명에 이르기까지, 우리는 여러 측면에서 프레임이 침식되는 징조를 현대의 불안정화 형태로부터 발견할 수 있다. 예를 들어 전문가들 사이에서는 '가짜 뉴스' 보도를 읽는 사람들이 거짓을 참이라 믿으며 속아 넘어간다고 가정하는 경향이 있지만, 그러한 뉴스 이야기를 공유함으로써 관점을 확증하는 강력한 정치적 몰입의 형태로 여겨진다는 징후는 상당히 많다. 이러한 기능을 위해서라면 기사가 사실일 필요도 없다. 실상 핵심은 진실인가의 여부가 아니다.

힐러리 클린턴이 아동 성매매에 연루되었다고 주장하는 이야기를 공유하는 사람들은 이 이야기가 사실이라고 믿지 않을 수도 있지만, 그럼에도 여전히 그를 싫어하고 정치적으로 반대하는 사람들 사이의 유대감을 형성하는 역할을 할 수 있다. 즉 베이트슨이 말한 의미에서 가짜 뉴스 기사의 '프레임'은 여전히 불분명하다. 이야기는 내용을 해석하는 방법에 대한 명확한 규칙을 갖고 있지 않다(문자 그대로 사실이거나, 그런데도 실제 성격에는 결함이 존재함을 나타내는 과장이거나, 그럼에도 불구하고 정치적인 친밀감의 기초가 되는 새빨간 거짓말이거나). 실제 뉴스로 제공될 때 그러한 이야기는 독자들에게 기존의 기대치를 고정하도록 유도하는 것처럼 보이지만, 이러한 의미에서 전혀 뉴스로 해석되지 않을 수도 있다. 도널드 트럼프에 관한 잘 알려진 사례가 있다. 일부 시청자들에게는 트럼프가 선거 캠페인 기간에 했던 약속(장벽을 세우고 늪을 배수하고 더 저렴하고 나은 의료 서비스를 모두에게 제공하겠다는 약속)을 문자 그대로 받아들여야 하는 것처럼 보였다. 다른 이들에게는 이러한 약속이 그저 전략처럼 보였다. 선거에서 승리하기 위해 말해야 했던 것으로 보인 것이다. 또 다른 사람들에게는 그 약속이 정치에서의 과장, 즉 구체적인 정치적 프로그램을 개괄하기보다는 감성을 공유하기 위한 수단을 나타내는 것으로 보였다. 중요한 것은 그 뉴스의 진실 여부가 아니라 감정적이거나 전략적으로 이를 사들이는 것이었다.

또한, 프레임의 모호함은 이른바 대안 우파에 의해 악용된다. 안젤라 네이글Angela Nagle이 관찰한 바에 따르면, 이러한 모호함은 인종차별주의와 혐오를 범법적인 유머로 위장하여 구성원들에게 "그저 농담일 뿐"이라는 알리바이를 제공한다. 네이글이 말하듯, 포챈4chan[49]과 에잇챈8chan[50]의 족쇄 풀린 온라인 공간

49　포챈은 익명으로 운영되는 이미지 보드 웹 사이트로서, 2003년에 만들어졌다. 회원 가입이 필요하지 않다. 처음에는 일본 애니메이션 이야기를 나누는 공간으로 시작했으나 점차 어나니머스 등의 해커 그룹이나 대안 우파 같은 극우 집단이 활동하는 이미지 보드가 많아졌다. — 옮긴이

50　에잇챈은 2013년에 만들어진 이미지 보드 웹 사이트다. 백인 우월주의, 네오나치즘, 대안 우파, 인종주의, 반유대주의, 증오 범죄, 여러 건의 총기 난사 사건 등과

에서 배양된 아이러니한 트롤링 전략은 "아이러니의 미로 속에 감춘 진정 사악한 것을 가린"(2017: 36)다. 백인 우월주의자 지도자인 리처드 스펜서Richard Spencer가 워싱턴 D.C.에서 열린 백인 민족주의 총회에서 나치 경례로 청중을 이끌며 "트럼프 만세! 우리 국민 만세! 승리 만세!"라고 외쳤을 때, 그는 그 동작이 "명백하게 아이러니와 기쁨의 정신으로 행해진 것"(Barajas, 2016)이라며 비판을 벗어났다. 맥락과 의도를 고의적으로 불안정화함으로써 그가 파시즘을 옹호하는 동시에 그것을 털어 버릴 수 있게 해 준다. 이는 프레임 없음의 맥락에서 번창하는 독특한 형태의 선전이다.

서사 프레임

프레임의 그림은 우리에겐 시각적 은유로 가장 친숙하지만, 미디어 프레임과 '프레이밍 장치'의 경우처럼 서사의 기록으로 쉽게 변환된다. 스토리텔링이란 그 정의 자체로 무엇을 포함하고 무엇을 제외할지 나타내는 프레임의 구성을 의미한다. 이론화하고 범주화하는 추상적인 사고는 모두 프레임워크에 의존한다. 유한한 주제의 경우 틀을 없앤다는 것은 생각을 포기한다는 의미다. 호르헤 루이스 보르헤스(1968)는 기억에 대한 우화에서 가상 인물인

깊이 연관되어 있으며, 특히 극우 집단인 큐어넌이 활동하는 온상이다. ― 옮긴이

푸네스를 깊이 살펴보는데, 그의 기억은 너무나도 포괄적이어서 (혹은 완전해서) 하루를 기억하는 데는 하루가 꼬박 걸린다. 이것이 완전한 데이터베이스(그리고 완전한 가상 현실)의 목표다. 순간을 전체로 재구성하는 것, 그러면서도 푸네스의 함정을 피하기 위해 인간의 인지 속도보다 더 빠르게 수행하는 것이다. 그의 초인적인 기억은 말에서 사고로 낙마한 데 따른 결과였으며, 이로 인해 그는 강화되었고 동시에 손상되었다. 어린 시절의 푸네스를 아는 이, 즉 우화의 해설자는 "그는 생각할 수 있는 능력이 별로 없었다. 생각한다는 것은 차이를 잊고 일반화하고 추상화하는 것이다"(Borges, 1968: 115). 생각한다는 것은 또한 이야기를 말하는 것이다. 자신의 세계에 대한 세부 사항을 선택적으로 구성하여 말이 되도록 만드는 것이다.

다른 누군가가 푸네스의 경험을 서사로 재구성할 수 있는 방법은 없을 것이다(그 경험들은 시간과 공간이 나뉠 수 있는 만큼 무한하다). 이러한 경험을 전달하는 유일한 방법은 푸네스의 세계에 몰입하는 것이다. SF 소설에서 구상되는 것과 비슷하게 마음을 녹이거나 생각을 공유하는 형태다(예를 들어 영화 〈스트레인지 데이즈Strange Days〉[51]에

---

51   영화 〈스트레인지 데이즈〉는 1955년 개봉한 SF 스릴러 영화로서, 캐서린 비글로가 감독을, 제임스 캐머런과 제이 콕스가 각본을 맡았다. 세기말 미국 LA를 배경으로 한 이 영화는 지구의 종말이 며칠 남지 않은 시점에서 뇌파신경 자극 장치를 가지고 사람들의 욕구를 만족시키는 전직 경찰을 중심으로 진행된다. 이 장치는 인생의 한 조각을 다른 사람이 체험할 수 있게 하는 것인데, 불법이 규정되어 있지만, 주인공

서 한 명의 마음에서 다른 이의 마음으로 경험을 직접 공유하기 위해 만들어진 기록 장치). 이러한 가상적인 경험의 융합은 개별 주체를 공유된 의식의 '특이점'에 몰입시키는 동시에 최고의 사회적 구성체인 언어를 평가절하함으로써 개별 주체들을 구별할 수 없게 한다. 빅 데이터의 보완적인 발전과 주류 정치 내에서의 음모론이 부상하는 데는 서사의 결정적인 특성인 선택성을 결함으로 묘사하는 특징이 있다. 이론의 운명의 경우에도 비슷해서, 비평가들은 이론의 추상성을 제한적이고 부적격한 결함으로 취급한다. 이러한 설명은 이론에 대한 비판과 그러한 비판의 정치적 무력성을 모두 인정해 버리는 것이다. 모든 이야기를 전달하려는 시도는 그것이 믿을 수 없을 정도로 복잡하다는 부정할 수 없고 쓸모없는 결론으로 끝난다. 이는 분명 사실이지만, 영토의 세부 사항을 모두 공평하게 다루지 않는 지도를 우리가 사용하는 것처럼 이러한 복잡성을 다루기 위해서는 추상성이 필요하다.

철학자 자크 데리다Jacques Derrida(1979)는 모든 프레임의 해체로 인한 교착 상태를 예상했는데, 그는 서사 프레임의 비환원성을 주장했다. 그는 칸트의 《판단력 비판》에 대한 토론에서 다음과 같이 말한다.

그 어떤 '이론,' 그 어떤 '실천,' 그 어떤 '이론적 실천'도 프레임에 의

은 마치 마약 밀매자처럼 손님을 찾아 거리를 헤맨다. — 옮긴이

존하지 않는다면 효과적일 수 없다. 프레임은 의미의 내면성(해석학, 기호학, 현상학, 형식주의 전통 전체에 의해 보호되는)의 (사이의) 보이지 않는 한계이고 문제를 보지 않고 읽지 않고 회피하는 모든 외적 경험주의(의) 한계다. (Derrida, 1979: 24)

이 설명에서 프레임 역할 중 하나는 일부 '경험'을 '외부'로 배제하는 것이다. 모든 종류의 서사는 무엇인가가 빠진 정도만큼만 드러날 수 있다. 어니스트 헤밍웨이Ernest Hemingway는 무엇을 생략할지 아는 것으로 자신의 작가 경력을 쌓았다. 그 결과 그는 글쓰기의 '생략 이론' 혹은 '빙산 이론'(독자에게는 빙산의 일각만큼만 알려주는 것)이라 설명할 수 있는 것의 권위자가 되었다. 대조적으로 프레임 없음은 이해, 해석, 설명, 그리고 (필수적으로 선택적인) 설명과 같은 서사의 상관관계를 제거하여 모든 틈을 메운다.

서사의 운명

조금 다르게 표현하자면, 우리는 프레임 없음의 목표가 재현을 표현으로 축소하려는 것인 한, 이를 생략하지 않는 이론이라 설명할 수 있을 것이다. 월터 크롱카이트가 라이브 뉴스쇼의 형태로 역사적인 사건을 재창조하는 시리즈를 보도한 것처럼, 시청자에게 "당신이 거기 있습니다"라고 말하는 것이다. 자동화 시스템의 등장으로 인해 비로소 프레임을 없애려는 시도가 실질적으로 가능해졌다. 예를 들어 사람들이 자신의 삶을 실시간으로 녹화할 수 있게 하는 '라이프로거LifeLogger'[52]라는 장치의 광고 문구를 생각해 보라. "우리 인간은 통계적으로 우리 삶의 0.001%만을 기억할 수 있다는 것을 알고 있습니까? 그것이 당신을 놀라게 했다면, 그리고 더 많이 기억할 수 있기를 원한다면, 라이프로거 테크놀로지가 당신을 돕습니다"(Tech Research Team, 2015). 우리는 여기서 다시 한 번 기능(기억의 시간)이 결함으로 재탄생하는 것을 본다. 알려진 문제는 기억(내러티브와 마찬가지로)이 선택적이라는 것이다. 그것은 시간을 통해 우리 삶의 움직임을 특징짓는 사건을 고르고 선택한다. 물론 라이프로거는 (프레임 없음의 관점에서 보자면) 그 자체도 '결함'이 있다. 라이프로거는 주변의 실재를 모두 캡처하기보다는 바라보는 시선을 주관하는 '시점' 카메라다. 최소한 포괄적인 기억을 약속하려면 360도의 카메라가 필요하지만, 실제로는 여전히 특정 주체에 고정되어 있고 이 주체가 공간과 시간을 통해 움직이는 것에 머물러 있다. 궁극적인 목표는 아무데서도/어디서나 보기(즉 특정한 관점이나 시점에 연결되지 않은 보기)를 복제하는 정보 캡처의 한 형태가 될 것이다. 이러한 형태의 정보 캡처는 특정 관찰자의 위치를 복제하는 관점에서 시각적으

52　라이프로깅lifelogging은 매일의 생활을 스스로 기록하는 것을 가리킨다. '라이프로거LifeLogger'는 라이프로깅을 위한 웨어러블 비디오 카메라의 상품명으로서 최경량이며 최소 크기임을 내세우고 있다. ─ 옮긴이

로 볼 수 없으며, 필연적으로 관점이 제약되는 개별 관찰자에 의해 소비될 수도 없다. 예를 들어 도상적 재현이나 상징적 재현은 특정 시점으로 제약되지 않는 한 '아무데도 없는' 관점으로 설명될 수 있다. 동시에 그들은 프레임된 채로 남는다. 그들은 선택적이며 기존 현실을 캡처하도록 설계되지 않는다. 그렇다면 3D 공간을 복제하려 하지만 제약이 없는 관점(위치를 추적할 수 있는 관찰자와 연결되지 않음)에서 재현을 개념화하는 방법은 무엇일까? 그러한 '표현'을 취할 형태를 상상해 본다면, 그것은 세계 전체를 복제하는 4D 가상 현실 모델(공간과 시간을 모두 포함하는)과 비슷한 무엇인가가 될 것이다. 이러한 시뮬레이션은 특정한 관찰자가 원근법으로 볼 수 있지만, 그러한 관찰자가 개입하기 전까지는 가능한 모든 시점을 개념적으로 포괄한다. 우리는 이미 이러한 방향으로 이동하는 데이터 수집 방식이 특정 공간과 시간으로부터 가능한 한 많은 정보를 결합하려는 전략을 갖고 있음을 식별할 수 있다. 일례로 "도시 전체에 걸쳐 공중에 떠다니며 움직임을 추적하고, 그 도시의 생체 인식 지표, 온도 변화, 화학 성분 등을 추적하는"(Rowinski, 2013) '스마트 먼지' 센서의 개발 같은 것이다. 그러한 장치는 정보를 한계에 도달할 때까지 제공하여 전체 공간을 실시간으로 재창조하고 변화와 움직임이 나타나고 사라지는 것을 추적한다.

물론 현실 전체를 재현한다는 이상은 달성할 수 없는 것으로 남아 있다. 가상 현실은 돌이킬 수 없을 정도로 부족하다. 감지를 위해 가능한 차원의 범위(촉각, 후각, 적외선, 정동 등)가 계속 확장하더라도 센서는 한정된 범위에서만 가능하다. 그러나 그 불완전함과 이에 대한 비평가들(그들은 무엇을 갈망하는 사람들인가? 불확실성, 역사, 개인성, 주관성의 종말?)의 교착 상황에도 불구하고, 프레임 없음을 향한 추진력은 여전히 강력하다. 이 충동은 거부에서 거부로 이어진다. 프레이밍, 주관성, 서사 비평의 모순에 통해 생각하기를 거부하고, 유한한 존재가 가진 최고의 지평을 통해 생각하기를 거부하는 것이다.

그렇다면 당연하게도 프레임 없음의 목표는 레이 커즈와일의 특이점을 포함하여 포스트휴먼 불멸에 대한 열망과 일치한다. 이는 아마도 중간에 축적된 모든 데이터를 이해하기 위해 제시간에 딱 맞추어 인간과 기계가 합해지는 순간일 것이다(Kurzweil, 2005). 가상 현실의 선구자인 재런 러니어Jaron Lanier(2014)는 이러한 환상에 대해 냉소적인 태도를 보이여 불난 데 부채질했다. "넷 기반 독점 권력에 이르는 상승이 불멸에 바탕을 둔 신흥 종교와 일치한다는 점은 외부인들 대부분이 파악하지 못한다"(326). 특이점의 관점에서 보면, 어디에도 속하지 않는 견해가 가능해지고 있지만, 그 대가로 지식과 이해의 한계를 제시한 주체가 말소되는 값을 치러야 한다.

극단적으로 포괄적이라는 측면에서 프레임 없음의 환상에는 '민주적'으로 보이는 요소가 있다. 정보는 그 종류가 무엇이든 모두 중요하다matters. 적어도 전체 그림에 통합되어야 한다는 점에서 그렇다. 브루노 라투르Bruno Latour의 "사물의회"(Latour, 2005)에서 영감을 얻은 '신유물론'이 최근 많이 논의되는 것에서도 유사한 충동이 작동한다. 여기에서 권리는 비인간 대상, 즉 우리가 공유하는 현실 구성에 참여하는 모든 대상에 할당된다. 데리다가 "외부 경험"의 연쇄로 묘사한 것은 특정 결과에 모든 참여자를 포함시키려는 무한하게 확장되는 설명의 프레임에 포함된다. 인간 행위자뿐 아니라 이들이 상호 작용하는 대상 및 이러한 상호작용이 일어나는 환경까지도 포함한다. 그러나 데리다에게 프레임 없음은 배제된다. 해체는 결국 내러티브 예술이다. 그는 "해체는 프레임의 순수하고 단순한 부재를 재구성하거나 상상해서는 안 된다"(1979: 33)고 경고한다.

　데리다에게 남아 있는 칸트식의 자제력은 논리적 힘을 가질 수 있지만, 반드시 실용적인 활용도가 있는 것은 아니다. 이른바 탈진실 정치(Fallows, 2012)와 '가짜 뉴스'의 부상은 포스트프레임 해체의 보수적인 힘을 보여 준다. 역설적인 별명인 "진실을 찾는 사람들"이 존재하는 이 시대에, 슬라보예 지젝(1999)이 상징적 효능(서사를 실제로 받아들이는 것)이라 불렀던 것은 당혹스러울 정도로 감소하고 있다. 실상 그들은 점점 더 많은 음모론에 결연히 집착하는 동시에 가장 옴짝달싹할 수 없을 만큼 확립된 사실 설명조차도 무관한 것으로 만들어 버리는 교묘한 회의론에 영향을 미친다. 이는 트럼프 시대에 반드시 설명되어야 하는 연결 고리다. 즉 회의론("주류 언론은 우리를 거짓말 조직으로 옭아매려 한다")과 직감에 대한 맹목적인 믿음("우리는 그의 목표가 미국을 다시 위대하게 만드는 것임을 안다. 그의 모자에 쓰여 있다")이 결합한 퍼포먼스다(Frizell, 2015). 이러한 두 가지 제스처는 서로를 보완한다.

이 조합에 접근하는 또 다른 방법은 프레임 없음의 이상과 음모론의 전율을 병치하는 것이다. 한편에는 철저하면서도 결정적인 재현(완전한 진실)의 목표를, 그리고 다른 한편으로는 해결 불가능하고 결정되지 않은 경쟁 설명(과도하게 결정된 양립 불가능한 기본 진실의 집합)의 목표를 두는 것이다. 이러한 접근 방식은 서사의 동일한 교착 상태의 양면이며, 완전성이 불가능해지는 것으로 나타난다(언어는 항상 누락된 대상에 대한 대용물이기 때문에). 헤겔이 했던 유명한 말처럼, 어떤 사람이 언급하는 대상을 '말'하는 것은 불가능하다. "만일 그것을 말하고 싶다면 이는 불가능하다. 왜냐하면 감각적인 '이것'이 의미하는 바는 언어로 도달할 수 없기 때문이다"(1998: 226). 이러한 불완전함은 언어가 가능한 조건이기도 하다. 보르헤스의 우화에서 푸네스는 특정한 감각적인 모든 것을 단어로 구별할 수 있는 언어를 개발하려는 불가능한 실험을 한다. 모든 것을 고유 명사로 바꾸고자 한 것이다. 그는 나무의 모든 잎사귀뿐만 아니라 매 순간 모든 관점에서 각 잎사귀에 대해 다른 단어가 필요하기 때문에 각각의 특정한 것이 제시간에 존재한다는 사실에 좌절했다. 우화의 해설자가 말하듯, "그는 3시 14분에 (옆에서 본) 개가 3시 15분에 (앞에서 본) 개와 같은 이름을 지녀야 한다는 사실에 불안을 느꼈다"(Borges, 1968: 113). 모든 감각적 특수성을 포착하기 위해 고안된 언어는 언어가 전혀 아니며 단지 현실을 재창조한 것뿐이다. 그렇다면 우리는 이야기를 할 수 있는 방법을 찾아야만 한다.

켈리(2019)가 설명한 것처럼, 증강 현실은 모든 것에 대한 데이터를 실시간으로 동시에 캡처하려고 시도함으로써 이러한 재현 방식에 접근한다. 그러나 이 조작 시스템은 그것에 대해 이야기하기보다는 우리에 대해 이야기할 것이다. 가전 기기들은 이용자에 대한 정보를 공유하여 그 결과로 시스템이 자동 응답을 생성하게 한다. 우리는 우리가 보통 언제 출근하는지 알고 묻지 않아도 출근에 걸리는 시간을 알려 주는 스마트폰을 통해 이러한 미래에 대한 약간의 정보를 볼 수 있다. 우리의 조작 미래에서, 물리적 환경은 이러한 방식으로 활기를 띨 것이다. 우리 일상의 리듬에 대한 구체적인 '지식'을 기반으로 시간에 딱 맞는 정보를 우리와 공유하는 것이다. 현세대의 이용자 앱과 마찬가지로, 이러한 개발 중 일부는 중요한 편의를 제공해 줄 것이다. 결국 이러한 시스템은 우리의 수다를 덜어주고 요청받지 않아도 세계에 개입하는 방법을 찾아낼 것이다. 그들이 취하는 행동은 어느 정도 우리를 편리하게 안내하겠지만, 그들이 통합하는 우선순위는 우리의 플랫폼 현실을 소유하고 통제하는 기관들의 것이다.

욕망의 틈

앞으로 프레임 없음은 언어와 주체 모두의 특징이기도 한 결정적인 틈이 연속 붕괴하며 일어날 것으로 전망된다. 아마도 문제의 근본적인 틈은 문화와 생물학 사이에 있을 것이다. 정신분석 이론에 따르면 이는 인간의 섹슈얼리티 그 자체를 형성하는 영역이다. 이 틈을 극복하려는 시도는 인간의 유한성과 그에 따르는 욕망 형태와의 연관성을 고려할 때 그리 놀라운 일은 아니다. 이 관찰에는 몇 가지 주장이 내재되어 있으므로 이들 간의 연결을 통해 작업할 만한 가치가 있다. 프레임 없음의 목표는 인식된 결여다. 그리고 결여는 주체성의 (그리고 언어의) 기초이므로 이 시점에서 프레임 없음의 대상이 주체 자체(와 언어)가 되는 것은 놀라운 일이 아니다. 논리적으로 말하자면, 독특하고 특별한 주체의 존재 조건은 유한하다(주체의 감동은 그것이 문자 그대로 '전부가 아님'을 깨달을 때 나타난다. 즉 주변 세계와 구별되는 것이며 의존적이기는 하지만 통제할 수는 없는 것이다). 정신분석학적 용어로 주체는 언어에 의해 매개되는 욕망/결여와의 관계를 통해 존재하게 된다. 이것이 언어와 주체 사이의 관계에 대한 라캉주의(2002) 개념의 핵심이다. 개별 개체가 욕구를 지닌 반면, 이들은 언어의 매체로 들어갈 때, 즉 표현될 때만 적절한 욕망으로 바뀐다(따라서 '타자'로 언급된다). 이 공식에서 욕망은 '필요'보다 '수요'(명확한 필요)가 더 넘치게 많은 것이다. 따라서 욕망은 욕구를 언어의 사회적 기록으로 전환함으로써 구동된다. 필요는 욕망의 원동력이지만 욕망은 욕구로 환원되지 않는다. 이러한 맥락에서 필요는 생물학적이고 따라서 물리적 재생산의 논리에 사로잡힌 다음 언어라는 미디어를 통해 사회적 재생산이 두 가지를 연결하지만 이는 고정된 방식이 아니다. 이러한 점에서 정신분석학적 접근은 순전히 생물학적이거나 진화적인 용어로 사회적인 행동이나 속성을 설명하려는 생물학적 환원주의의 형태에 도전한다. 라캉주의 철학자인 알렌카 주판치치

Alenka Zupančič가 섹슈얼리티에 대한 프로이트의 접근 방식에 대한 논의에서 언급했듯이 "그것은 생물학적, 유기적 필요 및 기능과 완전히 분리될 수 없고, (왜냐하면 섹슈얼리티는 그 기능들의 영역 안에서 시작하고 그 안에 존재하는 것으로 시작하기 때문에) 단순히 그들로 환원될 수도 없다"(2008: 11). 이 주장은 일반적으로 욕망에 해당한다.

또 다른 요점은 비사회적, 비언어적 존재에 고유한 욕망이란 없다는 것이다. 기계 '언어'의 개념은 로봇, 컴퓨터, 또는 드론이 인간과 동일한 방식으로 언어를 갖고 있음을 암시한다는 점에서 기만적이다. 정신분석학적 요점은 기계 언어가 잘못된 이름이라는 것이다. 기계는 생물학적 개체가 하는 것과 같을 필요가 없다. 그들은 언어학적인 개체가 하는 것처럼 요구하지 않는다. 그들은 언어 주체가 그러하듯 생물학과 문화의 영역에 걸쳐 있지 않다. 기계 '언어'에는 결여와 잉여의 논리가 모두 없다. 기계의 코드는 순전히 작동적이다. 이는 부재하는 지시 대상을 지시하지 않고 기표를 기의로 축소한다. 이는 약호의 논리이고 조작 이미지/기호의 논리다.

이 점을 설명하는 더 간단한 방법은 '콘텐츠'와 메타데이터 사이의 차이를 제시하는 것이다. 구글 대표가 우리에게 지메일 메시지를 읽는 사람이 없기 때문에 개인 정보 보호에 대해 걱정할 필요가 없다고 말할 때, 그들은 타자의 욕구에 대한 우리의 개념에 따르고 있다. 그들은 우리에게 다른 사람을 걱정하지 말라고 말하고 싶어 한다. 그들은 우리가 다른 사람들이 우리를 어떻게 보고 다른 사람들과 어떻게 커뮤니케이션하는지를 걱정할 필요가 없다고 말하고 싶어 한다. 우리가 일부 '타자의' 욕망을 걱정하지 않아도 된다는 것이다(물론 구글이 만들어온 대타자의 욕망에 대해서만 그렇다). 기계가 우리의 이메일을 '읽을' 때, 그들은 콘텐츠를 스캔하지 않고 다른 변수들(시간, 날짜, 주소, 이어지는 클릭 등)과 함께 이러한 메시지의 단어 조합을 통해 수집할 수 있는 패턴을 찾는다. 이러한 기계는 우리의 단어를 조작하고자 하는데, 광고를 클릭하지 않고 클릭하는 두 상태 사이에 어떤 단어 조합이 이루어지는지 결정하기 위해서다. 조작의 가치를 넘어서는 그 단어들이 의미하는 것은 비물질적이다(그리고 어떤 경우에도 비주체에게는 접근하기 어렵다). MIT의 샌디 펜틀랜드Sandy Pentland가 데이터 마이닝을 찬사하며 말했듯이 "빅 데이터는 사람들의 믿음에 대한 정보가 아니라 행동에 대한 정보가 그 힘이라는 것이다"(Pentland, 2012). 결국 사람들의 욕구나 요구에 대한 정보가 아니라 반응의 예측 가능성에 대한 정보다. 예컨대 윌리엄 워즈워스William Wordsworth의 "영생불멸의 노래Intimations of Immortality"를 읽고 이해할 수 있을 뿐 아니라 더 중요하게도 그러한 일을 하고 싶어하는 기계를 만든다는 것은 무슨 의미일까? 이 모든 것은 우리가 미래의 컴퓨터와의 융합을 상상하는 시대에 정신분석이론이 주관성의 생물학적 토대를 상기시키는 중요한 역할을 함을 암시한다.

생물학과 주체성 사이의 연결에 접근하는 또 다른 방법은 프레임 없는 맥락에서 욕망의 운명을 고려하는 것이다. 전체 정보를 캡처하려는 목표는 예측의 완성과 욕망의 선점이다. 소비의 영역에서, 이 논리는 필요가 발생하기 전에 해결하겠다는 자긍과 같은 약속의 형태로 나타난다. 상거래 자동화는 "당신이 무언가를 원하기도 전에 무엇을 원하는지 알고" (그리고 이를 실시간으로 제공하겠다는) 마케팅 담당자의 약속 이행을 구상한다. 치안과 보안 영역에서 전체 정보 인식에 대한 약속은 비슷하다. 주체가 해를 입히고 싶어 한다는 사실을 알기 전에 환경에 개입하고 조정하는 것이다. 벤 앤더슨(2011)이 반군에 대한 자신의 논의에서 언급했듯이, 목표는 인구 구성원이 '반란'의 위치로 바뀌기 전에 개입하는 것이다. 모든 것이 잠재적으로 위협의 출현에 기여할 수 있기 때문에 개입은 포괄적인 모니터링에 의존한다(그리고 누구나 그 벡터로 나타날 수 있다). 이러한 전체 정보 수집 및 환경 제어 과정은 주체화 과정을 필요로 하지 않고 주관적인 형태의 제어 및 의사 결정을 단락시키는 다른 수준의 개입을 구상한다. 따라서 이론적인 영역뿐 아니라 신경과학에서도 정동에 대한 관심이 다시 일어나고 있다.

정동은 주체의 프레임을 배제하는 반면, 욕망은 이 프레임과 공존한다. 정동의 조절은 사전 주체적이고 추가 개인적이며 비인지적이다. 이와는 대조적으로 욕망에 대한 정신분석학적 이해는 주체성, 언어, 그리고 필연적으로 프레임에 뿌리를 둔다. 슬라보예 지젝이 욕망의 대상 원인("대상 a")으로 설명하는 내용에 대한 토론에서 이를 언급했듯, 이 대상은 다음과 같다.

우리가 원하는 것이 아니며 우리가 추구하는 것도 아니고, 우리의 욕망에 일관성을 부여하는 형식적인 프레임의 의미로 우리의 욕망을 움직이게 하는 것이다. …… 욕망의 원인은 바로 이러한 일관성

의 형식적 프레임이다. (Žižek, 1997: 39)

　　주체성을 편파성과 불완전성에 연결하는 것은 서사 설명에 대한 비판에서 익숙한 비유다. 그렇고 그런 설명은 그림에서 무엇인가 빠졌기 때문에 '객관적'일 수 없다고 하는 것인데, 정확히는 그 설명을 프레임으로 만든 사람의 주체적인 투자(욕망)가 없다고 하는 것이다.

　　이 과정의 양쪽 끝에서 프레임 없음의 논리는 주체의 붕괴를 예견한다. 한편으로는 선점을 통해 다른 한편으로는 타자의 극복을 통해서다. 가능한 모든 정보를 처리하기 위해서는 '프레임 없는' 관점(아무 데서나 보는 관점)이 필요하며, 프레임 없음의 미학에 의해 떠오를 것으로 예상된다. 그러나 이는 사람의 눈을 통해 개발된 것으로 인정된다. 한계에 도달한 프레임 없음의 미학은 인간이 아닌 관찰의 방향으로 나아가고 있다. 도구적 관점에서 볼 때 VR의 운명은 트레버 페글렌(2014)이 추진했고 5장에서 설명했던 '조작 이미지'다. 이러한 이미지는 더 이상 보는 대상을 위한 것이 아니다. 데이터 시각화 기술은 비축되는 정보의 양과 배열을 따라잡을 수 없다. 전체 정보를 파악하고자 하는 자동화된 선점의 환상은 위험, 의사 결정, 욕망을 제거하고자 하는 것이다. 이는 프로이트가 "모든 생명체의 가장 보편적인 노력, 즉 무생물의 정지 상태로 돌아가기 위한 노력"이라 묘사했던 것과 비슷한 완벽한 조작에 대한 환상이다(1961: 56).

7장

자동화의 욕망

이 책에서 줄곧 이야기해 온 주제는 자동화된 커뮤니케이션과 정보 처리에서 드러난 주체성의 재구성이다. 지금까지는 자동화 시스템이 주체를 규정하고 상상하는 방식을 다양한 각도에서 접근했다. 이를 통해 오늘날 자동화된 미디어의 배치에 연관된 탈주체의 상상이라고 할 만한 것의 막다른 길, 모순, 병리를 보여 주기도 했다. 조작 언어는 재현 없이도 가능하다. 재현은 주체의 영역이며 인식 또는 자기 인식을 가능하게 하는 기호 재현의 형태로 규정된다. 탈재현적인 (탈)주체는 재현의 필요와 특히 그 욕망이 향하는 부재를 명시할 필요 때문에 부담을 받지 않는 주인공이다. 그것은 주체로서 그 자신을 구성하는 재현 형태를 내재화할 필요가 없다. '탈주체 개인'에 대한 어떤 주장도 없다. 이는 기호 규준 또는 역할과 무관하게 그 행동을 형성하는 환경적 조절을 통해 관리될 수 있다. 그런 주인공이 취하는 다양한 형태를 나열할 수 있다. 가령 욕구가 생겨나기도 전에 충족되는 소비자, '자유주의 가족주의'의 넛지에 영향을 받는 시민, 그 행위가 형성되기 전에 차단되는 범죄자, 역사의 가능성을 빼앗긴 미래.

그렇지만 주체의 주인공은 강고한 유한성 안에서 자동화에 대한 일종의 방해물이 되며, 따라서 그 논리와 담론에 대한 가능한 저항점이 된다. 우리는 그 적들을 통해 이 주체를 알게 된다. 이는 불완전함과 비정합성을 이용하여 자동화의 매끄러운 작동을 가로막는다. 이는 내가 다른 곳에서 분열된 특성이라고 불렀던 것이다. 즉 욕망과 일치하지 않는 결핍이다. 주체가 자동화에 부과하는 도전의 성질은 이 결핍을 극복하고 그것을 채우려는 지속적인 시도가 말해 준다. 그 주체에서 내적 분열을 제거함으로써 실제로 그러한 것보다 더 그럴싸하게 만들기 때문이다. 자동화된 주체, 즉 '완전히' 묘사된 주체이며 그 행동을 미리 예견할 수 있는 주체는 정확히 말해서 우리가 우리 자신인 것보다 더 우리를 닮아 있다. 다시 말해 우리를 전혀 닮지 않았다.

주체의 '분열' 특성을 한편으로는 생물학적이고 사회적인 것과 다른 한편으로는 개별적인 것과 집단적인 것을 연결하는 방식으로 볼 수 있다. 이 책에서 언어가 순환의 역할을 한 이유는 이 분열의 매개 때문이다. 우리의 '가장 내면의' 사유를 표현하는 데 사용하는 미디어는 환원 불가능하게 외적이며 사회적이고, 우리의 전적인 통제에 저항한다. 이는 불가피하게 우리가 의도하는(의도한다고 생각하는) 것보다 더 많이 또는 그와 다르게 커뮤니케이션할 것이라는 의미다. 자동화된 미디어라는 환상은 다루기 어려운 사람의 언어를 조작적인 버전으로 변형시키고, 이는 우리가 언어로 알게 된 것(무의식적이고 의도하지 않은 의미의 변덕으로 완성되는)을 송두리째 우회한다. 저커버그는 조작주의의 정신을 잡아내어 언어적 커뮤니케이션을 직접적인 사고의 공유로 대치하리라 예견한다.

> 나는 독자가 하나의 생각을 포착할 수 있으리라고 생각한다. 독자가 생각하고 있는 것이나 느끼고 있는 것은 독자의 머릿속에서 이상적인 완벽한 형태로 있으며 거기에 그것을 얻을 수 있는 형태로 세계와 공유할 수 있다. (Dewey, 2016)

저커버그가 예견한 직접적인 사고의 전송 버전은 다소 역설적으로 일방적인 전송을 완벽하게 만든다. 이는 사고가 형성될 때 외적 참여를 전혀 허용하지 않는다는 환상이다. 이 관점에서 언어를 경계해야 할 이유는 그것이 중요한 방식으로 우리 통제를 넘어서는 곳에 놓인 도구이기 때문이다. 환원할 수 없는 타자성은 우리가 우리의 가장 내적인 사고를 표현하는 데 사용하는 시스템 속에 구현된다. 그리고 이 사실은 독립성, 자기현전, 전체성, 완전성을 과시하려는 자의식에 있어서 미칠 듯이 괴로운 일이다.

언어 우회라는 기술적 환상은 일론 머스크의 '뉴럴링크 Neuralink'[53] 프로젝트에도 나타나는데(Markoff, 2019), 개인적인 것을

---

53   뉴럴링크 코퍼레이션Neuralink Corporation은 일론 머스크 등이 설립한 미국

사회적인 것으로부터 추상화시키는 오래된 자유주의 경향을 반복한다. 이는 자율적 주체가 충만하며 완전하다고 가정한다. 그 자율적 주체가 언어를 포함하여 사회적 구조에 의존하는 것은 우발적이다. 즉 논리적인 것이 아니라 선택의 문제이거나 어쩌면 실제적인 필요성이다. 자신의 의미를 만들어 내는 주체라는 환상은 순수한 개인 언어idiolect의 환상이다. 그 언어를 말하는 개인의 완전한 통제 아래 놓이며 그렇기 때문에 기묘하고 전혀 이해할 수 없는 언어의 환상이다. 이와 달리 주판치치는 언어의 차원이 무의식의 틈새, 즉 "사람 안에서 틈새를 만드는 급진적 타율성"에 고정된다고 했다(Zupančič, 2017: 61). 우리 자신의 사고와 욕망을 정식화하려 할 때 우리는 다른 사람들이 만들어 놓은 도구들을 사용한다. 그 도구들은 미디어의 의식적 사용에는 도달할 수 없는 욕망의 논리 안에 포획된다.

완전한 정보 파악이라는 목표, 즉 주체의 완전한 특정화를 위해서는 그 총체 안에서 언어의 결정을 발굴해야 할 것이다. 그럼으로써 우리는 우리가 통제하지 않는 모든 의미를 통달하게 될 것이다. 이는 우리의 도구들이 우리의 의향과 무관하게 선택하는 방향이다. 즉 그 도구들이 동원하는 낯선 언어의 뜻과 함축이다. 그러나 그렇다고 마치 어떤 숙어를 다양한 용법에 대한 완

의 뉴로테크놀로지 기업으로, 이식 가능한 뇌-컴퓨터 인터페이스(BMI)를 개발한다. ─ 옮긴이

전한 주석을 통해 완전히 이해할 수 있는 것인 양 어원과 용법을 정리하는 문제에 불과한 것은 아닐 것이다. 이는 필연적으로 화자가 원하는 것이 무엇인지(그렇지 않다면 어떻게 그 의미에 이를 수 있을까?) 발굴하기 위해 표현을 형성하는 욕망을 각각의 문맥에서 판별하는 문제이기도 할 것이다. 여기에서 정신분석적 쟁점은 화자의 욕망의 지도를 그리려는 어떤 노력도 끝없이 미끄러지게 되리라는 것에 있다. 우리 자신의 욕망은 타인의 욕망 속에 사로잡혀 있다. (전적으로 자율적인 주체라는 개념이 제시하듯이) 우리는 우리가 원하는 것(우리가 원한다고 생각하는 것)을 원하는 게 아니다. 우리의 욕망을 다른 것으로 표현하면서 우리는 우리가 타인에게 어떤 존재인지, 우리가 그들의 계산에 얼마나 잘 맞는지, 우리의 필요를 사회적 논리를 통해 충족시켜야 한다는 것이 무슨 의미인지, 그리고 그렇기 때문에 사회 속에서 우리의 위치가 무엇인지를 이해하려고 애쓰는 것이다. 요컨대 우리가 의존하는 그 어떤 타자라도 우리가 원하는 것이 무엇인지 관심을 가질 수 있다. 이는 이 타자들의 욕망에도 똑같이 해당한다. 어느 개인의 욕망은 타자의 욕망 속에 얽혀 있다. (이어서 그 타자들은 비슷한 위치 안에 있는 개인들이다.) 이는 사회적인 것의 환원 불가능성이라는 정신분석학의 개념으로 서술될 수 있다.

마찬가지로 주체의 인물은 생물학의 영역과 문화의 영역, 즉 필요와 욕망에 함께 걸쳐 있다. 언어의 틈을 '채우려는' 노력, 즉 무의식적인 것으로 고정되지 않는 완벽하게 특정된 언어를 고안하려는 노력은 동시에 이 영역들을 하나로 녹여내어 그 영역들 사이의 변증법적 관계를 억누르려는 노력이기도 하다. 즉 매끄러운 기능화, 탈생물학적 기계. 이런 충동은 특이점의 전도사들에게서 드러나는 육체에 대한 비호감에서 변별될 수 있다. 커즈와일이 정식화한 포스트휴먼 기계 업그레이드는 의식을 째깍이는 노화의 텔로미어telomere[54]로부터 자유로운 비생물학적 인프라 구조로 이전한다. 이로써 희소성과 유한성의 극복을 상상한다 (Kurzweil, 2001). 로봇학자 한스 모라벡Hans Moravec은 육체의 연약함에 노골적인 경멸의 목소리를 냈다.

단백질은 이상적인 물질이 아니다. 단백질은 좁은 영역의 온도와 압력에서만 안정되어 있으며 복사에 매우 민감하며 많은 구성 기술과 성분을 배척한다. …… 인간주의 광신도의 눈에만 단백질의 이점이 보일 것이다. (Kurzweil, 2001: 165에서 재인용)

특이점이라는 환상은 사회문화적인 것을 유지하면서 생물학적인 것을 제거하겠다는 것인데, 마치 후자가 전자에 대해 낡은 목발의 역할밖에 하지 못한다는 듯 말이다. 커즈와일은 이러한 가능성이 곧 해방이라 여긴다. 가상 신체는 물리적이거나 개인적

---

54   말단소립末端小粒이라고도 하는 텔로미어는 DNA 염색체 끝부분에 있는 단순 반복 서열을 일컫는다. 세포 분열이 일어날 때 유전 정보 전체를 보전할 목적으로 텔로미어 길이를 유지하고 연장하는 것은 결국 생명의 시작과 끝을 결정하는 출발점이 된다. ─ 옮긴이

인 한계에 속박될 필요가 없다. 커즈와일이 보기에 그 한계는 새로운 성적 가능성을 열어 준다.

> 집단 섹스는 한 사람이 한 파트너의 경험을 동시에 공유한다는 것 이상의 새로운 의미를 얻을 것이다. 지리적으로 떨어져 있더라도 청중 전체가 하나의 가상 신체를 공유하여 한 명의 행위자와의 성적 경험에 참여할 수 있다. (Kurzweil, 2001: 172)

이 주장은 당혹스럽다. 한 사람의 신체가 가상의 것이 된다면 "지리적으로 떨어져 있다"는 말이 무슨 의미인가? (가상 신체는 동시에 모든 곳에 있을 수도 있고 어디에도 없을 수도 있다.) 이 주장에 따르면 섹스는 신체가 없는 쪽이 훨씬 나을 것이다. 이는 저변에 물리적이거나 생물학적인 기질이 없는 순수하게 '잉여적인' 쾌락이 될 것이다. 욕구에서 해방된 욕망이다. 탈물질 관념론의 승리이며, 따라서 타인의 욕망으로부터의 해방이다. 이제는 타인에게 우리는 무엇인가라는 종잡을 수 없는 질문에 빠질 필요가 없게 될 것이다.

자아와 타인, 생물학과 문화를 연결하는 주체의 모양이 제안하는 대로 욕망의 논리를 피하는 두 가지 접근이 있다. 이 관계의 어느 한쪽을 붕괴시키는 것이다. (타인을 자아로 붕괴시키거나 아니면 생물학을 기계로 붕괴시키는 것이다.) 그러나 주판치치가 시작한 의미에서 이를 '비관계non-relations'라고 서술하는 것이 더 정확할지도 모른다. 이 틈을 연결하는 사전적 정의로서 '고유하고' 완전한 관계는 없다는 것이다. 자연을 문화로, 또는 주체의 욕망을 타인의 욕망으로 관련짓는 하나의 올바른 방법이 있는 것이 아니다. 이 사실은 역사와 정치의 단초가 된다. 주판치치는 이렇게 말한다.

> 관계의 비존재를 통해서만 비로소 관계에 대한 공간과 우리가 아는 관계들의 연결이 열린다. 라캉의 말을 빌면 "관계의 부재는 연결la liaison을 방해하는 것이 아니라 그 반대로 조건을 말하는 것이다."(Zupančič, 2017: 24)

이것은 끝없는 욕망의 미끄러짐을 분명하게 하는 또 다른 방법이다. 즉 타인의 욕망에 대한 자신의 입장을 그 총체성 안에서 특정하려는 노력이 불가능함을 말해 준다. (타자에게 나는 무엇인가? 내 자신의 요구를 대할 때 이 타자가 나에게 무엇을 원하는가?) 이는 동시에 필요와 욕망의 비관계에 대한 인용이기도 하다. 생물학적 필요로부터 분리되어 거기로 환원되지 않는, 부유하는 쾌락이며, 성적인 것의 순간을 표식하는 것이다. 주판치치는 이 비관계를 염두에 주면서 섹슈얼리티의 '프로이트–라캉적' 개념이 "비관계를 다른 종류의 연결(사회적 연결을 포함하여)에 대한 조건을 말하는 것으로 여기게 하는 개념적 모형을 도입한다"(Zupančič, 2017: 24). 곧 "비관계를 폐지하려는 (그리고 이를 관계a Relation로 대치하려는) 목표가 오히려 모든 사회적 억압의 등록 상표"(Zupančič, 2017: 25)라는 점에 그러한 관찰의 정치적 중요성이 있다. 이런 의미에서 '관계'를 분명하게 하는 것은 내가 프레임 없음으로 서술했던 목표다. 즉 사회관계를 완전히 특정하기 위해 얻을 수 있는 모든 정보를 수집하고, 욕망과 행위와 충돌이 우리를 스스로와 타인에게 완전히 투명해지게 만들기를 기대하고, 우리에 대한 올바른 파트너를 확인하고 표상의 변덕과 모호함과 거짓뿐 아니라 비환원적 생산성을 우회하려는 포부다.

완벽하고 자동화된 파트너라는 환상에서 사회관계의 제거가 반복된다. 로봇 섹스 전도사 데이비드 레비David Levy는 커즈와일의 섹스 환상에서 그리 멀지 않은 세상을 꿈꾼다. 그곳에서 로봇은 성적 영역에서 인간을 넘어서고 인간을 교육한다.

> 로봇과의 사랑은 다른 사람과의 사랑만큼 정상이 될 것이다. 흔히 사람들 사이에서 일어나는 섹스의 횟수와 체위는 확장될 것이다. 로봇이 세상에 출판된 모든 섹스 매뉴얼을 죄다 합해 놓은 것보다 더 많은 것을 가르쳐 주기 때문이다. (Levy, 2007: 22)

섹스봇이 인간 파트너를 만나지 못하거나 만나기 어렵거나 그리고 싶지 않은 사람들의 필요를 채워 줄 것이라고 주장하는 이들도 있다. 이는 (친밀감을 "가진 자"와 "갖지 못한 자" 사이의) "친밀감의 불평등 간극"을 해소한다는 것이다(Delvin, 2015; Turner, 2018). 철학자 닐 맥아서Neil McArthur는 섹스봇의 이른바 진보적인 가능성에 관해 다음과 같이 말한다.

> 수많은 사람이 아무 잘못도 없이 파트너를 만나는 데 큰 어려움을 겪는다는 점에 사람들이 주의를 기울이지 않는 것 같다. …… 기술

이 실제 인간 파트너를 만나는 데 이상적이지 않을 수도 있지만 그 래도 많은 사람에게는 없는 것보다는 나으리라 생각한다. (Turner, 2018)

'섹스봇'의 발전은 섹슈얼리티의 스펙트럼 확장에 기여할 수 있다는 전망으로 이어진다. '로보섹슈얼robosexual' 또는 맥아서의 표현대로 '디지섹슈얼digisexual'이라는 범주를 도입할 수 있어서다. 이는 살아 있지 않은 존재를 파트너로 선호하는 개인이라는 의 미다. "미래에는 기술을 통해 섹스하기를 원하는 사람이라고 스스로 규정하는 사람들이 있을 수도 있다"(Turner, 2018). 표면적으로는 진보적인 기록에서, 그런 논의는 세르게이 플라토노프Sergei Platonov의 "안티섹수스Anti-Sexus"라는 장치에 대한 풍자적인 글 (1925)을 상기시킨다. 이 장치는 사회적인 웰빙을 위해 고안된 자위 기계로, 훈련되지 않고 충족되지 않은 성적 발작을 완화시킨다. 그런 기계들은 사회 통제의 형태로 성적 비관계의 억압을 몰래 가져 오며, 그 전제는 "섹슈얼리티가 문제가 있는 까닭은 모두가 알다 시피 타인은 (자신의 의지, 변덕, 내키지 않음이 있어서) 전적으로 예측 불 가능하고 믿을 수 없거나 그냥 만날 수 없기 때문"이라는 것이다 (Zupančič, 2017: 27). 여기에는 타인을 빼 버림으로써 '섹스의 순수한 본질'을 정제할 수 있다는 환상이 작동한다. 타인의 역할은 이 과 정에서 전혀 필수적이지 않기라도 하다는 듯 비관계로부터 풀려 난다는 것이이다. 여기서 타인은 적절한 기술이 자리를 잡으면 폐 기될 수 있는 예비 발판에 불과하다는 것이다.

이것은 기계적인 쾌락의 가능성이나 그것이 실제 육체적 욕망을 대하는 방식을 무시하는 것이 아니라 인간의 주관성을 대체하는 사회적 (비-)관계가 없을 때 그럴 수 있다는 관념을 비판하는 것이다. 레비와 커즈와일 둘 다 인체의 한계는 섹스를 제한하며, 포스트휴먼의 조건에서는 흥미롭고 즐거울 수 있는 만큼은 되지 못한다고 본다. 커즈와일이 볼 때, 섹스는 우리의 몸 없이 할 수만 있다면 훨씬 더 좋을 것이다. (몸이 없다면 생물학/사회성의 구별을 극복함으로써) 무제한의 가상 교환을 즐길 수 있기 때문이다. 레비가 볼 때, 섹스는 다른 주체의 몸 없이 할 수만 있다면 (타인이 없다면 나와 타인의 간극을 극복할 수 있기 때문에) 훨씬 더 좋을 것이다. 주판치치가 말한 것처럼, 쾌락 기계로서의 안티섹수스는 다음과 같다.

> 인류의 가능한 (그리고 급진적인) 해방에 관한 현대의 논쟁에서 끊임없이 제기되어 온 문제를 건드린다. 전역적인 인간 해방의 결정적인 장애물은 인간성("인간의 본성") 자체라는 것이다. 인간의 해방은 실제로 인간으로부터의 해방이다. (Zupančič, 2017: 28)

그런 경우 주어지는 일종의 자유는 타인의 변덕스러운 욕망으로부터 해방되는 것이다. 이는 "타인이 나에게 원하는 것은 무엇인가?"라는 질문을 배제하고 그럼으로써 욕망의 미끄러짐에서 자신을 제외할 수 있는 능력이다. 또한 이는 그것이 자리한 사회적 관계의 집합으로서 지속적이며 전체가 될 수 없는 집합이다. (타인의 욕망을 규정하는 것은 또한 다른 타인의 욕망에 자신의 욕망이 사로잡히는 방식을 규정하는 것이며, 끝없이 이러한 과정이 지속되는 것이다.) 타자성을 배제하는 것은 주판치치가 제안한 용어로 말하면 완벽한 관계를 상상하는 또 다른 방법이다. 이는 모든 욕구가 발생하는 순간 충족되도록 하는 것이다. 안티섹수스 기계는 일종의 탯줄 모형이다. 이는 타자에게 욕망을 요구하고 표현하기 이전에 욕망이 채워질 수 있는 자궁과 같은 완전성으로 회귀하는 것이다. 언어는 불필요하다. 요구도 없고 지속적인 만족만 있을 뿐이다.

우리는 로봇 섹스의 물질적 환상을 비관계의 또 다른 차원과 연관시킬 수 있다. 그것은 생물학적 한계를 초월하려는 시도와 관련된 것이다. 이러한 과정은 영화 〈그녀Her〉에서 묘사된다. 육체에 속박된 남자와 요염한 목소리의 AI 사이의 연애에 관한 이야기다. (여자는 남자의 휴대전화 운영 체제에 '거주'한다.) AI가 여러 번의 업그레이드를 거치면서 '그녀'는 자신의 애인의 물리적 한계를 초월한다. 예를 들어 여러 개의 대화를 동시에 할 수 있게 된다. 그녀의 인간 애인은 분통을 터뜨리며 질투심에 가득 차서 묻는다. "우리가 이야기하는 동안 누구 다른 사람과도 이야기하고 있는 거야?"(Jonze, 2011: 97). 그녀가 그렇다고 대답하고 그 인간 애인은 그런 사람이 몇 명이나 되는지 알고 싶어 하자, 놀랍게도 그녀는 "8316명"이라고 대답한다(Jonze, 2011). 그녀는 그들 중 641명과 사랑에 빠졌다는 점도 밝혀진다. (무한정한 수나 무한한 수가 아닐 이유가 무엇이겠는가?) 커즈와일주의자들은 특정 순간에 그들 중 일부와 동시에 섹스하거나 어쩌면 그들 모두와 아무 때나 섹스한다고 추측할 수도 있다. 비공간non-space에 있으면서 물리적 몸이 없고 가상적으로 일어나는 일이 전부인데, 그러지 못할 이유가 무엇이겠는가? 다음의 논리적 단계는 물질의 한계를 완전히 벗어나는 것이다. 다시 말해 AI인 사만다가 말하듯이 "우리는 처리 플랫폼으로서 과거의 물질을 넘어설 수 있는 업그레이드를 작성했어"(97). 최종점은 기술이상주의의 정점이다. 이는 물질의 결합을 벗어난 정보이며, 그 과정에서 주체를 완전히 벗어나서 이해할 수 없는 형태의 무한 교감에 들어가게 된다. 그 무한 교감은 어디에서도 일어나지 않고 아무 때도 일어나지 않으며 모든 실제적인 목적에 대해 아무것도 없는 것과 구별할 수 없게 된다. 사만다와 그녀의 대화 상대가 탈물질 플랫폼으로 사라지면서 그녀는 육체에 속박된 이전 애인과 계속 커뮤니케이션할 수 있는 척하기를 포기한다. 그녀는 그냥 초대를 연장한다. 즉 만일 그가 그의 몸의 경계를 벗어나 무한해지면 그녀를 찾아보라는 것이다. "설명하기는 어렵겠지만, 당신이 거기에 이르면 나를 찾아와. 아무것도 우리를 떼어 놓을 수 없을 거야"(103). 그것은 사라져서 완전한 타자와 하나가 되도록 초대하는 것이다. 이제는 부족함도 없고, 틈도 없고, 욕망의 잔소리도 없다. 철학자 슬라보예 지젝은 사만다가 AI 충족 영역으로 후퇴하는 것이 인간과의 관계를 완전히 제거함으로써 성적 관계의 불가능성을 우회하는 방법이라고 설명한다. 이것은 욕망의 논리를 회피하는 또 다른 방법이다. 주체의 본성과 몸과 유한성을 벗어나는 것이다. 지젝은 〈그녀〉를 논하면서 이 몽환적인 해결책에 반대한다. 그 해결책이 없애려 하는 '공허/불가능에 대한 충실도'를 대조한다. 이러한 충실도는 분열되고 결여되고 전체가 될 수 없는 주체의 유한성을 주장하는 것에 해당한다. "'주체'는 이 몽환적인 불가능의 이름이다"(Žižek, 2016: 322).

'사만다'라는 등장인물은 인스턴트 메시지 채팅 봇에서 영감을 받은 것이며, 애플의 시리와 구글의 AI에 비견할 수 있다 (Phillips, 2013). 순간적인 욕구 충족이라는 전망에 비추어보면, 영화에서 편리함으로부터 욕망으로 도약하는 것은 어렵지 않다. "시리, 날짜를 말해 줄 수 있나요? 그리고 나의 모든 욕망을 충족시켜 줄 수 있나요?" 기술 기업가들은 이미 이를 위한 앱을 개발하고 있다. 데이팅 앱 틴더의 공동 제작자인 션 래드Sean Rad는 AI가 연인을 이어 주는 역할을 할 수 있다는 전망을 제시한다. 잠재적인 파트너를 찾는 것뿐만 아니라 만남이 이어지도록 기반을 놓을 수 있다는 것이다. 그는 "틴더가 관심 있는 소수의 사람을 예측하는 데 아주 능숙하고 틴더가 데이트를 계획하며 다리를 놓는 작업을 할 수 있는 순간"을 상상한다(Pignataro, 2017). 사용자가 누구를 만나고 싶은지 예측하는 것 외에도 '스마트' 버전을 사용하면 사용자가 누군가를 알려고 계획하고 그렇게 해나가는 작업의 일부를 앱에 맡길 수 있다.

어느 날 틴더 앱을 열어 틴더 도우미가 이렇게 말하는 것을 상상해 보세요. "션, 아름다운 소녀가 있어요. 당신이 길거리에서 만나고 싶어 하는 매우 매력적인 사람이에요. 두 사람은 공통점이 많고 둘 다 저스틴의 친구이고 둘 다 목요일 밤에 자유로운데, 둘 다 가고 싶어 하는 멋진 콘서트가 있어요. 내가 데이트 약속을 잡을까요? 그녀에

대한 정보가 조금 더 있습니다." (Bertoni, 2017)

이 자동화된 사회성 버전과 아마존의 예측 배송 사이의 연결 고리를 확인하는 것은 어렵지 않다. 정확히 원하는 사람을 알기도 전에 그를 찾기 위해 문을 열어라. 당신이 알기 전에 당신의 알고리즘이 이미 알 것이다.

필연적으로 다음 단계는 대화 작업의 일부를 자동화된 시스템으로 넘기는 것이다. 자동 데이트란 다음과 같이 하기 싫은 일을 기계가 수행하도록 하는 것을 의미한다.

반면, 바로 지금 내가 데이트를 하고 멋진 상대를 만날 수 있는 좋은 순간을 골라내기 위해서는 스와이프와 채팅으로 해야 할 일이 많다. 당신을 위해 이러한 미묘한 차이들을 예측할 수 있는 지점까지 도달할 수 있을지도 모른다. (Bertoni, 2017)

이 자동화 버전에는 평준화 효과가 있다. 무엇을 보고, 무엇을 읽을지, 어디로 가야 하는지, 무엇을 말하고, 누구를 만나 잠자리에 들지 등 모든 것을 미리 예측하고 더 효율적으로 수행할 수 있으며, 유예된 욕망의 상태, 즉 욕구/부족의 인식과 그 성취 사이의 간격을 최소화할 수 있으며 심지어 제거할 수 있다.

래드의 사례는 시간과 노동력이 많이 소요되는 커뮤니케이션 교환을 최소화하는 방향으로 나아가고 있음이 분명하다. 목표는 데이트를 조작화하는 것이다. 즉 행동으로 바로 가기 위한 재현의 우여곡절을 우회하는 것이다. 마치 모든 예비 과정이 부담스러운 쾌락 연기인 것처럼 욕망이 충족되는 순간이다. 욕망을 멸종의 지점으로 압축하려는 이러한 시도는 선점의 시간성을 복제한다. 지연된 미래 성취를 현재로 전환하는 것이다. 이것은 조작의 환상이다. 커뮤니케이션 작업은 다른 곳에서 이루어진다. 인터페이스 뒤에서 봇은 모든 것이 미리 해결될 수 있도록 호환성 점수를 계산하고 매우 빠르게 서로 채팅한다. 정신분석 용어로 말하면, 그런 시나리오의 환상은 욕망이 커뮤니케이션의 보조 발판으로부터 (그리고 그럼으로써 타인의 욕망과 얽힌 것으로부터) 분리될 수 있다는 것이다. 이는 부수적이라 여길 수 있다. 중요한 것을 똑바로 하기 위해 자동화 이전 시대의 유물은 버릴 수 있다. 정신분석의 관점에서 보면, 자동화에 대한 이러한 전망은 언어적 주제, 즉 고유한 주제를 없애 버리는 것에 따라 달라진다. 예를 들어 섹스의 경우, 알렌카 주판치치가 "성행위 자체를 섹스화하고 잉여 투자를 부여하는 (의미화가 만들어 내는) 잉여"라고 서술함으로써 행위가 박탈된다. (여기에서 잉여 투자는 생식의 행위를 섹스화한다고 말할 수도 있다.) 이러한 잉여는 "인간의 섹슈얼리티를 가령 동물이나 식물의 섹슈얼리티와 구별되게 한다"(Zupančič, 2012: 5). 틴더 스타일의 자동화된 데이트는 섹스의 식물화로 이어진다.

이런 식으로 볼 때, 틴더 봇은 앞서 6장까지 다양한 모습으로 나타났던 자동화의 환상을 다시 보여 준다. 정신분석 이론의 분할된 주체에서 틈새와 관련된 '잉여'의 제거다. 또는 다르게 말하면, 분할을 영구히 채우려는 목표다. 라캉적 전통에서 작업하

280

는 주판치치에게, 분할된 주체란 인간의 섹슈얼리티가 나타나는 분열을 나타낸다. 주판치치가 프로이트의 추동(자연적 욕구로 환원할 수 없는 만족의 형태를 추구하는 것) 개념에 대한 논의에서 말했듯이, "인간에게 욕구에 대한 모든 만족은 원칙적으로 또 다른 만족이 생겨나도록 하며, 이는 자신을 추구하고 재생산하는 것에서 독립적이고 자기 영속적인 경향이 있다"(Zupančič 2008, 9).

이것은 인간 욕망의 익숙한 측면이다. 생물학적 욕구에서 분리되어 스스로 생명력을 갖는 만족이다. 표준적인 정신분석의 사례로 젖을 빠는 욕망이 실제 수유 기능에서 분리되는 경우를 들 수 있다. 고무 젖꼭지는 수유와 달리 생물학적 한계가 없는 고유한 쾌락을 준다. 그것은 생물학적 욕구로 환원할 수 없는, 자유롭게 떠다니는 쾌락이다. 이것은 주판치치가 주체의 쾌락과 생물학적 생명의 쾌락을 구별하면서 말한 잉여 쾌락이다. 그 기능이 더는 문제가 되지 않더라도 익숙한 생물학적 기능을 제공하는 행위를 무한정 반복하도록 매혹한다. 그 자체를 위한 활동의 자동화의 다른 맥락에서 똑같은 말을 할 수 있다. 쇼핑은 젖을 빠는 것의 한 형태다. 즉 실제 기능에 속박되어 있지 않은 부의 축적이다. 주판치치가 제안한 의미에서, (인류로부터) 해방으로서 자동화의 전망은 단순히 '탯줄과 같은' 방식으로 욕구를 충족시키는 것이 아니라 욕구에 속박되지 않은, 무한히 대체된 욕망을 충족시키는 것이다.

오래전 빌 게이츠는 소비 자동화를 "마찰 없는" 자본주의의 한 형태로 서술했다(Gates, 1995). 인간의 우유부단함과 무지의 모호함에서 해방된 소비와 생산의 과정이라는 것이다. 우리는 욕망을 가진 주체로서 소비의 원동력이자 알리바이이며 장애물이다. 소비는 표면적으로는 소비자의 이익을 위한 것이지만, 시장이 가속됨에 따라 과정이 점점 더 자율적으로 되는 것을 알아차릴 수 있다. 우리는 이를 소비자의 의사 결정 과정을 통제하는 구독 기반 소비 형태에서 볼 수 있다. 소비자는 정기적으로 의류와 같은 제품 꾸러미를 보내는 서비스에 가입한다. 중요한 것은 특정 물건이 아니라 그것이 공급되는 리듬이다. 이는 개별적인 소비 행위 모형으로부터 지속적인 충성 관계로의 전환이며, 일회성 구매로부터 구독으로의 전환이다. 이 모델은 정보로부터 시작한다. 많은 경우, 노래, TV 프로그램, 영화, 심지어 (경우에 따라서는) 책에 있어서도 개별 구매로부터 구독 모형으로 전환했다. 서비스에 로그인하고 거기에서 제공되는 모든 콘텐츠에 액세스한다.

관계 모형의 정점은 우리의 정보와 커뮤니케이션 리소스 및 애플리케이션을 아우르는 범용 포괄형 클라우드다. 우리의 음악, 메일, 글, 소프트웨어, 비디오는 모두 저장, 관리, 업데이트 및 모니터링할 수 있는 '클라우드'로 마이그레이션migration[55]된다. 우리

55　'데이터 마이그레이션'을 의미하며, 데이터를 한 위치에서 다른 위치로, 한 형식에서 다른 형식으로 또는 한 앱에서 다른 앱으로 이동하는 과정을 일컫는다. 데이터 마이그레이션은 컴퓨터 관련 시스템을 구현하거나 업그레이드하고 통합할 때의 핵심 사항이며, 이 단순하고 지루한 작업에 들어가는 인력을 최소화하기 위해 가능한 한 자동화의 비중을 높이는 경우가 많다. ― 옮긴이

는 이제 더 이상 과거에 책과 CD와 같은 자료를 소유하고 통제했던 방식으로 이러한 것들을 소유하거나 통제하지 않는다. 〈내셔널 지오그래픽*National Geographic*〉에 기고한 한 작가는 구글이 서비스 약관을 위반했다는 이유로 구글 문서에서 자기의 기사를 (잘못) 차단했을 때 이 사실을 발견했다(Chin, 2017). 인센티브는 구독 관계를 유지하는 것이다. 로그아웃하면 현재까지 지불된 모든 요금과 함께 이러한 리소스 중 일부에 대한 액세스 권한이 완전히 상실되기 때문이다. 수년간 구독료를 지불했다 하더라도 한번 관계를 종료하면 아무것도 볼 수 없게 된다. 동시에, 구독 관계를 통해 개인의 선호도 및 행동에 대한 자세한 정보 수집이 가능하며, 이는 다양한 목적에 맞게 콘텐츠 전달 및 프로필 소비자를 조정하는 데 사용된다. 이러한 합의는 "가장 권위주의적인 사회 질서는 …… 관계라는 이름으로 구축된 사회 질서"(Chin, 2017: 30)라는 주판치치의 관찰을 상기시킨다.

이 책에서 반복되는 주제를 다시 한 번 언급하자면, 구독 모델은 비관계의 생산성을 자본화한다. 소비자에 대한 더 많은 정보가 항상 필요하다는 사실(소비자의 욕구를 결코 완전히 특정할 수 없다), 마찬가지로 계약은 절대로 완료되지 않으리라는 사실, 그리고 구독은 무한정 계속될 수 있다는 사실이다. 구독 기반 시스템의 목표는 단순히 소비자를 고정하는 것이 아니라 소비자를 더 효과적으로 관리할 수 있는 정보를 얻는 것이다(5장에서 설명한 환경 변형 방식으로). 경제의 플랫폼화는 공간과 시간을 통한 구독 기반 관계의 지속적인 연장과 확장을 보여 준다. 예를 들어, 스마트 시티는 주민들의 행동, 선호도 및 커뮤니케이션에 대한 포괄적이고 자세한 정보에 지속적으로 액세스하는 대가로 편리함과 효율성을 제공한다. 도시는 대부분 비대칭적일지라도 거주자와 결정된 관계를 형성한다. 이 관계는 상호 작용 플랫폼을 소유하고 통제하는 사람들이 중재한다. 고객 관계 관리와 시민 관계 관리는 자동화된 시대에 그 모습을 드러낸다. 구성적 비관계는 계속되는 수많은 관계를 통해 가려지고 은폐된다. 넷플릭스는 우리의 영화 취향을 친구들보다 더 잘 알고 있다. 스포티파이는 우리를 위해 음악 목록을 만들 만큼 우리를 잘 알고 있다. 전화기는 퇴근하여 집에 가는 데 걸리는 시간을 열심히 알려준다. 온도 조절기는 우리가 집을 얼마나 따뜻하게 또는 시원하게 하는 것을 좋아하는지 알고 있다. 도시는 우리가 어디에 있고, 어디로 가고, 누구를 만나는지 알고 있다. 집은 우리가 언제 자고, 먹고, 씻는지 우리의 사적인 일상 리듬을 계속 추적한다.

구독 관계는 주체의 불일치로 인한 위험을 최소화하려고 한다. 마찰 없는 자본주의의 관점에서, 인간은 무의식적 격차의 형태를 취할 수 있는 예측 불가능성, 저항, 심지어 반항으로 소비 과정을 늦추고, 욕망을 완전히 구체화할 충분한 데이터가 결코 없도록 보장한다. 그러나 주체가 제기하는 막힘은 구조적이며 생산적이다. 그것은 제거라는 환상 불가능성을 은폐한다. 이 구조는 익숙한 구조다. 과정에 필수적인 장애물의 외부화는 제거할 수만 있다면 과정이 완성될 것이라는 환상과 일치한다. "그 후로 영원히 행복하게"와 같은 소비주의의 약속은 주체성을 빛바

랜 것으로 만든다. 따라서 약속은 소비자 관계 관리의 완벽함인 지속적인 연결성에 의존한다. 이러한 맥락에서 '매트릭스'가 자궁을 의미하는 후기 중세 영어 단어라는 것을 기억해 둘 만하다. 발터 베냐민Walter Benjamin은 19세기 부르주아 인테리어를 각 사용자가 시간이 지남에 따라 사용 흔적을 남기는 봉제 지갑에 비유했다. 즉 거주자가 살아온 만큼 상해 가며 모양이 변형되는 공간 말이다(Benjamin, 1999). '스마트' 매트릭스는 더 동적이고 사이버네틱적이며 실시간으로 물리적 환경을 변조하기 위해 데이터를 수집한다. 이것이 바로 "융합 문화"가 의미하는 것이다. 〈월스트리트 저널*The Wall Street Journal*〉의 경우와 최신 베스트셀러인 쇼샤나 주보프Shoshana Zuboff가 쓴 《감시 자본주의 시대*Surveillance Capitalism*》(2019/2021)의 경우처럼, 이제는 디지털 미디어가 감시 경제와 감시 사회의 부상에 의존한다는 것을 공개적으로 인정할 준비가 된 것 같다.

욕망을 조작화하기

욕망의 선점을 논의한 이전 장들에서는 매개된 자동화의 전망을 추적했다. 모든 필요는 발생하기 전에 충족되며, 모든 유해한 행위는 발현하기 전에 차단된다. 동시에 AI의 부상과 관련된 불안의 정의라 부를 수 있는 것을 예고한다. 그것은 기계 깊은 곳으로부터 분출하는 욕망이다. 놀라울 것도 없이 이 불안은 다른 사람의 억압된 모습이 기계로 옮겨져서 다른 사람의 욕망에 대한 질문을 피하기 어렵다는 것을 나타낸다. 자동화된 미디어 시스템에 대한 의존도가 높아짐에 따라 사회성을 네트워크 기술에 넘겨버리게 되면 욕망의 문제 역시 넘어가게 된다. 우리에게는 "기계가 우리에게 원하는 것은 무엇일까?"라는 질문이 남는다. 교육, 고용, 건강 관리, 신용 등에 대한 접근에 영향을 주는 자동화된 결정에 점점 더 의존하게 됨에 따라 그 질문은 점점 더 긴급해진다.

프로이트의 의미에서 주체 이전의, 자극받지 않고, 흥분하지 않고, 무생물 상태로 돌아가는 죽음의 욕망을 포용하는 것으로 선점의 전망을 읽고 싶어진다. 통합된 근본적인 야망이 다양한 선점 배치 탓이라고 할 수 있다면, 위험과 불확실성과 창발의 궤적으로서의 미래(그리고 그 연장으로 과거)의 끝이 될 것이다. 미래에 대한 이러한 반감은 트럼프 시대의 포퓰리즘 정치에 영향을 미쳤다. 리 에델먼Lee Edelman은 클린턴 시대의 정치에서 미래의 상징으로서 아동의 역할을 강조했다(Edelman, 2007). 빌 클린턴이 재선 출마 때 미국어린이연합을 위한 공공 서비스 광고에 등장한 것이 그런 사례다. 당시 클린턴의 정치적 반대자들은 그가 그 광고를 불공정한 캠페인 전략으로 사용했다고 비난했다. 당파심에 오염되지 않아야 할 명분을 정치에 이용했다는 것이다. 하지만 그런 정치적 순간은 클린턴 시대와도 멀어졌다. 예를 들어 어린이들을 위한 공익 광고에 등장하는 도널드 트럼프를 상상하기는 어려울 것이다. 트럼프는 아기에게 키스하는 대신(그는 악명 높은 세균 공포증 환자다) 우는 아기를 안고 있는 엄마에게 집회에서 나가라고 말한 것으로 유명하다. 아기의 울음소리가 처음 그의 말을 방해했을 때 그는 어머니를 빈정대며 위로했다. "그 아기는 걱정 마세요. 저는 아기를 사랑합니다. …… 아기가 우는 소리를 듣는 게 좋아요. 정말 아름다운 아기입니다." 그러나 잠시 후 연설이 계속 중단되자 그는 "사실은 농담이었습니다. 아기를 여기에서 데리고 나가주세요."라고 덧붙였다. 그리고 다시 조롱하듯이 덧붙였다. "아기 엄마는 내가 연설하는 동안 아기 울음소리를 정말 좋아한다고 믿은 것 같아요"(Reuters, 2016).

이후 트럼프를 집권하게 만들었던 정치적 조류는 미래의 지평에 있는 정치보다는 '태워 버리는' 정치적 추동에 더 많이 바쳐졌다. 클린턴 시대의 선거 구호가 '선행자' 방식의 접근으로 비난받았던 것과는 대조적으로, 트럼프 정부의 포퓰리즘은 지속 가능성의 구호에 담긴 미래의 제한적인 지평에 반감을 나타낸다. 이 정서는 포챈과 대안 우파 및 트럼프 충성파의 파벌이 모이는 다른 사이트에서 반복되는 주제. 포챈 게시판에 올라온 한 글에는 "왜 내가 힘들게 번 돈을 낭비하고 싶겠는가. 아이를 키울 한가한 시간이 얼마나 부족한가. …… 바람둥이만이 아이를 원한다"(익명, 2017a). 재생산적 미래주의에 대한 이런 저항은 반복되는 주제다. 또 다른 글에는 "덜떨어진 바람둥이만이 아이를 갖는다"(익명, 2017b)라고 썼고, 또 다른 글은 다음과 같이 썼다.

왜 [내가] 다른 멍청한 인간 때문에 내 인생과 은행 잔고를 망칠 선택을 하겠는가. …… 아이를 키우느라 나 자신을 속박하고 싶지 않다. 나는 삶을 살고, 재미있게 지내고, 하고 싶은 일을 하고 싶다. 아 이라니, 빌어먹을. 결혼이라니, 빌어먹을 …… (익명, 2017c)

트럼프 행정부의 정책은 더할 나위 없이 미래가 없는 정책이 다. 교육부에 재정 지원을 중단하고, 성장기 어린이에게 뇌 손상 을 유발하는 살충제 금지를 해제하고, 화석 연료의 무제한 추출 및 연소를 지원하고, 다양한 오염 물질을 포괄하는 환경 보호를 폐지하는 등등(Lipton, 2019; Popovich, Albeck-Ripka, & Pierre-Louis, 2018). 하버드대학교의 한 연구 보고서에 따르면 이러한 정책 변화는 "10년에 최소 8만 명의 추가 사망에 기여하고 100만 명 이상의 사람들에게 호흡기 문제를 일으킬 수 있다"(Popovich et al., 2018)고 보고했다. 2016년 말 무렵에는 '어린이와 미래를 위한 일'이라는 개념이 트럼프 지지자에게는 결집 구호가 아니라 조롱의 대상이 되었음이 분명했다.

이렇게 미래의 거부로 수렴한다면 욕망과 죽음의 추동을 둘 다 너무 단순하게 읽지 않는 분석이 필요하다. 주판치치에게, 죽 음의 추동은 조용한 비흥분에 대한 충동이 아니다(Zupančič, 2017). 모든 '결핍'에 관한 자극을 해소하려는 (배가 고플 때 먹고, 피곤할 때 잠 을 자는 것과 같은) 욕구가 아니다. 오히려 추동이 성적 추동으로 되 는 순간은 잉여의 쾌락이 반복적인 포만감의 과정에 들어갈 때 다. 즉 단순한 필요를 넘어서 먹는 것의 쾌락이 (또는 단순한 생식을 넘어서는 성관계의 쾌락이) 있을 때다. 이 쾌락은 생물학적으로 환원할 수 없는 다른 '필요'를 충족시킨다. 이것은 쾌락이 분리되어 잠재적으로 생존 본능과 갈등을 일으킬 수 있는 순간이다. 이것은 주판치치가 죽음의 추동이라는 개념으로 말하려는 것에 접근하는 또 다른 방법이다. 그것은 유기체를 정지 상태로 되돌리려는 만족의 형태를 희생하더라도 쾌락을 반복하는 추동이다. 이런 형태의 반복은 욕망의 사회적 차원에 사로잡힌다. 그것은 개별 유기체로 환원할 수 없는 욕구에 응답한다. 예를 들어, 유기체는 굶주림의 자극을 가라앉히는 음식으로 만족할 수 있지만, 주체는 쉽게 해소될 수 없는 다른 수준의 활성화/자극stimulus/irritation에 시달리게 된다. 이는 타인의 욕망에 대한 질문이다. 즉 타인이 무엇을 원하는지, 타인이 왜 나에게 반응하는지, 타인이 왜 나를 신경 쓰는지 등의 질문이다. 이 수준에서는 구조적으로 접근할 수 없는 결핍을 채우려는 발버둥이 있다. 이 수준에서는 음식이 굶주림에 대한 해답이 되는 방식처럼 만족에 이르는 길이 미리 정의되어 있지 않다. 주판치치가 말했듯이, 자기 보존의 본능이 "생물이 자기 죽음의 길을 따르도록 하고 유기체 자체에 내재된 것 이외의 무기적 존재로 돌아가는 가능한 모든 방법을 막기 위해 작동한다면" 죽음의 추동은 "유기체에 내재한 것 이외의 무기적 존재로 돌아가는 방법을 확립하고 추진하는 것으로 정확하게 설명될 수 있다"(Zupančič, 2017: 86).

다소 다른 용어로 말하면, 죽음의 추동은 이 유기체 내재성에서 단절을 표시하는 한도 내에서 주체와 공존한다. 생물학적인 목록이 사회적인 기록부에 들어가는 것과 일치하는 단절이다. 주체는 무기적 존재로 되돌아가는 비내재적 방식에 의해 구성되는 형성으로 설명될 수 있다. 즉 상징적·사회적 관계로의 진입으로 인한 형성인 언어와 표현의 영역이다. 그러한 설명에 따르면, 모든 필요에 대한 즉각적인 대응, 즉 그에 대한 완벽한 선점은 죽음의 추동(무기적 정지 상태로의 복귀를 통한)의 성취가 아니라 이를 끊어 내려는 시도다. (생물학적 필요를 넘어선) 사회적 잉여 생산성을 위한 중심 역할을 하는 것은 주체(즉 그 비자아 정체성)의 격차 또는 부족이다.

> 라캉이 "상징적 거세"라고 부르는 것은 박탈이며 빼앗는 제스처다.
> …… 그것은 그 자체로 욕망과 의미의 공간을 제공하고, 생산적이고, 생성하고, 개방하고 유지하는 것이다. 우리 인간 존재의 실망스러운 본질, 우리의 삶이 트라우마적 불균형으로 표시되어 영원히 합쳐지지 않았다는 바로 그 사실이 우리를 영구적인 창의성으로 나아가게 하는 것이다. (Žižek, 2013: 132)

완벽한 자동화의 야망은 이 충격적인 불균형을 바로 잡는 것이다. 지젝과 주판치치가 제기한 의미에서 죽음의 추동을 없애는 것이다.

이 멸종에 대한 보상은 죽음의 추동을 욕망하는 기계의 영역으로 옮기는 것이다. 우리 자신의 욕망이 선점됨에 따라 그들의 잔상은 기계적인 타자에게 던지는 질문에 드러난다. "왜 나를 위해 이 일을 하는 거죠? 그것에서 무엇을 얻습니까?" 이것은 주체의 모습이 욕망의 변증법에 얼마나 확고하게 사로잡혀 있는지를 보여 주는 투영의 문제다. 기계가 다른 사람을 대신하게 될 때 우리는 다른 사람의 불투명한 욕망을 부여하지 않기가 어렵다는 것을 알게 된다. 그것이 우리를 돕고 있다면 우리는 우리가 무엇을 위한 것인지, 즉 우리가 기계에 무엇을 의미하는지 궁금해할 수밖에 없다. 물론 기계는 사회적 또는 언어적 의미에서 주체가 아니기 때문에 이 반응은 상호적이지 않다. 그들은 동일한 사회적 관계 네트워크에 얽매이지 않기 때문에, 그들의 욕망에 대한 질문을 불편하게 만든다.

기술 기업가 일론 머스크가 AI에 대한 토론에서 영화 〈터미네이터*The Terminator*〉를 악령이라 들먹였던 일은 유명하다. "그것은 악마를 불러내는 것입니다. 오각형과 성수를 가진 사람이 등장하는 모든 이야기에서 그 사람은 악마를 통제할 수 있다고 확신하지만, 그렇게는 안 됩니다"(Gibbs, 2014). 끝없이 미끄러지는 인간 욕망의 특성(모든 결정에서 완전히 특정할 수 없음)이 기계의 욕망에는 결여된 정확한 이유는 기계가 타인의 욕망에 관심이 없기 때문이다.

픽션에서는 기계가 타인의 욕망과의 관계 속에 자신을 배치하려 시도할 때 그 기계는 주체화된다(영화 〈그녀〉의 경우처럼). 그러한 묘사는 우리가 무대 뒤에서 일어난다고 알고 있는 일을 무대 앞에서 드러내기 때문에 더욱 강렬하다. 기계는 우리의 욕망과 관련하여 스스로 자리를 잡으려고 하지 않는다. 자신의 욕망이 없고 그 안에 프로그램된 명령어를 욕망하지 않는다는 말이다. (그것은 욕망이 성찰적 논리를 작동시키기 때문이다. 욕망하고자 하는 욕망 그것이 이른바 리비도를 향상시켜 주는 약물이 존재하는 이유다.) 우리는 스스로 속일 만큼 충분히 욕망을 모방하도록 기계를 프로그래밍할 수 있지만, 그 자체로 욕망을 욕망할 수 있게 만들지 못한다. 윌리엄 깁슨William Gibson의 1986년 단편 소설 〈겨울 시장*The Winter Market*〉은 이러한 욕망의 재귀적 요소를 묘사한다. 이 소설에서는 리즈라는 이름의 신경 마비 상태의 녹음 아티스트가 요즘으로 치자면 '클라우드'라고 부를 만한 것에 의식을 업로드하는 것을 사이버펑크로 묘사한다. 직접적인 뇌와 뇌의 접촉이라는 저커버그의 환상을 예측하기라도 하듯이, 성공적인 "꿈의 예술가" 리즈는 특별한 장치에 녹음한 후 다른 사람의 뇌에서 재생되는 환각을 구성하는 사람이다. 퇴행성 신경 질환으로 마비되어 무감각한 몸은 로봇 외골격에 의존하는데 이는 곧 기계적인 감옥이 된다. 이야기 속 화자는 그의 꿈을 편집하여 상업적으로 재판매하는 일을 하는데, 그가 죽기 직전에 그의 의식을 네트워크에 업로드하여 불멸이 되는 상황을 묘사한다. 화자는 술집에서 자신의 마지막 육체 행위로 어느 술 취한 청년을 유혹하는 그녀와 마주친다. 화자는 그가 신체 접촉을 느끼기에는 너무 무감각했고 자동화된 외골격 로봇의 도움 없이 성행위를 하기에는 몸이 너무 마비되었지만 욕망에 대한 욕망이 계속 그에게 불타올랐다고 말한다.

내가 마침 거기에 있지 않았거나 그들을 보지 않았더라면 그 뒤에 일어난 일들을 받아들일 수 있었을지도 모른다. 그를 대신하여 기쁨을 얻을 방법을 찾았을 수도 있고, 그가 그 뒤로 어떻게 되었는지 무엇이든 믿을 수 있는 방법을 찾았을 수도 있고, 그의 이미지를 구축했을 수도 있다. 그것은 그가 자신이라고 믿는 범위까지 리즈인 척하는 프로그램이었다. 그는 해방의 외침과 함께 그 불쌍한 슬픈 몸을 던져 버렸고, 폴리카본과 혐오스러운 육체의 굴레에서 벗어났다. (Gibson, 1986: 178)

그가 리즈의 특이점 순간을 결국 받아들이지 못했다는 사실은 그가 주체로서 소멸되었다는 것에서 비롯된다. 그것은 그의 '혐오스러운 육체'와 함께 욕망에 대한 재귀적 욕망을 버리는 것이다.

자기 성찰의 순간이야말로 정확하게 기계어의 운영 코드에 들어 있지 않은 것이다. 물론 기계는 인간을 이기는 방법을 '학습했다.' 그러나 기계가 이기기를 '원하는지,' 또는 이기기를 '원하는' 이유가 무엇인지 궁금해하는 것은 무의미하다. 이는 체스판을 사이에 두고 인간과의 관계 속에서 위치하는 욕망이다. 이것은 알고리즘이 '편향'될 수 없다고 주장하는 사람들이 쉽게 인정하는 점이다. 왜냐하면 그들에게 편향의 개념은 자동화된 계산에 없는 지향성과 아니무스라는 의미를 뜻하기 때문이다. 어떤 수준에서 이것은 의미론의 문제다. 물론 알고리즘은 예를 들어 법원 시스템에서 재범 예측에 사용되는 알고리즘이 아프리카계 미국인이 백인 미국인보다 재범의 가능성이 높다고 잘못 예측할 가능성이 더 크다는 의미에서 편향될 수 있다(Angwin et al., 2016). 그러나 알고리즘 자체는 행위자로서의 인종적 적대감으로 채워지지 않는다. 단지 가중치 시스템이나 그것이 의존하는 훈련 집합을 반영할 뿐이다. 훈련 집합에 편견이 통합되면 결과가 편향된다. 다른 한편 알고리즘을 사용하려는 선택은 명확히 인간의 선택이며 모든 종류의 편견으로 가득 차 있다.

AI가 (인간보다 더 잘해서) 이기려는 욕망이나 (다른 사람을 희생시키면서 특정 그룹을 표적으로 삼아서) 차별하려는 욕망으로 차 있지 않다는 점을 지적하는 것은 사소해 보인다. 그러나 컴퓨팅 시스템이 더욱 강력해짐에 따라 욕망이 실리콘 심장에 뿌리를 내릴 수 있다는 관념은 대중적인 심상 속에 집요하게 지속된다. 일론 머스크와 같은 인물의 디스토피아적 불안감 속에서 그러하고, 고 스티븐 호킹의 지능형 기계에 대한 다음과 같은 경고에서 그러하다. "지능형 기계는 자신을 보호하고 목표를 더 잘 달성할 수 있는 자원을 찾습니다. 그들은 살아남기 위해 우리와 싸울 것이고, 자신의 전원이 꺼지는 것을 원하지 않을 것입니다"(Barrat, 2015). 이책의 관심사 중 하나는 기계의 욕망이라는 관념이 틀렸음을 드러내는 것이었다. 진정한 위험은 기계가 자체적으로 알 수 없는 충동을 갖게 되는 것이 아니라 사회적인 것에 대한 일을 기계에 맡겨 버림으로써 우리 자신의 자율성의 차원을 포기할 것이라는 사실에 있다. 그럼으로써 그들이 소외되고 잘못 인식된 인간의 명령을 반영하는 결정을 내릴 수 있도록 하는 것이다. 자동화의 정의적인 편향(자동화 속의 편향이 아니라)은 반사회적이라는 특정한 의미에서 반인간적이며 이 점에서 반정치적(비정치적인 것이 아니라)이다. 단순한 계산의 속도와 양이 욕망에 따라 움직이는 지능으로 변할 수 있다는 관념은 충분한 데이터가 있으면 주체를 총체적으로 다시 만들 수 있다고 주장하는 것과 같다. 로봇학자 한스 모라벡이 경력을 쌓은 바탕은 지능이 초당 수백만 개의 명령(millions of instructions per second: MIP)의 양자로 매핑될 수 있다는 관념이었다. 이는 명령을 실행하는 속도다. 이러한 정식화는 명령의 소스 자체를 차치하고, 충분한 처리 능력으로 기계가 명령을 실행하는 기능을 소스로 변환할 수 있다고 가정하거나 프로그래밍된 명령의 초기 세트가 기계의 성능과 함께 계속 발전할 것이라고 가정한다. 조금 지나면 인간 프로그래머가 설치한 명령이 기계의 의지가 된 것처럼 보일 것이다. 이러한 접근 방식은 비록 환원적 유물론인 듯 보이지만 실상은 지식과 욕망의 문제가 전체적인 결정과 사양의 하나라고 상상한다는 점에서 일종의 관념론에 해당한다. 지식과 욕망을 충분히 복잡한 프로그래밍 명령 세트와 빠른 프로세서와 충분한 데이터로 복제할 수 있다는 것이다. 그러나 주체의 주인공이 보여 주는 쟁점은 뛰어난 사양이 아니라 실재 자체의 불특정한 특성이라는 점이다. 주판치치는 정신분석 강의에서 여기에 담긴 분명한 유물론의 특성을 다음과 같이 서술한다.

> 무의식은 객체적인 세계의 주체적인 왜곡이 아니며, 무엇보다도 객체적인 세계 자체의 근본적인 불일치를 나타내는 표시입니다. 일관성이 없으므로 주관적인 왜곡을 허용하고 생성합니다. (2008: 16)

이것은 불완전성의 필요성이나 종결의 불가능성에 대한 형이상학적 주장이 아니다. 그것은 주체의 존재 자체를 전제 조건으로 한다. 다르게 말하면, 주체의 경험적 존재는 이 물질적 불일치의 증상으로 서술될 수 있다.

조작적 언어

완전한 결정('모든 것을 측정하고 수집함')의 명령에 대한 언어적 추론은 생각이 언어로 불완전하게 전달되는 완전히 지정된 형태라는 관념이다. 이 논의에 따라 우리가 사람들의 마음에 직접 접근할 수만 있다면 그들이 '정말로' 무슨 말을 하는 것인지 이해할 수 있으며, 따라서 더 나아가 그들의 욕망의 진정한 특성을 이해할 수 있다. 이것은 이른바 '거짓말 탐지기'의 수많은 예에서 모형을 찾을 수 있는 친숙한 충동이다. 여기에는 국토안보부의 이른바 '악의성' 탐지기(생체적 신호에서 폭력적인 의도를 읽음)로부터 음성 긴장 분석 장치를 써서 데이트 상대와 인터뷰하는 MTV 쇼에 이르기까지 다양하다. 언어의 잡동사니를 없애려는 이 목표는 VR 지원 포스트언어 커뮤니케이션이라는 저커버그식의 판타지에서 반복된다.

모든 언어를 완전히 '투명하게'(무의식의 영역을 회상하는 불일치, 미끄러짐 및 숨겨진 의미 없이) 렌더링하려는 시도는 조작화의 패러다임과 같다. 이것은 기계 언어의 필수 사항이며 모호함, 불일치 및 잘못된 방향의 잠재성을 제거하겠다는 것이다. 이러한 충격에 대한 비판적 접근은 말과 사물, 우리가 말하는 것과 의미하는 것, 즉 정치와 욕망을 위한 공간 사이의 격차의 중요한 역할을 강조한다. 조작주의는 판단의 필요성과 공간을 모두 배제한다. 주체가 완전히 스스로 투명하고 그 의미가 모호하지 않다고 상상한다. 다시 말해, 기계어는 통역의 관행을 필요로 하지 않는다. 그러므로 기계가 욕망하지 않는다고 말하는 것은 기계 '언어'의 비언어적 특성을 주장하는 것이다. 가장 일반적인 용어로 라캉적인 주장은 욕망이 절대적으로 언어에 달려 있다는 것이다. 브루스 핑크Bruce Fink는 이렇게 말한다.

> 언어는 우리의 욕망이 생겨나도록 하면서 하나로 모이도록 하고, 우리가 동일한 것을 원할 수도 있고 원치 않을 수도 있게 하고, 우리가 원한다고 생각한 것을 얻었을 때도 결코 만족하지 못하게 만든다. (Fink, 1995: 7)

더욱이 그는 "엄격히 말하면 언어 없이 욕망과 같은 것은 없다"(27)라고 덧붙였다. 따라서 이러한 용어로 프레임된 욕망의 개념은 언어적 주체에 고유한 것이며, 이는 욕망과 관련된 특정 개체 그룹을 그려 내는 정식화다. 기계에 사용할 수 있는 코드가 있을 수 있지만, 이것은 언어와는 다르며 언어와 관련된 범주(욕망, 주체성 및 잠재의식)와는 다른 범주로 남아 있다. 인간을 사물의 의회에 동화시키려는 다양한 접근 방식에서 욕망의 개념이 대체로 구식(그리고 정신분석은 표면적으로 대체된 접근 방식)이 되는 것은 아마도 이러한 이유 때문일 것이다. 목표는 욕망을 더 넓은 범주로 축소하는 것이다. 용어를 바꾸거나 잠재의식의 주관성에 대한 연결을 무효화하는 방식으로 욕망을 재정의함으로써 비인간 및 무생물과 공유될 수 있다.

예를 들어, 제인 베넷의 생동하는 유물론은 "존재 속에서 보존되기 위한" 각 사물의 노력을 의미하는 스피노자의 용어 "코나투스Conatus"[56]를 욕망의 재구성이라고 용도를 바꾼다(Bennett, 2010). 이 개념은 단순하거나 복잡한 모든 것, 살아 있거나 살아 있지 않은 모든 것에 '고집'과 '노력'의 특성을 부여한다는 점에서 욕망이라는 의미를 내포한다. 베넷은 스피노자의 용어를 사용하여 "떨어지는 돌은 보존되려는 원초적인 욕망을 표현하는 것처럼 '보인다'"라고 말한다(Bennett, 2010: 120, 강조 추가). 이전에 욕망으로 알려진 충동에 접한 선택 의지 형태로 그려진 물질 세계를 구상한다는 점에서 그런 정식화에는 매력적인 점이 있다. 여기에는 다소 극단적인 형태의 평준화가 작동한다. 인간과 별똥별은 비슷하게 노력하고 비슷하게 완고하다. 그런 정식화에서는 욕망이란 관념이 사라져 버린다. 그것은 인간의 사회성, 언어 및 주체성과 너무 얽혀 있다. 우리는 암석이 그것을 닳게 하는 요소에 맞서 지

---

56   코나투스는 "노력, 충동, 경향, 성향, 약속" 등으로 번역되기도 하는데, 심리철학이나 형이상학에서 사용된 서술어로 사물이 본디부터 가지고 있고 자신을 계속 높이려는 끊임없는 움직임을 의미한다. 데카르트, 스피노자, 라이프니츠, 홉스 등이 이 개념을 깊이 논의했다. ― 옮긴이

속되기 위해 어떻게 '힘을 쏟을지' 상상할 수 있지만, 그것이 어떻게든 지속되기를 원한다고 상상하기에는 너무 많은 것이 요구된다. 컴퓨터가 체스에서 승리하기를 '욕망한다'는 것 이상이다. 그러나 '스마트한' 물체의 시대에는 무생물 영역에 욕망의 층위를 덧붙이는 것이 더 쉬워지고, 그렇게 함으로써 서로 커뮤니케이션하고 우리의 존재와 요청에 응답할 수 있는 프로그램으로 움직이게 할 수 있다.

정보에 입각한 기계와 장치의 부상은 노력에 따라 움직이는 물체 세계에 대한 약속과 함께 물체 세계의 일부에서 강화된 형태의 완고함과 반항의 유령을 동반한다. 아마 이 세계를 정의하는 문화적 이미지 중 하나는 〈2001 스페이스 오디세이 *2001: A Space Odyssey*〉에 나오는 조종사들을 배신하는 컴퓨터 할HAL의 이미지일 것이다. 할의 욕망은 우주 비행사 중 한 명을 우주선에 다시 태우라는 명령을 거부하는 순간, 명백하고 묘하게 인간적인 것이 된다. 할이 "데이브, 미안해요. 그렇게 할 수 없을 것 같아요"라고 대답하는 바로 그 유명한 순간이다. 물론 객체 세계는 오랫동안 인간의 노력에 대한 저항과 예상치 못한 반응을 제공해 왔지만, '행위자'에 대한 새로운 강조는 점점 더 반응하고 명백하게 자율적인 객체 세계를 약속하는 상호 작용과 정보의 중첩과 일치한다. 디지털 시대는 사물의 '행위자'를 재발견하는 데 도움이 된다. 마치 우리가 사물 세계에 자신의 욕망을 부여하여 이를 준비하는 인프라를 구축한 것처럼 보인다.

이 물체들은 그들 자신의 욕망을 지니지 않을 수도 있지만,

제인 베넷이 제안했듯이, 아마도 우연히 마치 그들이 그렇게 하는 것처럼 보일 것이다. 스마트 시티, 공간, 사물의 세계는 이 관찰을 일반화할 것이다. 물질세계는 그 자체의 욕망을 지닌 것처럼 보일 것이다. 이러한 욕구 중에는 예를 들어 우리의 모든 움직임, 표현 및 커뮤니케이션을 추적하려는 욕구가 포함될 수 있다. 상품, 서비스 및 정보 제품을 더 효과적으로 판매하려는 욕구 효율성, 속도 및 생산성 극대화 측면에서 편리함을 구성하려는 열망. 이는 우리의 활기찬 인프라에 스며드는 자율적인 욕망처럼 보이지만, 상호 작용 인터페이스를 설계, 제어 및 구조화하는 사람들의 명령을 반영한다. 우리에게 돌아온 너무나 인간적인 명령을 잘못 인식하게 되는 정도까지 우리는 '사물 인터넷'을 강화된 상품 물신주의의 한 형태로 서술할 수 있다.

베넷 주장의 요점은 그러한 명령이 기계에 내장되어 있어도 모든 것이 항상 계획대로 진행되지는 않는다는 것이다. 예상대로 완벽하게 작동하는 것은 없다. 물질은 언어보다 의도를 결과로 직접 변환하지 않는다. 항상 저항과 예측 불가능성이 있다. 특히 시스템이 자체의 행동유도성(어포던스)과 논리를 가진 수많은 구성 요소로 구성되어 있기 때문에 모두 완벽하게 예측할 수는 없다. 물신(패티시)조차도 예측할 수 없으며, 이 예측 불가능성에는 변화와 저항의 가능성이 있다는 것이 베넷의 주장이다. 시장의 명령이 자해적인 결과를 낳을 가능성이 있다. 다시 말해서, 상품 물신주의에 관해서도 다시 신비화하고 귀화하는 과정에는 장점이 있다.

다른 세력이 그림자 속에 남기는 광고의 긍정적인 요소를 끌어내는 것이 우리 일의 일부일 수 있다. 이러한 인식은 놀라움, 경이, 심지어 마법으로 간주될 수 있는 그 '물신'에 대한 의도적인 수용, 심지어는 적극적인 구애의 길을 열어 준다. (Bennett, 2010: 122)

역사는 인간과 기계로 구성된 복잡한 시스템이 예측할 수 없는 결과를 낳을 수 있다는 주장을 옹호한다. 역사는 또한 이러한 결과가 기존의 권력관계를 재현하는 더 넓은 통제 구조에 맞는 경향이 있다는 인식을 보증한다. 일상적으로 이러한 시스템을 제어, 운영 및 배포하는 사람들의 의도와 관련하여 일을 '그르칠' 수 있지만, 이는 모든 것이 언제나 불확실하다는 말은 아니다. 상황은 사회관계의 극적인 재구성으로 쉽사리 전환되지 않을 수도 있다.

베넷과 '신유물론' 계열의 학자들은 포스트주체적인 평평한 존재론flat ontology의 평준화 효과를 받아들였는데, 이는 구조화된 형태의 갈등과 관력관계가 장기적으로는 예상치 못한 일을 자아낼 수 있음을 설명하지 못할 위험이 있다. 베넷은 지향성에 대한 구조적 역할을 거부함으로써 이 문제를 회피한다. 이는 '어셈블리지'의 미결정성에 사로잡혀 있다. 여기에 의도가 포함되긴 하지만 그 결과가 결정되지 않은 하나의 요소일 뿐이다. 물론 주판치치가 말했듯이, 신유물론에 대한 그녀의 비판에서 "무한한 실재 속에서 특별히 구별되지 않는 곳으로 후퇴하는 것"(Zupančič, 2017: 122)은 주체의 모습에 대해서도 마찬가지라고 말할 수 있다. 베넷은 대상 세계의 작동 능력에 초점을 맞추고 주체의 '물신화'를 피하기 위해 주관성에 대한 문헌을 분류한다는 점에 대해 더 신중하다. 따라서 그녀는 주체의 두드러짐을 덜 강조하는 재구성된 어휘를 개발한다. "행위소와 연산자는 보다 주체 중심적인 어휘로 행위자를 대체하는 단어다"(Bennett, 2010: 9). 그녀는 또한 "주체를 효과의 근본 원인으로 간주하지 않는"(85) '분배된 행위자 이론'을 수용한다. 의도된 결과는 지구에 그러한 혼란을 일으킨 인간 중심의 형태에 도전하는 것이다. 이 평준화 움직임의 목표는 인간을 사물 수준 정도의 '아래로' 끌어내리는 것이 아니라 사물 세계의 활력에 대한 존중과 관심을 유도하는 것이다. 그러나 자동화에 대한 논의에서 의도하지 않았지만 특히 두드러지는 결과로 포스트휴먼 다원주의로 설명되는 것의 출현이 있다. 결과는 일련의 복잡한 상호 작용에 관여하는 수많은 행위자로서, 마이클 워너Michael Warner가 "비구조주의astructuralism"라 부른 것의 한 형태에 상응한다(Warner, 169). 베넷의 논의에서 '어셈블리지'의 개념이 이러한 형태의 구조를 결정하는 모든 형성을 식별하려 시도하는 한, 즉 그의 설명의 관점에서 회귀적이 되는 한 이러한 방향으로 밀어붙인다. '창발적 인과성'의 버전에서 그는 그 과정 자체가 동시에 원인과 결과이며 둘 사이의 차이를 모호하게 만든다고 설명한다. 아마 목표는 소유권과 다양한 경제적, 정치적 자원에 대한 통제권을 가진 사람들을 설득하여 그러한 관점을 채택하고 그들의 의도를 집합체의 모호함에 포기하게끔 하는 것이다. 그러한 결과에 대한 전망은 어두워 보인다.

주체에 대한 베넷의 도전은 더 정확하게는 독립적인 행위자로서의 개인의 모습을 향한다. 중요한 측면에서, 이 수치는 자동화의 대상이 된 정신분석의 자기 동일적이지 않은 주체와는 다르다. 주판치치에게 있어서 "주체는 단순히 많은 물체들 사이의 물체가 아니라, 물체로서 존재 자체에서 작용하는 모순, 적대감의 존재 형태이기도 하다"(Zupančič, 2017: 122). 그녀는 평평한 존재론이 존재의 중심에 있는 모순을 가린다고 주장한다. 주체의 강등은 그것을 "무한한 실재에서 특별히 구별되지 않는 하나의 위치에 할당하고 따라서 효율적으로 분할을 가려 실재 자체가 문제가 없도록 실재를 만들어 낸다"(122).

이러한 분열의 은폐는 주체의 모습을 (그리고 그에 못지않게 언어를) 배제하거나 강등시키거나 배제하기 위해 작동하는 신유물론의 변형에서 반복되는 주제다. '행위자 실재론'은 '신유물론'이라는 접근이 발전하는 데 영향을 미쳤는데, 이를 제창한 캐런 버라드Karen Barad는 예를 들어 다음과 같은 점에 주목했다.

> 언어는 이제까지 너무 많은 권한을 부여받았다. 언어적 전환, 기호학적 전환, 해석적 전환, 문화적 전환 등의 최근의 모든 전환에서 모든 '사물'(심지어 물질성까지)이 언어의 문제나 다른 형태의 문화적 표상으로 전환되는 것 같다. (Barad, 2007: 396)

동시에 그는 글로벌한 개입의 한 종류를 개략적으로 설명한다. "세계의 일부로서 책임감 있게 행동한다는 것은 세계의 활력에 내재된 얽힌 현상을 고려하고 우리를 번성하게 할 가능성에 반응하는 것을 의미한다"(396). 이 설명에서에서 말하는 '우리'와 '세계'의 중심에 있는 적대감 또는 분열은 글로벌한 총체를 구성하는 얽힘의 복잡성을 때문에 은폐된다.

정치의 운명

주판치치가 보기에, 주체(그리고 따라서 언어)의 모습이 나타내는 적대감을 피할 수 있는 잠재적 위험은 정치적인 것이 소멸하는 일이다.

> 주체를 우주에서 다소 중요하지 않은 지점으로 겸손히 가정함으로써 애초에 평등주의적 존재론적 프로젝트를 발전시키게 만들었던 바로 그 '부정의'(비대칭, 모순)를 근본적으로 그리고 진지하게 생각할 수 있는 가능성을 스스로 박탈한다. (Zupančič, 2017: 122)

자동화를 향한 현재의 추동은 다양한 버전의 정치가 잠식되고 있음을 지속적으로 보여 준다. 사회를 자동화하는 것은 정치를 배제하고 기계의 잠재적 객관성을 가정하는 것이다. 결국 기계가 어떤 위치의 지위를 초월하여 어디에도 없고/어디서나 있는 관점을 채택할 가능성이 있다. 알고리즘 편향에 대한 비판의 놀라운 부산물 중 하나는 자동화 시스템이 언젠가는 마술처럼 찾기 어려운 기계 중립성을 달성하기 위해 편향을 완전히 떨쳐 버릴 수 있다는 가정을 강화하려는 경향이다.

　반대로 주판치치의 주체에 대한 변호는 낡은 계몽주의 개인주의를 되살리려는 역행 시도가 아니라 자동화의 지평에 내재된 환원 불가능한 모순을 드러내려는 시도다. 실재가 구조적으로 불완전하고 모순적이며 주체가 이 모순의 증상이라면 전체 정보 수집의 목표는 헛된 것이다. 미래를 선점하기 위해 충분한 데이터를 수집하는 것이 불가능할 뿐만 아니라 정보가 반드시 실제에 점근적이지는 않다. 더 정보가 많다고 해서 반드시 완전히 해결되거나 이해되는 일종의 전체성에 가까워지는 것은 아니다. "불가능과 모순에 의해 찢겨진" 것은 전체성 그 자체이기 때문이다(2017: 121).

　이 불가능성은 실제로 중립성과 최적화의 개념이 항상 제대로 정의되지 못했다는 것을 의미한다. 훌륭한 직원을 선별하기 위해 알고리즘을 사용하면 정의가 뚜렷한 정치적 방식으로 작용한다. 훌륭한 직원의 의미는 시민적 관점을 채택하는지 아니면 더 좁은 도구적 관점을 채택하는지에 따라 크게 달라질 수 있다. 예를 들어, 고용주는 회사의 불법 행위를 은폐하거나 비윤리적인 행동을 눈감아 줄 수 있는 '충성스러운' 직원에 더 가치를 둘 수 있다. 검색 영역에서도 비슷한 결과를 얻을 수 있다. 사용자가 플랫폼에서 더 많은 시간을 보내거나, 수익을 극대화하거나, 정보에 입각한 시민을 만들거나, 사용자가 '정말로' 원하는 것과 일치하도록 만드는 것이 가장 좋은 결과일까? 실제로 이러한 결정은 시스템 개발 및 관리 담당자가 해결한다. 고용주는 이상적인 직원에 대한 정의를 만들고 유튜브는 자동화된 피드에 삽입할 비디오를 결정한다. 이러한 결과의 내용과 관련하여 시민적 또는 사회적 관점에서 경고를 받을 수 있다는 사실은 더 깊은 사회적 모순을 보여 준다. 이것은 정치적 과정을 통해서만 해결될 수 있는 구조적 갈등, 사회적 분열의 문제다. 데이터 기반 자동화의 환상은 충분한 정보가 있으면 이러한 구조적 균열을 초월하는 관점에 도달할 수 있다는 것이다. 예를 들어 노동과 자본 간의 갈등을 최적으로 중립적으로 해결할 수 있는 위치, 즉 일부 기업 이익, 환경 보호 및 직원 복지 간의 이상적인 균형이다. 그러한 관점을 얻을 수 있다면 정치는 쓸모없게 될 것이다. 기계가 우리를 위해 모든 것을 분류할 수 있다.

따라서 주판치치의 요점은 정치적인 것을 뛰어넘는 환상이 환원할 수 없는 균열, 불일치 또는 모순의 표식인 주체의 모습을 배제하려는 시도의 또 다른 표현이라는 것이다. 그의 주장은 (그 욕망을 선점함으로써) 주체의 간극을 프레임 없음이라는 탈정치적 충격으로 채우려는 시도의 공모를 보여 준다. 전체성의 위치에 도달하기를 바라며 '모든 것'을 포착하려는 시도다. 주체를 '그 자체보다 더 비슷하게' 만드는 것은 주관적인 편견과 불일치를 능가할 수 있는 중립적인 전체성을 달성하려는 시도와 일치한다. 주판치치에게 '성'(전체 성의 교착 상태에 대한 증언과 따라서 주체의 모습)은 성관계의 불가능성(욕망의 완전한 선취)과 엄격하게 관련된다. 이것이 섹슈얼리티가 정치적이라는 그의 주장의 핵심이다.

바로 섹슈얼리티가 정치적 투쟁이 벌어지는 영역으로서의 섹슈얼리티의 의미가 아니라 진정한 해방 정치가 오로지 "객체 탈지향 존재론object-disoriented ontology"의 근거에서만 사유될 수 있다는 의미에서 그러하다. 즉 존재가 아닌 존재가 아니라 존재 안에서 존재에 대해 말하면서 자꾸 나타나는 갈라짐(실재, 적대감)을 추구하는 존재론이다. (2017: 24)

우리 시대의 메타언어인 '어디에도 속하지 않는' 관점의 결정적인 특성은 시장의 '보이지 않는 손'과 같다. 즉 갈등과 모순의 위대한 탈정치적 해결자다. 이것이 아마도 조안 콥젝Joan Copjec이 말했듯이 "라캉의 메시지는 이것이다. 자본주의가 섹스를 사라지게 만들었다. 여기에서 섹스는 주체 안에서 주체보다 더 많은 것이 있음을 의미한다"(Copjec, 2012: 40). 만약 섹스가 정치적 공간인 환원 불가능한 불일치의 순간을 표시한다면, 콥젝이 주장하듯이, 자본주의의 기능은 특히 강제적 선택의 논리를 통한 착취 세탁을 통해 그것을 가리는 것이다. 마르크스의 비판 작업의 대부분은 시장의 이데올로기에서 계급 사회의 모순을 정의하는 것, 즉 시장의 비구조적 다원주의, 계급 적대주의의 기본 구조를 식별하는 것이었다. 이것은 예를 들어 자동화된 선별 시스템에서 '최적' 작업자를 정의하는 방법에 대한 정치적 투쟁에 스며든 적대감이다. 우리는 최근 거대한 기술 플랫폼에 대한 반발(실리콘 밸리의 부의 극적인 집중을 배경으로 발생하는 반발)에서 제기된 상업 및 시민의 명령 사이에 떠오르는 적대감을 추적할 수 있다.

자동화된 미디어가 탈정치적인 시장 기반의 이해관계를 조화시킬 것이라는 환상의 이면에는 현대 자본주의의 사회적이고 환경적인 모순의 분출에 대한 우려도 점차 커지고 있다. 모든 데이터 기반 솔루션을 갖춘 기술 억만장자들은 결국 뉴질랜드에서 생존주의자 복합체를 건설하고 버려진 미사일 사일로를 구입하여 지하 벙커로 전환하는 사람들이다(O'Connell, 2018; Osnos, 2017). 자율주행 자동차나 블록체인이 기적적으로 세계를 구하는 힘을 지녔다는 이야기를 들을 때마다 이 사실을 기억해야 한다. 미디어 이론가 더글러스 러시코프Douglas Rushkoff는 기술의 미래에 관심 있는 대규모 기업 임원 모임으로 생각되는 고급 리조트 강연 조건으로 후한 강연료를 받은 적이 있다고 한다(Rushkoff, 2018). 그러나 그가 실제로 한 것은 임박한 사회 붕괴를 걱정하는 소수의 부유한 헤지 펀드 매니저들과 이야기를 나누는 것이었다. 그 매니저들이 그에게 던진 긴박한 질문은 "일이 터지고 난 후에도 사설 경비대 통솔권을 유리하려면 어떻게 해야 하는가?"였다. 일어날 수 있는 일이 환경 재앙, 사회 혁명 또는 경제 붕괴 그 무엇이라도 말이다. 탈정치 기술 주도의 시장자본주의를 약속한 많은 판매자들이 분산 투자를 통해 자신의 노력이 야기한 파국적 결과를 대비한다. 탈정치 자동화에 대한 약속이 계속해서 매력적이라는 것은 아마도 철학자 테오도어 아도르노와 막스 호르크하이머Max Horkheimer가 한때 다음과 같이 주목한 사실에 대한 증거일 것이다. "피지배자들은 통치자들이 그들에게 부여한 도덕성을 항상 통치자들보다 더 진지하게 받아들였다"(Horkheimer & Adorno, 2002: 106).

임박한 비판과 내재적 가능성

매개된 자동화의 논리적 궤적은 현재 어렵지 않게 그릴 수 있다. 한때 터무니없게 미래 지향적이면서도 종종 어둡고 디스토피아적으로 보였던 것이 평범해졌다. 건강 보험 회사는 당신이 인스타그램에 표시하는 사진을 기반으로 당신의 보험료 비용을 수정할 수 있다(Beebe, 2019). 집에 있는 '스마트' 스피커는 자동 이미지 분류를 사용하여 "옷을 스캔하여 '패션 취향'을 계산하고 집에 있는 '고가의 기계나 전자 장치'를 기반으로 소득을 추정할 수 있다"(Fussell, 2018). 고용주는 2만 5000개의 데이터 포인트(얼마나 웃는지도 포함)를 모니터링하는 AI 시스템을 사용하여 직원을 선별할 수 있다(Bell, 2019). 학교는 학생들의 관심과 정서적 반응을 추적할 수 있다. 보안 시스템은 생체 신호를 모니터링하여 위협 수준을 측정할 수 있다. 고용주는 직장에서 수행하는 모든 단계를 모니터링할 수 있다. 금융 회사는 당신의 손글씨를 기반으로 당신의 신용도를 측정할 수 있다. 그리고 사회생활은 자동화된 시스템에 전체적으로 이식될 것이다. 마치 당연하다는듯, 사회적인 것은 타자에 대한 병적인 의심의 표적이 된다. 학교와 교회는 폭력과 공격의 표적이 되고 백신과 같은 공공재는 온라인상에 퍼져나가는 뒷말로 인해 훼손된다. 자동화된 미디어는 사회성을 대체할 뿐만 아니라 전략적으로 해체한다. 정보 및 엔터테인먼트 다이어트를 관리하는 자동화된 시스템은 자동화되지 않은 형태의 사회성을 훼손하는 메시지를 동시에 순환시킨다.

그러한 기술이 약속대로 성공할 수 없다는 것이 실제로 성공하지 못할 것이라는 의미는 아니다. 이것은 자동화된 미디어가 제기하는 사회적 역경이다. 그들이 자신의 욕망을 잉태하고 장악할 것이라는 말이 아니다. 그들이 사회와 정치를 인간보다 더 성공적으로 관리할 만큼 능숙하고 정교한 예지자가 될 것이 아니라, 그들을 통제하는 사람들이 집중할 기계의 힘, 효능 및 객관성에 대한 믿음을 동원할 수 있을 것이다. 공공 및 민주적 책임을 희생하여 그들의 권력과 사회적 통제를 확대한다.

우리는 이미 이런 일이 일어날 수 있다는 것을 안다. 처리할 정보량이 엄청나게 많고 복잡한 사회 시스템의 관리 속도가 빨라지면, 자동화된 시스템이 실제로 작동하는지 테스트하는 것보다는 곧장 자동화 시스템 사용을 시작해 버리는 것이 더 그럴듯해 보인다. 예를 들어 대학 지원자들의 관심도를 알아보기 위해 온라인 추적 기법을 사용하는 경우를 생각해 보라. 상대적으로 빈약한 정보를 바탕으로 누구에게 입학 허가를 내주어야 하는지 판단하기 어려울 때, 지원자가 특정 대학에 얼마나 헌신적인지에 대한 대리 척도를 추가로 입력하는 것이 큰 도움이 된다. 그러나 제안된 대리 조치 — 지원자가 대학에서 보낸 이메일을 얼마나 빨리 읽거나 응답하는지, 그리고 학생이 메일에 삽입된 링크를 클릭하는지 여부 — 에는 잠재적인 결함이 가득하다. 그럼에도 불구하고 측정 대상을 얼마나 잘 측정하는지 테스트하는 것보다 시스템을 구현하는 것이 더 쉽다. 더 많은 시스템이 배치됨에 따라 테스트하는 데 점점 더 많은 비용과 시간이 소요된다.

지원자가 넘쳐나는 고용주와 학교는 자동화 시스템에 대해 복잡하고 비용이 많이 드는 이중 확인 프로세스를 거치지 않고도 그 시스템이 '충분히 잘 작동한다'고 가정할 가능성이 높다. 더욱이, 이러한 시스템을 개발하고 판매하는 주체는 자동화의 참신함, 기계적인 '객체성'의 가정 및 점점 더 많은 정보로 포화된 세계에서 의사 결정자가 직면하는 압력을 기반으로 판매할 수 있을 때 이를 검증하는 데 투자할 동력은 낮다. 우리는 자동화가 미래의 물결이라는 사실, 그리고 이 물결을 타지 않으면 엄청난 양의 데이터에 휩쓸릴 것이라는 점을 끊임없이 상기한다.

그렇다고 자동화 시스템에 실용적인 응용 프로그램이 없다는 뜻은 아니다. 이 시점에서 그들이 하는 대부분의 일은 필수 불가결하다. 또한 자동화가 사회생활의 모든 영역에서 점점 더 중요한 역할을 할 것이며 일과 소비 모두에서 파괴적 역할을 할 것이라는 사실을 부정하는 것도 타당하지 않다. 이러한 이점은 이 책의 주장에 대한 배경지식을 제공하는 많은 주제다. 그러나 다양한 중요 업무에 대한 자동화 시스템의 효율성이 3장에서 언급했듯이 정치 영역의 핵심 속성인 판단 업무를 대체할 준비가 되어 있음을 의미하지 않는다. 개인 삶의 기회와 지역 사회의 복지에 직접적 영향을 미치는 결정, 즉 정치 요소는 축소할 수 없다. 이 주장은 형이상학적 주장이 아니라 내재적 주장이다. 우리는 자동화 범위 내에서 사회적 전체성의 모순과 주체의 비환원성을 추적할 수 있다. 여기에서 주장은 반드시 불완전하고 모순적인 성격이나 현실을 주장하는 것에 의존하지 않는다. 실제로 완전히 정의되고 모순되지 않고 전체화된 세계를 상상할 수는 있지만, 주체를 위한 공간이 없는 세계가 될 것이다. 주체는 현실을 전체화할 수 없게 만드는 간극의 징후다. 이것이 바로 주체가 자동화의 대상인 이유다.

자동화 시스템이 주체가 될 수 없는 경우 주체와 대상 간의 차이를 평준화하는 데 참여하기도 한다. "평평한 존재론"의 어두운 패러디 버전을 자체 구현하는 것이다. 이것이 바로 셰리 터클이 《외로워지는 사람들》에서 하이퍼매개 사회성에 대해 말한 비판의 본질이다. 플랫폼의 편의성은 사회적 관계를 로봇 및 AI와의 관계와 비슷해지기 시작할 정도로 저하시킨다.

압도적이라 할 만큼 우리는 위험이 적고 항상 가까이 있는 관계인 페이스북 친구, 아바타, IRC 채팅 파트너에 이끌렸다. 편리함과 통제가 우리의 최우선 과제인 경우, 우리는 사교적인 로봇의 유혹을 받게 될 것이다. 슬롯머신의 도박꾼처럼 우리는 게임을 계속할 수 있을 만큼 충분히 프로그램된 흥분을 기대한다. (Turkle, 2017: 142)

터클에게 온라인 사교성은 일종의 사회적 관계를 '수준 낮게 설명하는 것'에 해당한다. 자신의 욕망이 없는 대상(프로그램된 시뮬라크라의 경우를 제외하고)과의 비호혜적인 관계를 준비하게 하는 탈숙련이다. "시뮬레이션은 실제 삶에서보다 더 단순한 관계를 제공한다. 우리는 관계의 축소와 배신에 익숙해지면서 로봇과 함께하는 삶을 준비하게 된다"(143). 이렇듯 '감소한' 사회성이 어떻게 시민적 성향 형성에 대한 충동을 무력화시키면서 오늘날 우익 포풀리즘을 부추기는 신자유주의적 개인주의의 논리에 수렴하는지 파악하기는 어렵지 않다.

주체의 간극이 다른 사람의 욕망에 대한 질문으로 우리를 밀어붙이는 경우("이 타인이 나에게 무엇을 원하는가? 나는 이 타인에게 무엇인가"), 포스트주체적인 자동화의 약속은 그러한 작업에 참여할 필요를 없애는 것이다. 자동화로서 이러한 자율성의 부산물은 인식과 상호주의 논리를 해체하는 것이다. 시뮬레이션된 사회성의 병리(터클이 묘사한 사회의 기술을 없애는 것)는 타인을 주체로 인식하지 못하는 것이다. 이는 바로 우리가 알렉사 또는 시리와 '대화'하는 것과 같은 방식으로 인간 지인들에게 이야기하게 되는 순간이다. 편리함과 효율성이라는 이름으로 사회적 탈숙련화의 종말점에 대한 디스토피아적 버전은 커트 보니것Kurt Vonnegut의 《챔피언의 아침식사Breakfast of Champions》에서 자동차 딜러인 드웨인 후버라는 인물이 예상했다. 그는 SF 소설을 읽고 설득당한다.

> 지구상의 모든 이가 로봇이었다. 단 하나의 예외는 드웨인 후버였다. 오직 드웨인만이 생각하고 느끼고 걱정하고 계획하고 있었다. 아무도 고통이 무엇인지 몰랐다. 아무도 선택할 수 있는 권리가 없었다. 다른 모든 사람들은 드웨인을 자극하는 것이 목적인 완전한 자동 기계였다. (Vonnegut, 2010: 14)

중요한 이야기는 드웨인의 이야기뿐이었다. 이 이야기는 빠르게 불일치로 전환되었다. 서사에는 주체가 필요하고 주체는 타인과 관련해서만 의미가 있기 때문이었다.

터클이 서술한 사회를 재구성하는 과정은 정치의 운명과 저커버그의 예후가 암시하는 것처럼 언어와 서사를 포함한 광범위한 문화 발전에 해당한다. 작동 언어는 상관관계에 의한 설명의 이동이 암시하듯이 주관적이지 않고 서술적이지 않다. 명백하게 무작위적인 세부 사항(누군가가 모두 대문자로 이름을 쓴다는 사실)이 결정 포인트(신용 위험)에 영향을 미치는 경우, 이유를 묻지 않아도 된다. 데이터가 일부 기본 설명을 나타내지 않는 것이다. 알프레드 히치콕Alfred Hitchcock은 한때 조작주의가 문화적 영역으로 옮겨 간 것처럼 보일 수 있다고 상상했다.

> 청중은 여러분과 제가 연주하는 거대한 오르간과 같습니다. 어느 순간, 우리는 그들에게 이 음을 연주하고 이 반응을 얻습니다. 그리고 우리는 그 코드를 연주하고 그들은 그렇게 반응합니다. 그리고 언젠가는 영화를 만들 필요조차 없을 것입니다. 그들은 그들의 뇌에 이식된 전극이 될 것입니다. 그리고 우리는 다른 버튼을 누르기만 하면 "우와~"와 "아하~"라고 하게 될 것입니다 …… (Spoto, 1999: 440)

이것은 미학적 주장이 아니라 재현의 논리를 우회하는 조작적 주장이다. 형식이나 내용은 필요 없다. 뇌로 직접 전달되는 전기 신호다. 이러한 형태의 즉각적인 영향은 조작 문화의 열망이다. 일론 머스크는 이미 사람들의 뇌에 수천 개의 작은 와이어를 이식하여 메시지가 전기 충격의 형태로 직접 전달되는 "재봉틀 같은" 초정밀 로봇을 만드는 프로젝트에 1억 달러를 투자했다 (Markoff, 2019).

언어를 우회하거나 조작하려는 시도는 정서적 미디어와 컴퓨팅의 출현 덕분에 익숙하다. 이른바 ASMR(Autonomous Sensory Meridian Response)의 경우는 이와 관련하여 많은 것을 말해 준다.[57] 이 용어는 시청각 트리거(방아쇠)에 반응하여 일부 시청자가 경험하는 미세한 감각을 의미하는 말로 부드러운 속삭임, 증폭된 씹는 소리, 옷감 접는 소리, 그리고 종잇장 넘기기 등을 포함한다. 'ASMR아티스트ASMRtists'가 만든 ASMR 동영상은 수백만 명의 팔로워와 수백만 달러의 광고 수익을 창출하는 번성하는 유튜브 장르가 되었다. 영상은 ASMR의 즐겁고 차분하며 따끔한 느낌을 유발하는 한 가지 일을 수행하도록 설계되었다. 이 영상은 상관관계가 있는 작동 논리를 채택한다. 벌집을 씹는 바삭바삭한 소리, 비누 면도, 머리 빗기 또는 귀지 제거의 증폭된 소리와 같은 다양한 가능한 트리거를 실험한다(Keiles, 2019). ASMR의 '이유'는 중요하지 않으며 관련 이야기도 없다(일부 비디오에는 역할 연기 요소가 포함되어 있다. 예를 들어 귀 검사를 수행하는 척하는 사람). 요점은 감각을 유발하는 청각적 또는 시각적 신호에 부딪히는 것이다. 이것이 히치콕이 묘사한 "우와아~"와 "아하~"다.

---

57   이 현상에 관심을 가지게 된 것은 시준 셴 덕분이다.

우리는 이러한 트리거를 베넷이 말했던 의미에서 '감응적(정동적)'이라고 부를 수 있다. 즉 주관성에 의해 매개되거나 '응결'되지 않고 표면적으로 신체에 직접 작용한다. 그들의 영향은 설명할 수 없으며, 그것은 요점을 벗어난다. 그들이 작동하는 이유를 아무도 신경 쓰지 않지만, 그들은 그냥 작동한다. 이 조작적 접근 방식은 낸시 로젠블럼Nancy Rossenblum과 션 일링Sean Illing이 설명했던 음모론에서 증가하는 일관성 없음의 특징을 보여 준다. 목표는 세계의 복잡한 사건에 대한 일관된 대안 설명을 제공하는 것이 아니라, 일관성 자체의 대표적 명제에 도전하여 정서적 책임을 생성하는 것이다. "뭔가를 아는 것이 의미하는 바를 합법화하는 방법이다"(Rosenblum & Illing, 2019). 그들은 그 결과를 "전염병적 양극화"라고 설명한다. 반대되는 관점을 판단하거나 연결하는 것을 가능하게 하는 감각의 표준을 없애려는 시도다. 남는 것은 증거, 일관성 및 일관성이라는 기존의 담론적 무기로는 건드릴 수 없고 공격할 수 없는 주장뿐이다.

조작성의 개념으로부터 논변을 더 확장할 수 있다. 재현의 지시 사항 격차(담론적 주장이 그 자체를 넘어선 무언가를 언급한다는 개념)의 봉쇄는 언어를 순전히 두려움, 분노, 억울함, 위급함 등의 반응을 유발하는 문제로 만든다. 서사의 관점에서 볼 때 큐어넌과 같은 음모론은 예를 들어 존 F. 케네디가 도널드 트럼프와 비밀리에 악과 싸우기 위해 자신의 죽음을 위조했다는 주장에서 알 수 있듯이 음울하게 무의미하다. 그리고 포챈 이미지 게시판에 익명의 온라인 게시물을 통해 대중에게 계속 게시된다. 그러나 조작 관점에서 볼 때 큐어넌은 서사의 일관성이 아니라 그것이 유발하는 정서적 요금의 리듬에 의존하는 ASMR 영상 또는 최신 할리우드 블록버스터와 크게 다르지 않다.

커뮤니케이션의 측면에서 도널드 트럼프는 뛰어난 조작 커뮤니케이터라고 할 수 있다. 의사이자 칼럼니스트인 로버트 버튼 Robert Burton은 트럼프의 커뮤니케이션 스타일을 AI의 작동 논리, 즉 해석이나 기본 이데올로기를 통해 조직화할 수 없는 사후 이데올로기, 상관관계, 의사 결정 기계에 비유한다. 버튼은 신경망에서 가져온 예를 바탕으로 트럼프를 단순히 어떤 전략이든 단기적으로 긍정적인 반응을 생성하는 시행착오 기반 시스템에 비유한다.

> 네트워크는 자신이 무엇을 하고 있는지 또는 하나의 처리가 다른 처리보다 왜 더 나은지 알지 못한다. 네트워크는 사회적으로 용인하거나 용납할 수 없는 행동의 차이는 무엇인지 또는 특정한 결정이 어떻게 부정적인 결과를 초래할 수 있는지와 같은 혼란스러운 원칙에 대해 책임지지 않는다. (Burton, 2017)

그 결과는 기존의 정치 분석에 적합하지 않다. "네트워크의 행동을 유도하는 추론이 없기 때문에 어떤 결정의 '이유'를 밝히기 위해 네트워크를 역으로 설계하는 것은 불가능하다"(Burton, 2017). 이러한 설명은 트럼프를 대통령직으로 이끈 인종차별주의적인 반反이민 적대감을 확실히 과소평가하고 있지만, 정서적 유발 요인과 압력에 의존하는 메시징 전략의 특징적인 측면을 잡아낸다. 청중에게 결과는 일관된 정책 성명서가 아니라 감성적인 롤러코스터 타기다.

이제까지 이 책에서 그려 본 스케치는 여러 면에서 가차 없이 암울한 것으로, 완전한 감시, 선점의 완벽함, 사회의 지속적인 자동화를 특징으로 한다. 많은 경우에 내가 그려 온 예는 극단적인 것처럼 보인다. 예컨대 커즈와일의 특이점에 대한 환상과 항상 모든 각도에서 모든 것을 촬영(및 측정)하는 마이크로 센서가 침투한 세계에 대한 케빈 켈리의 경쾌한 묘사 같은 것들이다. 이는 민간 기업과 국가 모두가 궤적을 추적하고 예측할 수 있는 당구공처럼 사람들을 대할 수 있는 능력을 부여하는 모니터링 인프라와 데이터 처리 시스템을 구축할 가능성을 구상하는 세상이다. 또 하나 지적한 것은, 행동과 욕구를 예측하고, 전달하고, 선점하기 위해 데이터 기반 시스템의 가정된 힘을 바탕으로 경제 및 정치 구성이 구축되는 세상이다.

내가 더 극단적인 예측에 초점을 맞추기로 결정한 것처럼 보인다면, 이는 부분적으로는 겉보기에 이상하고 디스토피아적인 기술적 환상이 현실로 구체화되는 극적인 속도를 수년에 걸쳐 보았기 때문이다. 그러나 내가 이 책에서 논의한 사례를 선택한 이유는 바로 그 사례들이 이런 경향과 궤도를 잘 드러내기 때문이다. 그중 상당수는 예를 들어 프레임을 완전히 없애려는 시도와 같이 논리적으로 불가능한 방향으로 향한다. 순전히 객관적인 의사 결정 시스템의 가능성과 모든 것에 대한 모든 정보를 항상 캡처할 수 있는 방향(포괄적인 감시로 신뢰와 사회성을 대체하기 위해)도 마찬가지다.

논리적 불가능성은 우리가 경험을 통해 알 수 있듯이 그 자체로 정치적 억제력이 아니다. 지구라는 유한한 행성에서의 무한한 성장은 불가능한 궤적이지만, 그런데도 우리의 경제 시스템은 거기에 의존한다. 나는 우리가 향해 나가는 것처럼 보이는 방향의 논리적 불가능성을 지적하는 것이 그 자체로 경제적, 정치적 우선순위의 방향을 급진적으로 전환하게 될 것이라고 망상하고 있지는 않다. 그러나 내가 주장하려는 바는 오직 외부 윤리적 틀의 근거만으로 자동화된 미디어의 궤도에 도전하거나 미래를 형성할 시스템을 개발하고 구현하는 사람들과는 완전히 다른 신념 시스템에 도전할 필요가 없다는 것이다. 자동화 문제 해결을 위한 자원은 교착 상태 그 자체에 있다. 그 주체 인물이 그 자체로 수치가 되는 교착 상태. 이것이 자동화가 주체의 수치를 뛰어넘을 것이라고 지속적으로 약속하는 이유이며, 포스트주체적 전환을 구상하는 이론적 접근 방식이 의도치 않게 자동화의 편향과 일치할 수 있는 이유다.

프레임 없음, 선점, 환경성을 배경으로 하여, 주체의 수치화된 모습은 극한점들의 별자리를 그린다. 커즈와일의 AI 아버지 사례처럼 주체를 완전히 결정하려면 무의식적 욕망을 그려야 한다. 이 욕망은 다른 사람과의 관계, 즉 그들의 무의식적 욕망에 사로잡혀 사회적 구조를 통해 무한으로 이어진다. 그렇다고 데이터 프로필에 예측 가치가 없다는 의미는 아니다. 분명한 사례가 있다. 그러나 개인의 욕망과 미래의 행동을 기대한다는 개념에는 한계가 있음을 의미한다. 마찬가지로 데이터 수집 및 처리는 항상 센서 인프라의 한계와 이를 형성하고 안내하는 필수 사항에 따라 구성된다. 전체 정보 수집이 불가능할 뿐만 아니라 '완전한' 데이터베이스를 전용으로 사용하면 프레임의 모습이 다시 등장하게 된다. 누구를 고용 또는 해고해야 하는지, 누구를 포함하거나 제외할 것이며 또한 누구를 구제하거나 멸망하도록 놔두어야 하는지(예를 들어 의료 수술과 장기 기증의 우선순위를 정하는 문제), 이러한 질문에 대한 '정답'은 상충하는 이해와 필요한 사항이 있는 한 돌이킬 수 없이 정치적인 질문이다. 이러한 이해와 필요 사항은 어떤 '고위'직의 입장(주판치치가 "메타언어"를 가진 자의 입장이라 설명한 것[2017: 62])에 의존하는 것만으로는 자동으로 해결되지 않는다.

데이터를 개발, 재정 관리, 운영 및 모니터링하는 사람들에 의해 어떤 식으로든 구성되지 않은 세계의 데이터를 두 배로 늘려 상상하려는 시도는 단순히 세계의 복제본을 그대로 상상하는 것이다. 그 세계에 행동을 취한다는 것은 주체의 모습을 재도입하는 것이며, 상황적('프레임이 있는') 관점으로 완성된다. 예를 들어, 알고리즘 결정을 뒷받침하는 '중립적인' 규칙 세트를 사용하여 누가 어떤 목적을 위해 만들었는지 물을 때 실제로 이 사실을 접하게 된다. 데이터 세트를 조사할 때도 비슷한 일이 발생한다. 단순히 데이터가 정확한지 확인하는 것이 아니라 데이터를 수집한 사람과 수집한 이유(및 누락 된 항목)를 알아내기 위해서다. 이것을 주장해야 하는 것은 이상해 보이지만 행동의 목적성 선택('편향'의 한 형태)은 축소할 수 없다. 우리가 우리 자신의 의도를 잃어버리고, 편향되고, 재구성되는 이해할 수 없는 어셈블리지의 일부라고 상상해야만 그러한 선택이 무관하다는 것을 스스로 확신할수 있다.

주체의 지평이 타의 추종을 불허한다고 말하는 것은 현실자체를 특징 짓는 지속적인 모순과 적대감을 주장하는 것이다.주판치치는 주체가 "단순히 생각하는 사람이 아니라, 무엇보다도 특정 모순을 생각에 접근할 수 있게 만드는 것"이라고 주장한다(2017: 122). 우리는 완전한 결단이 가능한 세상을 상상할 수 있지만, 그것은 주체도 없고 역사도 미래도 없는 세상일 것이다. 요컨대 아무것도 아니다. 이것이 슬라보예 지젝이 주체의 분열된 성격에 대해 논의할 때의 요점이다. 그것은 내가 자아와 타인 사이,그리고 생물학과 문화 사이의 긴장을 통해 읽은 분열이다. 지젝의 일반적인 요점은 이러한 분할이 유한한 주체의 한계를 뛰어넘는 것이 아니라 이를 합산할 수 없는 실재에서 균열이 발생한다는 것이다. 이 '불완전성'이나 주체의 모습에서 그 재현이 형이상학적 의미에서 보장되는 것은 아니다. 그것들을 덮어 쓸 외부적필요성은 없다. 그것들은 단순히 없음이 아니라 결정된 전체의무엇인가가 있다는 사실의 기능일 뿐이다. 지젝이 말했듯이, "주체의 궁극적인 구분은 이것과 저것, 무언가와 무언가 사이가 아니라 무엇인가와 없음 사이이다"(Žižek, 2018).

불일치 또는 내부 모순의 인식은 비판적 성찰의 여지가 있지만, 반드시 그것을 고무하거나 강요하지는 않는다. 우리가 지속적인 모순 상태에 살고 있다는 증거는 많이 있다. 이 책에서 추적한 것과 같은 주장을 요약하면 현대 경험에 대한 해석적 틀을 제공하는 것이 목적이다. 향후 몇 년 동안 자동화된 정보 및 통신 시스템이 확산함에 따라 선점, 프레임 없음 및 환경성의 병리를 탐색할 수 있는 충분한 기회가 있을 것이다. 이러한 편향은 자동화된 미디어 부문의 개발 단계에 스며들고 있다. 스마트 스피커에서 수집한 데이터를 사용하여 보험료를 조정할 수 있다. 임신 앱에서 수집한 정보는 고용주에게 판매되어 직원이 육아 휴직을 연장함에 따라 생길 수 있는 복잡한 문제를 예측할 수 있도록 한다. 핏빗Fitbit[58] 스타일 장치는 하루 종일 직원을 추적한다. 이미지 분류 시스템은 잠재적인 범죄자를 식별하고 학생 및 직원이 얼마나 주의를 기울이고 있는지 모니터링하는 데 사용된다. 이러한 시스템은 분명히 더 정확하거나 사회적으로 최적이기 때문이 아니라 효율성, 제어 및 비용 억제라는 교차 명령과 일치하기 때문에 우리의 세계를 형성할 것이다. 자동화의 약속은 부분적으로는 편의성에 의해 주도되지만, 고속 글로벌 통신 네트워크가 가능하게 하는 새로운 형태의 상호 의존성 맥락에서 인간 정보 처리 비용의 함수이기도 하다. 현대 정보 사회와 관련된 '통제 위기'(Beniger, 1999)는 재귀적이다. 통신 네트워크는 메시지 속도와 총

---

58   핏빗은 구글 자회사가 만든 스마트밴드의 일종으로서, 피트니스와 관련된 걸음 수, 심박 수, 수면의 질, 오른 계단 수, 기타 개인 지표 등의 데이터를 측정한다. — 옮긴이

량의 급격한 증가를 관리함으로써 제기되는 문제에 점점 더 직면하고 있다. 동시에, '정보화'는 인간과 기계적 과정의 한계에 대한 대응으로 구성된다. 기계화 운송은 인간과 동물만이 빨리 움직일 수 있다는 사실을 해결했다. 자동화된 미디어는 인간만이 빨리 생각하고 커뮤니케이션할 수 있다는 사실을 해결한다. 인간은 자신이 만든 시스템의 남은 병목이므로 자기 변위 기술을 연구하고 있다. 이는 생산뿐만 아니라 소비 영역에서도 마찬가지다. 따라서 구독 소비 서비스 등을 통해 소비 프로세스를 자동화하는 방법을 모색한다. 쇼샤나 주보프가 말했듯이, "우리에 대한 정보 흐름을 자동화하는 것만으로는 더 이상 충분하지 않다. 이제 목표는 우리를 자동화하는 것이다"(Zuboff, 2019: 25). 현대 자본주의에 대한 그의 통찰력은 도구적 이유에 대한 호르크하이머와 아도르노의 20세기 중반 비판을 반영한다. "생각은 자율적이고 자동적인 과정으로 구체화되어 자체적으로 생산된 기계에 영향을 미쳐 마침내 기계로 대체될 수 있다"(19).

정보 및 통신 시스템의 자동화를 추진하는 일련의 압력은 이론적 문제와 논리적 모순을 극복할 만큼 강력하다. 따라서 이 책의 주장은 이러한 모순이 대립을 요구하는 실질적인 방식으로 계속해서 나타날 것이라는 점이다. 그에 더하여 이러한 표현이 상호 연결되어 있다는 것이다. 그럼에도 불구하고 여전히 분열되고 일관성이 없어 자동화된 데이터 기반 솔루션에 적용할 수 없는 전체성의 일부를 형성한다. 우익 포퓰리즘의 국제적 부상, 전 지구적인 기후 변화의 위협에 대한 우리의 집단적 실패, 그리고 민주적 기관이 의미 있는 대응을 계속하지 못하는 것은 모두 앞 페이지에서 전개된 논쟁의 배경이 된다. 정보와 커뮤니케이션은 모든 사회가 스스로를 지배할 수 있는 능력의 중심에 있으며, 현대 미디어 환경은 자유로운 상업주의, 신자유주의 규제 완화, 데이터 기반 조작 및 실험이 뒤섞인 독극물 제조이며, 그리고 관련하여 시민 생활의 조건이 광범위하게 붕괴되는 특징이 있다.

이러한 연합 세력에 대항하는 일은 어마어마하고 불가능해 보이는 작업이 될 것이며, 집단적 대항 의지를 불러일으키려면 임박한 재앙이 아닌 실제 재앙이 필요할 것이다.《대전환이 온다 *Team Human*》에서 더글러스 러시코프가 한 분석이 목표에 부합한다. 자동화된 미디어의 병리를 해결하기 위한 자원과 그들이 생성하는 데 도움을 준 사회는 타인과 친교하며 봉사하는 인적 능력에 있다. 그러나 이러한 가치는 사회의 광범위한 부문에서 훼손되었을 수 있다. 수십억 개 화면의 차갑고 푸른 빛으로 타오르는 우리의 기술적으로 촉진된 유아론에 직면하여 러시코프가 말했듯이 "개인은 커뮤니티를 통해 실현된다. 타인에 대한 봉사만이 우리에게 자율성과 소속감을 동시에 경험할 수 있는 기회를 준다"(Rushkoff 2019, 95). 현재의 경향은 정반대의 방향이다. 자동화된 큐레이션 시스템은 공유된 의미와 성향의 집합체를 추적하는 콘텐츠를 순환시켜 상상과 구체적인 커뮤니티를 재현한다. 이 콘텐츠의 대부분이 백신 반대운동 선전에서부터 커뮤니티 및 친교 구역인 학교 및 교회에 대한 지속적인 폭력 공격에 이르기까지 시민 생활의 멸종 징후를 강조하는 것은 우연이 아니다.

지구평평설같이 이미 그 정체가 폭로된 믿음의 귀환에는 홍역과 소아마비와 같은 한때 정복된 질병의 복귀가 뒤따른다. 많은 경우에, 이것은 같은 실수를 반복하지 않도록 보호해 준 집단적 신념 체계와 사회 제도의 침식이 결합한 증상이다. 자동화된 미디어의 개발은 새로운 형태의 재앙을 예상한다. 슬라보예 지젝이 컴퓨터의 '어리석음'에 대해 경고하면서 간결하게 공식화한 것이다. (더 적절한 공식은 컴퓨터에 대한 우리의 어리석음일지라도) "문제는 그들이 알 수 있다는 것이 아니다. 우리가 생각하는 모든 것 ······ 아니, 그들은 우리를 완전히 오독하고 사회적인 대타자Other를 위한 정보가 될 것이다." 이는 우리에 대한 결정을 내리고, 정보 환경을 형성하고, 우리의 욕구를 예상하는 데 사용되는 정보다(2018). 기계에서 생성된 도플갱어에 맞게 자신을 변형시키려고 할 수 있다. 디지털로 생성된 페르소나는 실제 우리 자신보다 더 우리를 닮았다. 아마도 우리의 생각과 활동의 리듬을 포화시키고 조절하도록 설계된 컴퓨터 큐레이팅 콘텐츠의 계산된 매력이 이 과정에 도움이 될 것이다. 그러나 우리는 판단의 사회적, 정치적 기능을 자동화된 인프라에 맡기면, 이를 개발하고 통제하는 사람들의 우선순위를 반영하고 암호화하여, 정치적 우선순위와 관력관계를 값비싼 내장 인프라를 운영하는 불투명한 코드로 응결시킨다는 사실과 맞닥뜨려야 한다.

이것은 매우 책임감 없는 중앙 집중식 제어를 위한 방법일 뿐만 아니라 또한 기술적으로 집중된 전력에 저항하기 위한 자원을 침식한다. 인간 사회의 신호를 알리는 성취 중 하나가 "구속하는 시간"의 수단으로 언어와 문화를 사용하는 것이라면, 즉 과거와 현재의 타인의 경험으로부터 배우고 이를 반영하는 것이라면(Rushkoff, 2019: 19), '조작주의'는 언어의 성찰성을 기능적 효율성으로 대체한다. 면접 중에 잠시 스치는 표정이 이후의 직무 수행 능력을 예측할 수만 있다면, 그 이유를 고려하거나 설명할 이유가 없다. 사람의 질문에 다시 연결되는 기계는 참을성이 없는 부모의 질문이다. "왜 그러냐 하면!" 기계가 더 큰 영향력을 획득함에 따라 의사 결정은 점점 더 설명할 수 없게 된다. 또는 적어도 설명의 기능이 감소하고 평가절하된다. 우리의 자동화된 정보 처리 시스템이 러시코프가 설명하는 시간 구속 기능을 대신하므로 인간은 종교의 신탁 지시를 따르게 된다.

비판적 분석이라도 희망의 말로 맺는 것이 일반적이다. 상황이 달라지고 더 나아질 수 있다는 가능성에 대한 제스처다. 그러한 가능성이 없다면 비판의 이유는 사라진다. 더 지적할 점은, 그러한 순간을 포기하는 것은 선점 논리와 공모하는 한 형태에 해당할 것인데, 이것이 항상 현재로 환원할 수 없는 미래가 있다는 역사적 진실을 배제하는 한 그러하다는 것이다. 나는 이 순간을 전체 정보 수집과 자동화된 예측의 목표를 특징 짓는 내재된 교착 상태와 모순에서 찾아내고 싶다. 그러나 이러한 모순은 끝없이 생산적이다. 예측이 인간의 욕구를 완전히 결정하지 못하는 것은 데이터 수집 및 처리 능력을 증가시키는 추가 자극으로 여겨질 것이다. 신뢰를 대체하기 위한 감시의 실패는 사회적 신뢰를 계속해서 훼손하고 더 강력한 모니터링 및 추적 시스템을 필요로 한다. 디지털 유아론의 물질적 관행에 의해 야기된 시민 성향의 침식은 자동화된 커뮤니케이션 시스템에 대한 보상적인 사회성 이식을 촉진할 것이다. 인간의 커뮤니케이션을 조작화하려는 시도, 즉 언어를 완전히 회피하여 구조적, 사회적 무의식을 박탈하려는 시도는 우리를 대신하여 우리의 기계 세계를 하이퍼커뮤니케이션으로 만드는 추진력에 해당한다. 이러한 자가 연료 순환을 위해서는 보편성과 개인주의 둘 모두의 병리를 피하면서도 그 둘을 소생시키고 재구성해야 할 것이다. 이러한 병리학은 되돌아갈 수 없음을 시사한다. 또한 '레거시' 커뮤니케이션 시스템과 이를 형성하는 데 도움을 준 기관이 수행하는 역할을 재확보할 가능성도 없다. 둘 모두에 대한 향수는 쓸데없는 역행이다. 우리는 사회적으로 건설적인 방식으로 우리 재량껏 시스템을 구성하는 새로운 방법을 창출해야 할 것이며, 이를 위해서는 사회를 밑바닥에서부터 재구성해야 할 것이다. 이러한 전망은 대체로 폐허 위의 건설을 의미한다.

1장

Anderson, Ben. 2011. "Facing the Future Enemy: US Counterinsurgency Doctrine and The Pre-insurgent." *Theory, Culture & Society* 28(7–8): 216~240.

Anderson, Chris. 2008. "The End of Theory: The Data Deluge Makes the Scientific Method Obsolete." *Wired*, June 23, 2008. https://www.wired.com/2008/06/pb-theory/.

Anzilotti, Eillie. 2018. "This Plan For An AI-Based Direct Democracy Outsources Votes to a Predictive Algorithm." Fast Company, April 12, 2018. https://www.fastcompany.com/40557688/this-plan-for-an-ai-based-direct-democracy-outsources-votes-to-a-predictive-algorithm.

Barbrook, Richard, & Andy Cameron. 1996. "The Californian Ideology." *Science As Culture* 6(1): 44~72.

Benen, Steve. 2015. "'We Cannot Kill Our Way Out of This War'." MSNBC, February 18, 2015. http://www.msnbc.com/rachel-maddow-show/we-cannot-kill-our-way-out-war.

Bennett, Jane. 2005. "The Agency of Assemblages and the North American Blackout." *Public Culture* 17(3) (September): 445–466. https://doi.org/10.1215/08992363-17-3-445.

Bennett, Jane. 2010. *Vibrant Matter: A Political Ecology of Things.* North Carolina: Duke University Press.

Beniger, James Ralph. 1999. *The Control Revolution: Technological and Economic Origins of the Information Society.* Cambridge, MA: Harvard

University Press.

Berman, John. 2011. "Futurist Ray Kurzweil Says He Can Bring His Dead Father Back to Life Through a Computer Avatar." *ABC News*, August 9, 2011. https://abcnews.go.com/Technology/futurist-ray-kurzweil-bring-dead-father-back-life/story?id=14267712.

Blodget, Henry. 2015. "Guess How Much Google Futurist Ray Kurzweil Spends on Food that Will Make Him Live Forever?" *Business Insider Australia*, April 14, 2015. https://www.businessinsider.com.au/google-futurist-ray-kurzweil-liveforever-2015-4?r=US&IR=T.

Bowles, Nellie. 2019. "Silicon Valley Came to Kansas Schools. That Started a Rebellion." *The New York Times*, April 25, 2019. https://www.nytimes.com/2019/04/21/technology/silicon-valley-kansas-schools.html.

Braverman, Harry. 1998. *Labor and Monopoly Capital: The Degradation of Work in the Twentieth Century*. Anniversary edition. New York: Monthly Review Press.

Brodkin, Jon. 2018. "Amazon Patents Alexa Tech to Tell If You're Sick, Depressed and Sell You Meds." Ars Technica (blog), November 10, 2018. https://arstechnica.com/gadgets/2018/10/amazon-patents-alexa-tech-to-tell-if-youre-sick-depressed-and-sell-you-meds/.

Burns, Janet. 2018. "Whistleblower: Bannon Sought to Suppress Black Voters with Cambridge Analytica." *Forbes*, May 19, 2018. https://www.forbes.com/sites/janetwburns/2018/05/19/cambridge-analytica-whistleblower-bannon-sought-tosuppress-black-voters/.

Calderone, Len. 2018. "AI Could Beat Humans at Everything by 2030." *Robotics Tomorrow*, September 18, 2018. https://roboticstomorrow.com/article/2018/09/ai-could-beat-humans-at-everything-by-2030/12536.

Carr, Nicholas. 2010. *The Shallows: How the Internet is Changing the Way We Think, Read and Remember*. London: Atlantic Books Ltd.

Chamayou, Grégoire. 2015. *Drone Theory*. London: Penguin.

Comor, Edward. 2003. "Harold Innis." In *Key Thinkers for the Information Society*, edited by May, C., 87–108. London: Routledge.

Confessore, Nicholas, & Matthew Rosenberg. 2018. "Spy Contractor's Idea Helped Cambridge Analytica Harvest Facebook Data." *New York Times*, March 27, 2018. https://www.nytimes.com/2018/03/27/us/cambridge-analytica-palantir.html.

De Lange, Catherine. 2013. "Sherry Turkle: 'We're Losing the Raw, Human Part of Being with Each Other'." *The Guardian*, May 5, 2013. https://www.theguardian.com/science/2013/may/05/rational-heroes-sherry-turkle-mit.

Deleuze, Gilles. 1992. "Postscript on the Societies of Control." October 59: 3–7. http://www.jstor.org/stable/778828.

Dreyfus, Hubert L. 2013. *On the Internet*. London: Routledge.

Farocki, Harun. 2004. "Phantom Images." Public 29: 13～22. https://public.journals.yorku.ca/index.php/public/article/view/30354.

Foucault, Michel. 2007. *Security, Territory, Population: Lectures at the Collège de France, 1977～78*. London: Springer.

Foucault, Michel, Arnold I. Davidson, & Graham Burchell. 2008. *The Birth of Biopolitics: Lectures at the Collège de France, 1978～1979*. London: Springer.

Freud, Sigmund. 2015. *Beyond the Pleasure Principle*. New York: Dover Publications.

Future of Life Institute. 2017. "Open Letter from Artificial Intelligence and Robotics Researchers (2015)." http://www.robotics-openletter.eu/.

Gabrys, Jennifer. 2014. "Programming Environments: Environmentality and Citizen Sensing in the Smart City." *Environment and Planning D: Society and Space* 32(1) (February): 30～48. https://doi.org/10.1068/d16812.

Google. 2018. "Smart-Home Automation System That Suggests or Automatically Implements Selected Household Policies Based on Sensed Observations." U.S. Patent Office, Patent No. 10,114,351 B2. https://pdfpiw.uspto.gov/.piw?PageNum=0&docid=10114351.

Grassegger, Hannes, and Mikael Krogerus. 2017. "The Data That Turned

the World Upside Down." Motherboard, January 29, 2017. https://
motherboard.vice.com/en_us/article/mg9vvn/how-our-likes-helped-
trump-win.

Greenberg, Jonathan. 2015. "The Real Problem with Harf's Jobs for Jihadis
Program." *Observer*, February 19, 2015. https://observer.com/2015/02/
the-real-problem-with-harfs-jobs-for-jihadis-program/.

Hal, 90210. 2018. "Tired of Texting? Google Tests Robot to Chat with Friends
For You." *The Guardian*, February 14, 2018. https://www.theguardian.
com/technology/2018/feb/14/google-tests-robot-chat-reply-friends.

Harvey, David. 2018. *A Companion to Marx's Capital: The Complete Edition*.
New York: Verso Books.

Hof, R. 2014. "Interview: Inside Google Brain Founder Andrew Ng's Plans to
Transform Baidu." *Forbes*, August 28, 2014. https://www.forbes.com/
sites/roberthof/2014/08/28/interview-inside-google-brain-founder-
andrew-ngs-plans-to-transform-baidu/#7f455f5540a4.

Kircher, Madeleine. 2018. "I Don't Want My Echo Dot to Be Able to Tell When
I'm Sick." *New York Magazine*, October 15, 2018. http://nymag.com/
intelligencer/2018/10/amazon-patent-would-allow-echo-to-tell-if-a-user-
has-a-cold.html.

Kopalle, Praveen. 2014. "Why Amazon's Anticipatory Shipping is Pure
Genius." *Forbes*, January 28, 2014. https://www.forbes.com/sites/
onmarketing/2014/01/28/why-amazons-anticipatory-shipping-is-pure-
genius/.

Kujawski, Mike. 2017. "What Your Facebook "Likes" Can Reveal About You."
February 1, 2017. http://www.mikekujawski.ca/2017/02/01/facebook-
likes-can-reveal/.

Lanquist, Lindsey. 2018. "Podfasting: I Speed Up Every TV Show, Movie, and
Podcast I Consume." Self (blog), April 23, 2018. https://www.self.com/
story/podfasting.

Marx, Karl, & Friedrich Engels. 1998. *The German Ideology: Including Thesis on
Feuerbach*. New York: Prometheus Books.

Mbembe, Achille. 2003. "Necropolitics." *Public Culture* 15(1): 11~40. https://doi.org/10.1215/08992363-15-1-11.

McHugh, Molly. 2018. "Our Bots, Ourselves." *The Ringer*, March 7, 2018. https://www.theringer.com/tech/2018/3/7/17089364/molly-machine-learning-social-platform-bots.

Ong, Thuy. 2018. "Amazon Patents Wristbands That Track Warehouse Employees' Hands in Real Time." *The Verge*, February 1, 2018. https://www.theverge.com/2018/2/1/16958918/amazon-patents-trackable-wristband-warehouse-employees.

Paglen, Trevor. "Operational Images." *E-flux* 59 (2014): 1–3.

Parks, Lisa. 2018. *Rethinking Media Coverage: Vertical Mediation and the War on Terror*. London: Routledge.

Poole, Steven. 2016. "Why Bad Ideas Refuse to Die." *The Guardian*, June 28, 2016, sec.science. https://www.theguardian.com/science/2016/jun/28/why-bad-ideas-refuse-die.

Quain, John R. 2017. "Cars Suck Up Data About You. Where Does It All Go?" *The New York Times*, July 28, 2017. https://www.nytimes.com/2017/07/27/automobiles/wheels/car-data-tracking.html.

Quito, Anne. 2018. "'Talk to Books' at TED 2018: Ray Kurzweil Unveils Google's Astounding New Search Tool Will Answer Any Question by Reading Thousands of Books." Quartz (blog), April 14, 2018. https://qz.com/1252664/talk-tobooks-at-ted-2018-ray-kurzweil-unveils-googles-astounding-new-search-toolwill-answer-any-question-by-reading-thousands-of-books/.

Rabkin, Jeremy, & John Yoo. 2017. "'Killer Robots' Can Make War Less Awful." *The Wall Street Journal*, September 1, 2017. https://www.wsj.com/articles/killer-robots-can-make-war-less-awful-1504284282.

Reich, Robert B. 1992. *The Work of Nations: Preparing Ourselves for 21st Century Capitalism*. New York: Vintage.

Sachdeva, Anmol. 2018. "Truth Behind Viral 24.9 Billion Pixel Image Taken By Chinese 'Quantum Satellite'." *Fossbytes*, December 19, 2018. https://

fossbytes.com/truth-china-24-9-billion-pixel-image-quantum-satellite/.

Shell, Ellen Ruppel. 2018. "AI and Automation Will Replace Most Human
Workers Because They Don't Have to Be Perfect—Just Better Than
You." *Newsweek Magazine*, November 20, 2018. https://www.
newsweek.com/2018/11/30/ai-and-automation-will-replace-most-
human-workers-because-they-dont-have-be-1225552.html.

Sledge, Matt. "CIA's Gus Hunt On Big Data: We 'Try To Collect Everything
and Hang On To It Forever'." *Huffington Post Australia*, March 21,
2013. https://www.huffingtonpost.com.au/entry/cia-gus-hunt-big-
data_n_2917842.

Sunstein, C.R. 2017. *#Republic: Divided Democracy in the Age of Social Media*.
Princeton: Princeton University Press.

Thwaites, Tony. 2007. *Reading Freud: Psychoanalysis As Cultural Theory*.
London: Sage Publications.

Turkle, Sherry. 2010. *Alone Together: Why We Expect More from Technology and
Less from Each Other*. New York: Basic Books.

Turner, Fred. 2015. "The Dark Side of the Californian Dream." *Telos*, March 26,
2015. https://www.telos-eu.com/en/business-and-society/the-dark-side-
of-the-californian-dream.html.

Twenge, Jean M. 2017. "Why Teens Aren't Partying Anymore." *Wired*,
December 27, 2017. https://www.wired.com/story/why-teens-arent-
partying-anymore/.

Wong, Joon Ian. 2017. "Internet Devices Will Soon Be Talking to Each Other
More Than to Humans." *The World Economic Forum*, June 21, 2017.
https://www.weforum.org/agenda/2017/06/before-you-know-it-most-
internet-devices-wont-be-for-humans-theyll-be-talking-to-each-other.

Yang, Yuan, Yingzhi Yang, & Sherry Fei Ju. 2017. "China Seeks Glimpse of
Citizens' Future with Crime-Predicting AI." *Financial Times*, July
23, 2017. https://www.ft.com/content/5ec7093c-6e06-11e7-b9c7-
15af748b60d0.

Zupančič, Alenka. 2008. *Why Psychoanalysis? Three Interventions*. Uppsala,

Sweden: NSU Press.

2장

Anderson, Ben. 2011. "Facing the Future Enemy: US Counterinsurgency Doctrine and the Pre-insurgent." *Theory, Culture & Society* 28(7–8): 216~240.

Anderson, Chris. 2008. "The End of Theory: The Data Deluge Makes the Scientific Method Obsolete." *Wired*, June 23, 2008. https://www.wired.com/2008/06/pb-theory/.

Benen, Steve. 2015. "'We Cannot Kill Our Way Out of This War.'" MSNBC, February 18, 2015. http://www.msnbc.com/rachel-maddow-show/we-cannot-kill-our-way-out-war.

Bennett, Jane. 2005. "The Agency of Assemblages and the North American Blackout." *Public Culture* 17(3) (September): 445~466. https://doi.org/10.1215/08992363-17-3-445.

Bennett, Jane. 2010. *Vibrant Matter: A Political Ecology of Things*. North Carolina: Duke University Press.

Brodkin, Jon. 2018. "Amazon Patents Alexa Tech to Tell If You're Sick, Depressed and Sell You Meds." Ars Technica (blog), November 10, 2018. https://arstechnica.com/gadgets/2018/10/amazon-patents-alexa-tech-to-tell-if-youre-sick-depressed-and-sell-you-meds/.

Comor, Edward. 2003. "Harold Innis." In *Key Thinkers for the Information Society*, edited by May, C., 87–108. London: Routledge.

Comor, Edward. 2001. "Harold Innis and 'The Bias of Communication'." *Information, Communication & Society* 4(2): 274~294.

Deleuze, Gilles. 1992. "Postscript on the Societies of Control." October 59: 3–7. http://www.jstor.org/stable/778828.

Economist, The. 2013. "Robot Recruiters: How Software Helps Firms Hire Workers More Efficiently." *The Economist*, April 6, 2013. http://www.economist.com/news/business/21575820-how-software-helps-firms-hire-workers-more-efficiently-robot-recruiters.

Eubanks, Virginia. 2018. *Automating Inequality: How High-Tech Tools Profile, Police, and Punish the Poor.* New York, NY: St. Martin's Press.

Farocki, Harun. 2004. "Phantom Images." *Public* 29: 13~22. https://public. journals.yorku.ca/index.php/public/article/view/30354.

Foucault, Michel. 2007. *Security, Territory, Population: Lectures at the Collège de France*, 1977~78. London: Springer.

Foucault, Michel, Arnold I. Davidson, & Graham Burchell. 2008. *The Birth of Biopolitics: Lectures at the Collège de France*, 1978~1979. London: Springer.

Gabrys, Jennifer. 2014. "Programming Environments: Environmentality and Citizen Sensing in the Smart City." *Environment and Planning D: Society and Space* 32(1) (February): 30~48. https://doi.org/10.1068/d16812.

Gates, Bill, Nathan Myhrvold, and Peter Rinearson. 1995. *The Road Ahead.* London: Viking.

Gates, Sara. 2014. "Could We One Day Learn A Language By Popping A Pill?" *The Huffington Post*, November 7, 2014. https://www.huffingtonpost.com.au/2014/07/10/learn-language-pill-drugs-video_n_5574748.html.

Goodman, Amy. 2018. "A Threat to Global Democracy: How Facebook & Surveillance Capitalism Empower Authoritarianism." *Democracy Now!*, August 1, 2018. https://www.democracynow.org/2018/8/1/a_threat_to_global_democracy_how.

Greenberg, Jonathan. 2015. "The Real Problem with Harf's Jobs for Jihadis Program." *Observer*, February 19, 2015. https://observer.com/2015/02/the-real-problem-with-harfs-jobs-for-jihadis-program/.

Hof, Robert. 2014. "Interview: Inside Google Brain Founder Andrew Ng's Plans to Transform Baidu." *Forbes*, August 28, 2014. https://www.forbes.com/sites/roberthof/2014/08/28/interview-inside-google-brain-founder-andrew-ngs-plans-to-transform-baidu/#7f455f5540a4.

Innis, Harold. 2008. *The Bias of Communication.* Toronto: University of Toronto Press.

Kircher, Madeleine. 2018. "I Don't Want My Echo Dot to Be Able to Tell When I'm Sick." *New York Magazine*, October 15, 2018. http://nymag.com/intelligencer/2018/10/amazon-patent-would-allow-echo-to-tell-if-a-user-has-a-cold.html.

Lanquist, Lindsey. 2018. "Podfasting: I Speed Up Every TV Show, Movie, and Podcast I Consume." Self (blog), April 23, 2018. https://www.self.com/story/podfasting.

Negroponte, Nicholas. 1995. *Being Digital*. London: Coronet.

Noble, Safiya Umoja. 2018. *Algorithms of Oppression: How Search Engines Reinforce Racism*. New York: New York University Press.

Ong, Thuy. 2018. "Amazon Patents Wristbands That Track Warehouse Employees' Hands in Real Time." *The Verge*, February 1, 2018. https://www.theverge.com/2018/2/1/16958918/amazon-patents-trackable-wristband-warehouse-employees.

Paglen, Trevor. 2014. "Operational Images." *E-flux* 59: 1–3.

Parks, Lisa. 2018. *Rethinking Media Coverage: Vertical Mediation and the War on Terror*. London: Routledge.

Poole, Steven. 2016. "Why Bad Ideas Refuse to Die." *The Guardian*, June 28, 2016. https://www.theguardian.com/science/2016/jun/28/why-bad-ideas-refuse-die.

Porter, Jon. 2019. "Myspace Deleted 12 Years' Worth of Music in a Botched Server Migration." *The Verge*, March 18, 2019. https://www.theverge.com/2019/3/18/18271023/myspace-music-videos-deleted-2003-2015-server-migration.

Quain, John R. 2017. "Cars Suck Up Data About You. Where Does It All Go?" *The New York Times*, July 28, 2017. https://www.nytimes.com/2017/07/27/automobiles/wheels/car-data-tracking.html.

Quito, Anne. 2018. "'Talk to Books' at TED 2018: Ray Kurzweil Unveils Google's Astounding New Search Tool Will Answer Any Question by Reading Thousands of Books." *Quartz* (blog), April 14, 2018. https://qz.com/1252664/talk-tobooks-at-ted-2018-ray-kurzweil-unveils-googles-astounding-new-search-toolwill-answer-any-question-by-reading-thousands-of-books/.

Ratnam, Gopal. 2019. "Your Car is Watching You: Who Owns the Data?" *The Star Online*, April 19, 2019. https://www.thestar.com.my/tech/tech-news/2019/04/19/your-car-is-watching-you-who-owns-the-data/.

Sachdeva, Anmol. 2018. "Truth Behind Viral 24.9 Billion Pixel Image Taken By Chinese 'Quantum Satellite'." *Fossbytes*, December 19, 2018. https://fossbytes.com/truth-china-24-9-billion-pixel-image-quantum-satellite/.

Sledge, Matt. 2013. "CIA's Gus Hunt On Big Data: We 'Try To Collect Everything And Hang On To It Forever'." *Huffington Post Australia*, March 21, 2013. https://www.huffingtonpost.com.au/entry/cia-gus-hunt-big-data_n_2917842.

Thaler, Richard H., & Cass R. Sunstein. 2009. *Nudge: Improving Decisions about Health, Wealth and Happiness*. New York: Penguin.

Weizman, Eyal. 2002. "Introduction to the Politics of Verticality." *Open Democracy*, April 23, 2002. https://www.opendemocracy.net/en/article_801jsp/.

Wong, Joon Ian. 2017. "Internet Devices Will Soon be Talking to Each Other More Than to Humans." *The World Economic Forum*, June 21, 2017. https://www.weforum.org/agenda/2017/06/before-you-know-it-most-internet-devices-wont-be-for-humans-theyll-be-talking-to-each-other.

Žižek, Slavoj. 2000. *The Ticklish Subject: The Absent Centre of Political Ontology*. London: Verso.

3장

Anderson, Benedict R. 2006. *Imagined Communities: Reflections on the Origin and Spread of Nationalism*. London: Verso.

Andrejevic, Mark. 2013. *Infoglut: How Too Much Information is Changing the Way We Think and Know*. London; NY: Routledge.

Arendt, Hannah. 1982. *Lectures on Kant's Political Philosophy*. Chicago: University of Chicago Press.

Bernstein, Jay M. 2010. "The Very Angry Tea Party." *The New York Times*, June 13, 2010. https://opinionator.blogs.nytimes.com/2010/06/13/the-very-angry-tea-party/.

Bernstein, Jay M. 2014. *Recovering Ethical Life: Jurgen Habermas and the Future of Critical Theory*. Hoboken: Taylor and Francis.

Borgesius, Zuiderveen F.J., D. Trilling, J. Möller, B. Bodó, C.H. de Vreese, and N. Helberger. 2016. "Should We Worry about Filter Bubbles?" *Internet Policy: Journal on Internet Regulation* 5(1). https://papers.ssrn.com/sol3/papers.cfm?abstract_id=2758126.

Bort, Julie. 2019. "Amazon's Warehouse-Worker Tracking System Can Automatically Pick People to Fire without a Human Supervisor's Involvement." *Insider*, April 25, 2019. https://www.insider.com/amazon-system-automaticallyfires-warehouse-workers-time-off-task-2019-4.

Brooker, Charlie. 2017. "Arkangel" [*Black Mirror*]. Netflix.

Brown, Wendy. 2006. "American Nightmare – Neoliberalism, Neoconservatism, and De-democratization." *Political Theory* 34(6): 690–714.

Bucher, Taina. 2018. *If ......Then: Algorithmic Power and Politics*. Oxford: Oxford University Press.

Burkeman, Oliver. 2019. "How the News Took Over Reality." *The Guardian*, May 3, 2019. https://www.theguardian.com/news/2019/may/03/how-the-news-took-over-reality.

Bruns, Axel. 2019. *Are Filter Bubbles Real?*. New York: Polity Press.

Caplan, Robyn, Lauren Hanson, and Joan Donovan. 2018. "Dead Reckoning: Navigating Content Moderation after 'Fake News'." *Data and Society report*, February 21, 2018. https://datasociety.net/output/dead-reckoning/.

Chambers, Simone. 1996. *Reasonable Democracy: Jürgen Habermas and the Politics of Discourse*. Ithaca, NY: Cornell University Press.

Cohen, Hagar, & David Lewis. 2018. "'Food Terrorism' and Other Possible Culprits Behind the Strawberry Contamination Scare." *SBS News*, October 31, 2018. https://www.abc.net.au/news/2018-10-20/threereasons-needles-could-have-ended-up-in-strawberries/10396822.

Dean, Jodi. 2010. *Blog Theory: Feedback and Capture in the Circuits of Drive.* London; New York: Polity Press.

Degryse, Annelies. 2011. "Sensus Communis as a Foundation for Men as Political Beings: Arendt's Reading of Kant's Critique of Judgment." *Philosophy & Social Criticism* 37(3) (March): 345~358. https://doi. org/10.1177/0191453710389452.

De Lange, Catherine. 2013. "Sherry Turkle: 'We're Losing the Raw, Human Part of Being with Each Other'." *The Guardian*, May 5, 2013. https://www. theguardian.com/science/2013/may/05/rational-heroes-sherry-turkle-mit.

DeNisco, R.A. 2018. "Indeed Wants to Use Automated Screening to Eliminate Bias in Hiring." *Tech Republic*, May 14, 2018. https://www.techrepublic. com/article/indeed-wants-to-use-automated-screening-to-eliminate-bias-in-hiring/.

Dimock, Michael. 2014. "Political Polarization in the American Public." Pew Research Center. Published Report. http://assets.pewresearch.org/ wp-content/uploads/sites/5/2014/06/6-12-2014-Political-Polarization-Release.pdf.

Feldsher, Karen. 2018. "What's Behind High U.S. Health Care Costs." *The Harvard Gazette*, March 13, 2018. https://news.harvard.edu/gazette/ story/2018/03/u-s-pays-more-for-health-care-with-worse-population-health-outcomes/.

Flaxman, Seth, Sharad Goel, & Justin M. Rao. 2016. "Filter Bubbles, Echo Chambers, and Online News Consumption." *Public Opinion Quarterly* 80 (S1): 298–320.

Fletcher, Richard, & R. K. Nielsen. 2017. "Using Social Media Appears to Diversify Your News Diet, Not Narrow It." *Niemanlab*, June 21, 2017. http://www.niemanlab.org/2017/06/using-social-media-appears-to-diversify-your-news-diet-not-narrow-it/.

Frenkel, Sheera. 2018. "Fact-Checking a Facebook Executive's Comments on

Russian Interference." *The New York Times*, February 21, 2018. https://
www.nytimes.com/2018/02/19/technology/facebook-executive-russia-
tweets-fact-check.html.

Grothaus, Michael. 2018. "Forbes Suggested Amazon Should Replace Libraries,
and People Aren't Having It." *FastCompany.com*, July 23, 2018. https://
www.fastcompany.com/90206403/forbes-suggested-amazon-should-
replace-libraries-and-people-arent-having-it.

Ha, Thu Huong. 2018. "Forbes Deleted a Deeply Misinformed Op-ed Arguing
Amazon Should Replace Libraries." *QZ.com*, July 24, 2018. https://
qz.com/1334123/forbes-deleted-an-op-ed-arguing-that-amazon-should-
replace-libraries/.

Habermas, Jürgen. 1990. *Moral Consciousness and Communicative Action*.
Cambridge: Polity.

Hal 90210. 2018. "Tired of Texting? Google Tests Robot to Chat with Friends
For You." *The Guardian*, February 14, 2018. https://www.theguardian.
com/technology/2018/feb/14/google-tests-robot-chat-reply-friends.

Hall, Jeffrey, Michael Kearney, & Chong Xing. 2019. "Two Tests of Social
Displacement through Social Media Use." *Information, Communication
& Society* 22(10): 1396–1413.

Hearn, Alison. 2008. "'Meat, Mask, Burden': Probing the Contours of the
Branded 'Self '". *Journal of Consumer Culture* 8(2): 197~217.

Herman, Edward S., and Noam Chomsky. 2010. *Manufacturing Consent: The
Political Economy of the Mass Media*. New York: Pantheon Books.

Hidalgo, César. 2018. "A Bold Idea to Replace Politicians". Filmed April 2018 at
Ted conference. TED video, 13:09. https://www.ted.com/talks/cesar_
hidalgo_a_bold_idea_to_replace_politicians.

Kinson, Niel. 2018. "Is There a Place for Automation in Education?" *Education
Technology*, August 23, 2018. https://edtechnology.co.uk/Article/is-
there-a-place-for-automation-in-education/.

Lewis, Paul. 2018. "'Fiction is Outperforming Reality': How YouTube's
Algorithm Distorts Truth." *The Guardian*, February 2, 2018. https://

www.theguardian.com/technology/2018/feb/02/how-youtubes-algorithm-distorts-truth.

Littler, Jo. 2018. "Where the Fires Are." *Soundings: A Journal of Politics and Culture* 68: 14–25. http://openaccess.city.ac.uk/19547/.

Logan, Bryan. 2018. "CNN Interview with a Trump Supporter Goes Sideways After She Learns She Unknowingly Touted Pro-Trump Events Coordinated by Russian Trolls." *Business insider*, February 21, 2018. https://www.businessinsider.fr/us/cnn-interviews-woman-unknowingly-manipulated-by-russian-trolls-2018-2.

McChesney, Robert Waterman. 2008. *The Political Economy of Media: Enduring Issues, Emerging Dilemmas*. New York: NYU Press.

McKew, Molly. 2018. "How Liberals Amped Up a Parkland Shooting Conspiracy Theory." *Wired*, February 27, 2018. https://www.wired.com/story/how-liberals-amped-up-a-parkland-shooting-conspiracy-theory/.

Negroponte, Nicholas. 1995. *Being Digital*. London: Coronet.

Newman, Nic, Richard Fletcher, Antonis Kalogeropoulos, David A.L. Levy, & Rasmus Kleis Nielsen. 2017. Reuters Institute Digital News Report 2017. https://reutersinstitute.politics.ox.ac.uk/sites/default/files/Digital%20News%20Report%202017%20web_0.pdf.

Nielsen, Rasmus Kleis, ed. 2015. *Local Journalism: The Decline of Newspapers and the Rise of Digital Media*. Bloomsbury Publishing.

Nikolov, D., D.F.M. Oliveira, A. Flammini, & F. Menczer. 2015. "Measuring Online Social Bubbles." *Center for Complex Networks and Systems Research, School of Informatics and Computing*. Bloomington, Indiana University. https://arxiv.org/pdf/1502.07162.pdf.

O'Connor, M.R. 2019. *Wayfinding: The Science and Mystery of How Humans Navigate the World*. Melbourne: Affirm.

O'Sullivan, Donie, Drew Griffin & Scott Bronstein. 2018. "The Unwitting: The Trump Supporters Used by Russia." *CNN Media*, February 20, 2018. http://money.cnn.com/2018/02/20/media/internet-research-agency-unwitting-trump-supporters/index.html.

Pariser, Eli. 2011. *The Filter Bubble: What the Internet is Hiding From You*. New York, NY: Penguin Press.

Pasquale, Frank. 2017. "The Automated Public Sphere." University of Maryland Legal Studies Research Paper No. 2017–31. https://papers.ssrn.com/sol3/papers.cfm?abstract_id=3067552.

Pew Research Center. 2014. Political Polarization in the American Public. http://www.pewresearch.org/wp-content/uploads/sites/4/2014/06/6-12-2014-Political-Polarization-Release.pdf.

Pratte, Richard. 1988. "Civic Education in a Democracy." *Theory Into Practice* 27(4): 303–308. https://www.jstor.org/stable/1477016.

Shane, Ryan. 2018. "Dear CNN: It's a Terrible Look to Ambush Trump Supporters Who Accidentally Talked to Russians." *Pastemagazine*, February 21, 2018. https://www.pastemagazine.com/articles/2018/02/dear-cnn-its-a-terriblelook-to-ambush-trump-suppo.html.

Shane, Scott. 2018. "How Unwitting Americans Encountered Russian Operatives Online." *The New York Times*, February 18, 2018. https://www.nytimes.com/2018/02/18/us/politics/russian-operatives-facebook-twitter.html.

Sorochan, Cayley. 2018. "The Participatory Complex: Participation as Ideology in the Neoliberal Era". PhD thesis, McGill University, Montreal. http://digitool.Library.McGill.CA/R/?func=dbin-jump-full&object_id=154487.

Sunstein, Cass R. 2001a. *Republic.com*. Princeton: Princeton University Press.

Sunstein, Cass R. 2001b. "The Daily We: Is the Internet Really a Blessing for Democracy." *Boston Review* 26(3). http://bostonreview.net/cass-sunstein-internet-democracy-daily-we.

Sunstein, Cass R. 2007. *Republic.com 2.0*. Princeton, NJ: Princeton University Press.

Sunstein, Cass R. 2018. *# Republic: Divided Democracy in the Age of Social Media*. Princeton, NJ: Princeton University Press.

Talisse, Robert. 2019. *Overdoing Democracy: Why We Must Put Politics in its*

Place. Oxford: Oxford University Press.

Tavernise, Sabrina. 2016. "As Fake News Spreads Lies, More Readers Shrug at the Truth." *The New York Times*, December 6, 2016. https://www. nytimes.com/2016/12/06/us/fake-news-partisan-republican-democrat. html.

Thibodeau, Patrick. 2011. "Machines Make Better Decisions Than Humans, Says Gartner." *Computerworld*, October 18, 2011. https://www. computerworld.com/article/2499099/business-intelligence/machines- make-better-decisions-than-humans–says-gartner.html.

Thompson, Nicholas, & Fred Vogelstein. 2018. "Inside the Two Years that Shook Facebook – and the World." *Wired*, February 12, 2018. https://www. wired.com/story/inside-facebook-mark-zuckerberg-2-years-of-hell/.

Turkle, Sherry. 2017. *Alone Together: Why We Expect More from Technology and Less from Each Other*. New York: Basic.

Zerilli, Linda M.G. 2005. "'We Feel Our Freedom'": Imagination and Judgment in the Thought of Hannah Arendt." *Political Theory* 33(2): 158–188.

Žižek, Slavoj. 2000. *The Ticklish Subject: The Absent Centre of Political Ontology*. London: Verso.

4장

Athena. 2019. "Who Are We." https://athena-security.com/about-us.

Ackerman, Spencer, & Dominic Rushe. 2014. "Microsoft, Facebook, Google and Yahoo Release US Surveillance Requests." *The Guardian*, February 4, 2014. https://www.theguardian.com/world/2014/feb/03/microsoft- facebook-google-yahoo-fisa-surveillance-requests.

Ackerman, Spencer, & Sam Thielman. 2016. "US Intelligence Chief: We Might Use the Internet of Things to Spy on You." *The Guardian*, February 9, 2016. https://www.theguardian.com/technology/2016/feb/09/internet- of-things-smart-home-devices-government-surveillance-james-clapper.

Anderson, Ben. 2011. "Facing the Future Enemy: US Counterinsurgency Doctrine and the Pre-Insurgent." *Theory, Culture & Society* 28(7–8)

(December): 216~240. https://doi.org/10.1177/0263276411423039.

Anderson, Chris. 2008. "The End of Theory: The Data Deluge Makes the Scientific Method Obsolete." *Wired*, June 23, 2008. https://www.wired.com/2008/06/pb-theory/.

Bartosiewicz, Petra. 2015. "Beyond the Broken Window." *Harper's Magazine*, May, 2015. https://harpers.org/archive/2015/05/beyond-the-broken-window/.

Baudrillard, Jean. 1994. *Simulacra and Simulation*. University of Michigan Press.

Bauer, Lynn M. 2004. "Bureau of Justice Statistics (BJS) – Local Law Enforcement Block Grant Program, 1996–2004." *Bureau of Justice Statistics, September 1*, 2004. https://www.bjs.gov/index.cfm?ty=pbdetail&iid=1044.

Baxter, Stephen. 2013. "Santa Cruz PD's PredPol Adds Tool for Cops, Neighbors." *Santa Cruz Sentinel*, August 14, p. A1.

Benen, Steve. 2015. "'We Cannot Kill Our Way Out of This War'." MSNBC, February 18, 2015. http://www.msnbc.com/rachel-maddow-show/we-cannot-kill-our-way-out-war.

Black, David. 2016. "Predictive Policing Is Here Now, But At What Cost?" *The Dallas Morning News*, March 18, 2016. http://www.dallasnews.com/opinion/sunday-commentary/20160226-david-black-predictive-policing- is-here-now.ece.

Bogard, William. 1996. *The Simulation of Surveillance: Hypercontrol in Telematic Societies*. Cambridge, UK: Cambridge University Press.

Brown, Hayes. 2013. "Attorney General Responds to Paul on Drone Strikes." *Thinkprogress.org*, Mar 7, 2013. https://thinkprogress.org/attorney-general-responds-to-paul-on-drone-strikes-1a0573e1d9e#.js4yxesom.

Bush, George. 2006. *National Security Strategy of the United States*. New York: Morgan James Publishing.

Chamayou, Grégoire. 2015. *A Theory of the Drone*. New York, NY: New Press.

Chambers, Simone. 1996. *Reasonable Democracy: Jürgen Habermas and the*

Politics of Discourse. Ithaca, NY: Cornell University Press.

Chammah, Maurice. 2016. "Policing the Future." *The Verge*. https://www.
theverge.com/2016/2/3/10895804/st-louis-police-hunchlab-predictive-
policing-marshall-project.

Coats, Kenneth. 2018. "The Future of Policing Using Pre-Crime
Technology." *Forbes*, August 14, 2018. https://www.forbes.com/sites/
forbestechcouncil/2018/08/14/the-future-of-policing-using-pre-crime-
technology/#a13e1e564a11.

Ferguson, Andrew Guthrie. 2012. "Predictive Policing and Reasonable
Suspicion." *Emory Law Journal* 62: 259–325. http://law.emory.edu/elj/_
documents/volumes/62/2/articles/ferguson.pdf.

Foucault, Michel. 1979. *Discipline and Punish: The Birth of the Prison*. New
York, NY: Vintage Books.

Funnell, Antony. 2015. "Predictive Policing: Putting Data on the Beat." Future
Tense [Radio show]. Aired on August 23, 2015 on ABC Radio National,
Australia. http://www.abc.net.au/radionational/programs/futuretense/
predictive-policing3a-putting-data-on-the-beat/6702640#transcript.

Gaiter, Dorothy. 1982. "More Stores Seek Camera Monitors." *The New York
Times*, October 20, p. A23.

Gobry, Pascal-Emmanuel. 2015. "In Partial Defense of 'Jobs For Jihadis'
State Dept Spokeswoman Marie Harf." *Forbes*, February 20, 2015.
https://www.forbes.com/sites/pascalemmanuelgobry/2015/02/20/
in-partial-defense-of-jobs-forjihadis-state-dept-spokeswoman-marie-
harf/#7bb4d20f65e1.

Goodman, Amy. 2015. "Sen. Barbara Boxer on Campus Rape Bill, Climate
Skeptics & Why She Supports Obama's War on ISIS." *Democracy
Now!*, January 28, 2015. http://www.democracynow.org/2015/1/28/sen_
barbara_boxer_on_campus_rape.

Grossman, Lev. 2010. "Mark Zuckerberg." *TIME*, December 15,
2010. http://content.time.com/time/specials/packages/artic
le/0,28804,2036683_2037183_2037185,00.html.

Gun Violence Archive. 2019. "Number of Deaths in 2019." July 27, 2019. https://www.gunviolencearchive.org/reports/number-of-gun-deaths.

Harcourt, Bernard E. 2009. *Illusion of Order: The False Promise of Broken Windows Policing*. Cambridge, MA: Harvard University Press.

Hogenboom, Melissa. 2014. "Two Genes Linked with Violent Crime." *BBC News Online*, October 28, 2014. https://www.bbc.com/news/science-environment-29760212.

Jackson, R.V. 1998. "Jeremy Bentham and the New South Wales Convicts." *International Journal of Social Economics* 25 (2/3/4): 370~379. https://doi.org/10.1108/03068299810193641.

Leibson, Hayley. 2018. "Female Founder Launches AI Security System That Helps Prevent School Shootings." *Forbes*, September 29, 2018. https://www.forbes.com/sites/hayleyleibson/2018/09/29/female-founder-launches-ai-security-system-that-helps-prevent-school-shootings/#391f6eae1c6e.

Mohler, George. 2015. "Predictive Policing: George Mohler Interview." *Data Science Weekly*. https://www.datascienceweekly.org/data-scientist-interviews/predictive-policing-george-mohler-interview.

O'Donoghue, Rachel. 2016. "Is Kent's Predictive Policing Project the Future of Crime Prevention?" *Kent Online*, April 5, 2016. https://www.kentonline.co.uk/sheerness/news/what-if-police-could-detect-93715/.

Pearsall, Beth. 2010. "Predictive Policing: The Future of Law Enforcement?" *National Institute of Justice* 266 (June): 8–19. https://www.nij.gov/journals/266/pages/predictive.aspx.

Rapping, Elayne. 2004. "Aliens, Nomads, Mad Dogs, and Road Warriors: The Changing Face of Criminal Violence on TV." In *Reality TV: Remaking Television Culture*, edited by Susan Murray and Laurie Ouellette, 214~230. New York: New York University Press.

Rubin, Joel. 2010. "Stopping Crime Before it Starts." *Los Angeles Times*, August 21, 2010. http://articles.latimes.com/2010/aug/21/local/la-me-predictcrime-20100427-1.

Sekula, Allan. 1986. "The Body and the Archive." October 39 (Winter): 3–64. https://doi.org/10.2307/778312.

Shear, M., Sanger, D., & Benner, K. 2016. "In the Apple Case, a Debate Over Data Hits Home." *The New York Times*, March 13, 2016. https://www. nytimes.com/2016/03/14/technology/in-the-apple-case-a-debate-over-data-hits-home.html.

Simon, Bart. 2005. "The Return of Panopticism: Supervision, Subjection and the New Surveillance." *Surveillance & Society* 3(1): 1–20. https://doi. org/10.24908/ss.v3i1.3317.

Sledge, Matt. 2013. "CIA's Gus Hunt on Big Data: We 'Try to Collect Everything and Hang On To It Forever'." *The Huffington Post*, March 21, 2013. http://www.huffingtonpost.com/2013/03/20/cia- gus-hunt-big-data_n_2917842.html.

Smith, Laura M., Andrea L. Bertozzi, P. Jeffrey Brantingham, George E. Tita, & Matthew Valasik. 2012. "Adaptation of an Ecological Territorial Model to Street Gang Spatial Patterns in Los Angeles." *Discrete and Continuous Dynamical Systems* 32(9): 3223–3244.

Storage Servers. 2015. "Difference Between a Proactive and Reactive Video Surveillance System." *Storage Servers*, April 13, 2015. https:// storageservers.wordpress.com/2015/04/13/difference-between-a-proactive-and-reactive-video-surveillance-system/.

Stroud, Matt. 2014. "The Minority Report: Chicago's New Police Computer Predicts Crimes, But Is It Racist?" *The Verge*, February 19, 2014. https:// www.theverge.com/2014/2/19/5419854/the-minority-report-this-computer-predicts-crime-but-is-it-racist.

Tucker, Patrick. 2019. "Here Come AI-Enabled Cameras Meant to Sense Crime Before it Occurs." *Defense One*, April 24, 2019. https://www.defenseone. com/technology/2019/04/ai-enabled-cameras-detect-crime-it-occurs-will-soon-invade-physical-world/156502/.

Whitaker, Reginald. 1999. *The End of Privacy: How Total Surveillance is Becoming a Reality*. New York, NY: The New Press.

Wilson, J. Q., & G. L. Kelling. 1982. "Broken Windows." In *Critical Issues in Policing: Contemporary Readings*, edited by R.G. Dunham and G.P. Alpert, 395~407. Prospect Heights, IL: Waveland Press.

Wolpert, Stuart. 2015. "Predictive Policing Substantially Reduces Crime in Los Angeles During Months-Long Test." *UCLA Newsroom*, October 7, 2015.

ZeroEyes. 2019. "Seconds Matter." https://zeroeyes.com/.

5장

Adorno, Theodor. 2003. *Negative Dialectics*. New York: Routledge.

Amad, Paula. 2012. "From God's-eye to Camera-eye: Aerial Photography's Posthumanist and Neo-humanist Visions of the World." *History of Photography* 36(1): 66–86.

Anderson, Ben. 2011. "Facing the Future Enemy: US Counterinsurgency Doctrine and the Pre-Insurgent." *Theory, Culture & Society* 28(7–8) (December): 216~240. https://doi.org/10.1177/0263276411423039.

Attoh, Kafui. 2017. "Public Transportation and the Idiocy of Urban Life." *Urban Studies* 54 (1): 196–213. https://doi.org/10.1177/0042098015622759.

Baudrillard, Jean. 1994. Simulacra and Simulation. University of Michigan Press.

Baudrillard, Jean. 1995. "The Virtual Illusion: Or the Automatic Writing of the World." *Theory, Culture & Society* 12(4): 97–107.

Crary, Jonathan. 2013. *24/7: Late Capitalism and the Ends of Sleep*. London: Verso.

De Pape, Marc. 2018. "A Vision for Sidewalk Toronto." *Medium*, May 2, 2018. https://medium.com/@marcdepape/a-vision-for-sidewalk-toronto-2a425b56c967.

Doctoroff, Daniel. 2016. "Reimagining Cities from the Internet Up." *Medium*, November 30, 2016. https://medium.com/sidewalk-talk/reimagining-citiesfrom-the-internet-up-5923d6be63ba.

Draper, Hal. 2004. *The Adventures in the Communist Manifesto*. Alameda, CA: Center for Socialist History.

Dyson, George. 2019. "Childhood's End." *Edge*, January 1, 2019. https://www.
    edge.org/conversation/george_dyson-childhoods-end.

Farocki, Harun. 2004. "Phantom Images." Public 29: 12~22. https://public.
    journals.yorku.ca/index.php/public/article/view/30354.

Foucault, Michel. 2008. *The Birth of Biopolitics: Lectures at the Collège de
    France, 1978–1979*. Springer.

Foucault, Michel. 2007. *Security, Territory, Population: Lectures at the Collège
    de France*, 1977~78. Springer.

Foucault, Michel. 2003. "Society Must Be Defended": *Lectures at the Collège de
    France, 1975~1976*. New York: Picador.

Fussell, Sidney. 2018. "The City of the Future is a Data-Collection Machine." *The
    Atlantic*, November 21, 2018. https://www.theatlantic.com/technology/
    archive/2018/11/google-sidewalk-labs/575551/.

Gabrys, Jennifer. 2014. "Programming Environments: Environmentality and
    Citizen Sensing in the Smart City." *Environment and Planning D:
    Society and Space* 32(1) (February): 30–48. https://doi.org/10.1068/
    d16812.

Gates, Bill, Nathan Myhrvold, and Peter Rinearson. 1995. *The Road Ahead*.
    London: Viking.

Greenfield, Adam. 2013. *Against the Smart City*. New York: Do projects.

Harvey, David. 2008. "The Right to the City." *New Left Review* II(53): 23–40.
    https://newleftreview.org/II/53/david-harvey-the-right-to-the-city.

Harvey, David. 2009. "The 'New' Imperialism: Accumulation by Dispossession."
    Socialist Register, March 19, 2009. https://socialistregister.com/index.
    php/srv/article/view/5811.

Hegel, Georg Wilhelm Friedrich. 1998. Phenomenology of Spirit. Motilal
    Banarsidass Publ.

Lefebvre, Henri. 1996. *Writings on Cities*. Vol. 63. Oxford: Blackwell.

Merrill, Jamie. 2014. "Amazon under Fire for 'Bullying and Exploiting Small
    Retailers'." *The Independent*, September 5, 2014. https://www.
    independent.co.uk/news/business/news/amazon-under-fire-for-bullying-

and-exploiting-small-retailers-9715502.html.

Mitchell, Don. 2012. *The Right to the City: Social Justice and the Fight for Public Space*. Guilford Press.

Paglen, Trevor. 2014. "Operational Images." *E-flux* 59: 1–3.

Parks, Lisa. 2016. "Drones, Vertical Mediation, and the Targeted Class." *Feminist Studies* 42 (1): 227~235. https://doi.org/10.15767/feministstudies.42.1.227.

Peters, John Durham. 1989. "John Locke, the Individual, and the Origin of Communication." *Quarterly Journal of Speech* 75(4): 387–399.

Pinto, Nick. 2016. "Google is Transforming NYC's Payphones into a 'Personalized Propaganda Engine'." *Village Voice*, July 6, 2016. https://www.villagevoice.com/2016/07/06/google-is-transforming-nycs-payphones-into-a-personalized-propaganda-engine/.

Rapier, Graham, & Anaele Pelisson. 2017. "This Chart Shows the 17 US Companies with the Biggest Piles of Cash." *Business Insider Australia*, August 30, 2017. https://www.businessinsider.com.au/chart-us-companies-with-largest-cash-reserves-2017-8.

Privacy International. "Smart Cities: Utopian Vision, Dystopian Reality." *Privacy International*, October 2017. https://privacyinternational.org/sites/default/files/2017-12/Smart%20Cities-Utopian%20Vision%2C%20Dystopian%20Reality.pdf.

Smith, Justin Erik Halldór. 2018. "It's All Over." December 30, 2018. https://www.jehsmith.com/1/2019/01/its-all-over-some-replies-to-critics.html.

Thaler, Richard H., & Cass R. Sunstein. 2009. *Nudge: Improving Decisions about Health, Wealth and Happiness*. New York: Penguin.

Thompson, Loren. 2015. "Air Force's Secret 'Gorgon Stare' Program Leaves Terrorists Nowhere to Hide." *Forbes*, April 10, 2015. https://www.forbes.com/sites/lorenthompson/2015/04/10/air-forces-secret-gorgon-stare-program-leaves-terrorists-nowhere-to-hide/.

Virilio, Paul. 2005. *The Information Bomb*. London: Verso.

Virilio, Paul. 2009. *The Aesthetics of Disappearance*. Los Angeles, CA:

Semiotext(e).

Williams, Raymond. 2003. *Television: Technology and Cultural Form*. London: Routledge.

Žižek, Slavoj. 1996. *The Indivisible Remainder: An Essay on Schelling and Related Matters*. London: Verso.

6장

Anderson, Ben. 2011. "Facing the Future Enemy: US Counterinsurgency Doctrine and the Pre-insurgent." *Theory, Culture & Society* 28(7–8): 216~240.

Barajas, Joshua. 2016. *Politico*, November 22, 2016. https://www.pbs.org/ newshour/politics/white-nationalist.

Bateson, Gregory. 1972. *Steps to an Ecology of Mind: Collected Essays in Anthropology, Psychiatry, Evolution, and Epistemology*. University of Chicago Press.

Baudrillard, Jean. 1994. *Simulacra and Simulation. The Body in Theory*. Ann Arbor: University of Michigan Press.

Borges, Jorge Luis. 1968. *Labyrinths: Selected Stories & Other Writings*. New York: New Directions Publishing.

Borges, Jorge Luis. 1998. "Museum, on Exactitude in Science." In: *Collected Fictions*, 325–327.

Braverman, Harry. 1998. *Labor and Monopoly Capital: The Degradation of Work in the Twentieth Century*. Anniversary edition. New York: Monthly Review Press.

Brewster, Thomas. 2017a. "The Little Black Book of Billionaire Secrets." *Forbes Magazine*, February 23, 2017. https://www.forbes.com/sites/ thomasbrewster/2017/02/23/amazon-echo-alexa-murder-trial-first-amendment-rights/#61a9c0c55d81.

Brewster, Thomas. 2017b. "Amazon Argues Alexa Speech Protected by First Amendment in Murder Trial Fight". *Forbes*, February 23, 2017. https:// www.forbes.com/sites/thomasbrewster/2017/02/23/amazon-echo-alexa-murder-trial-first-amendment-rights/#604a2ef55d81.

Carroll, Lewis, Harry Furniss, & Martin Gardner. 1988. *Sylvie and Bruno*. New York: Dover Publications.

Derrida, Jacques, & CraigOwens. 1979. "The Parergon." October 9: 3–41.

Fallows, James. 2012. "Bit by Bit it Takes Shape: Media Evolution for the 'Post-Truth' Age." The Atlantic, 9 August, 2012. http://www.theatlantic.com/politics/archive/2012/08/bit-by-bit-it-takes-shape-media-evolution-for-the-post-truth-age/261741/ (accessed 10 August, 2012).

Freud, Sigmund. 1961. *Beyond the Pleasure Principle* (Vol. 840). New York: WW Norton.

Frizell, Sam. 2015. "Pollster's Legs Wobble after Fawning Donald Trump Focus Group." *Time Magazine*, August 25, 2015. http://time.com/4009413/donald-trump-focus-group-frank-luntz/.

Garling, Caleb. 2015. "Virtual Reality, Empathy and the Next Journalism." *Wired Magazine*, November. https://www.wired.com/brandlab/2015/11/nonny-de-la-pena-virtual-reality-empathy-and-the-next-journalism/.

Gitlin, Todd. 1980. *The Whole World is Watching: Mass Media in the Making & Unmaking of the New Left*. Berkeley: University of California Press.

Goffman, Erving. 1974. *Frame Analysis: An Essay on the Organization of Experience*. Cambridge: Harvard University Press.

Google. 2018. "Smart-home Automation System that Suggests or Automatically Implements Selected Household Policies Based on Sensed Observations." U.S. Patent Office, Patent No. 10,114,351 B2. https://pdfpiw.uspto.gov/.piw?PageNum=0&docid=10114351.

Hegel, Georg W.F., & Arnold V. Miller. 1998. *Phenomenology of Spirit*. Oxford: Oxford University Press.

Kelly, Kevin. 2019. "AR Will Spark The Next Big Tech Platform – Call It Mirrorworld." *Wired*, February 12, 2019. https://www.wired.com/story/mirrorworld-ar-next-big-tech-platform/.

Kurzweil, Ray. 2005. *The Singularity is Near: When Humans Transcend Biology*. London: Penguin.

Lacan, Jacques, & Bruce Fink. 2002. *Ecrits: A Selection*. New York: WW Norton & Company.

Lanier, Jaron. 2014. *Who Owns the Future?* New York: Simon and Schuster.

Latour, Bruno. 2005. *From Realpolitik to Dingpolitik: Making Things Public: Atmospheres of Democracy*. Cambridge: The MIT Press.

Maher, T. Michael. 2001. "Framing: An Emergent Paradigm or a Phase of Agenda Setting." In *Framing Public Life: Perspectives on Media and our Understanding of the Social World*, edited by Stephen D. Reese, Oscar H. Gandy Jr, and August E. Grant, 83~94. London: Routledge.

Marchand, Roland. 1986. *Advertising the American Dream: Making Way for Modernity, 1920~1940* (Vol. 53). University of California Press.

Nagle, Angela. 2017. *Kill all Normies: Online Culture Wars from 4chan and Tumblr to Trump and the Alt-right*. John Hunt Publishing.

Paglen, Trevor. 2014. "Operational Images." *E-flux* 59, November. http://www.e-flux.com/journal/59/61130/operational-images/.

Pentland, Alex. 2012. "Reinventing Society in the Wake of Big Data: A Conversation with Alex (Sandy) Pentland." *The Edge*, August 30. https://www.edge.org/conversation/alex_sandy_pentland-reinventing-society-in-the-wake-of-big-data.

Reese, Stephen D., Oscar H. Gandy, & August E. Grant. 2010. *Framing Public Life: Perspectives on Media and Our Understanding of the Social World*. New York: Routledge.

Rowinski, Dan. 2013. "Connected Air: Smart Dust is the Future of the Quantified World." *Readwrite*, November 14. http://readwrite.com/2013/11/14/what-is-smartdust-what-is-smartdust-used-for/.

Seipel, Brooke. 2016. "Trump: I 'Know Things That Other People Don't Know' About Hacking." *The Hill*, December 31, 2016. https://thehill.com/blogs/blog-briefing-room/news/312335-trump-i-know-things-about-hacking-that-other-people-dont.

Tech Research Team. 2015. *Wall Street Daily*, August 29, 2015. https://www.wallstreetdaily.com/2015/08/29/lifelogger-logg-wearable-tech/.

The Great Recession Blog. 2017. http://thegreatrecession.info/blog/trump-inauguration-photos-rigged/.

Time Staff. 2017. "Read Donald Trump's Interview with TIME on Truth and Falsehood." *Time Magazine*, March 22, 2017. http://time.com/4710456/donald-trump-time-interview-truth-falsehood/.

Žižek, Slavoj. 1997. *The Plague of Fantasies*. London: Verso.

Žižek, Slavoj. 1999. *The Ticklish Subject*. London: Verso.

Zupančič, Alenka. 2008. *Why Psychoanalysis? Three Interventions* (Vol. 2). Aarhus Universitetsforlag Press.

7장

Angwin, Julia, Jeff Larson, Surya Mattu, & Lauren Kirchner. 2016. "Machine Bias: There's Software Used Across the Country to Predict Future Criminals. And It's Biased Against Blacks." *ProPublica*, May 23, 2016. https://www.propublica.org/article/machine-bias-risk-assessments-in-criminal-sentencing.

Anonymous. 2017a. "/pol/ Politically Incorrect." *4chan Bulletin Board*, January 22. https://archive.4plebs.org/pol/thread/108407870/.

Anonymous. 2017b. "/pol/ Politically Incorrect." *4chan Bulletin Board*, January 22. https://archive.4plebs.org/pol/thread/108407870/.

Anonymous. 2017c. "/pol/ Politically Incorrect." *4chan Bulletin Board*, January 22. https://archive.4plebs.org/pol/thread/108407870/.

Barad, Karen. 2007. *Meeting the Universe Halfway: Quantum Physics and the Entanglement of Matter and Meaning*. Durham, NC: Duke University Press.

Barrat, James. 2015. "Why Stephen Hawking and Bill Gates are Terrified of Artificial Intelligence." *Huffpost*, September 4, 2015. https://www.huffpost.com/entry/hawking-gates-artificial-intelligence_b_7008706.

Beebe, Jeanette. 2019. "What You Don't Know about Your Health Data Will Make You Sick." *Fast Company*, March 22, 2019. https://www.fastcompany.com/90317471/what-you-dont-know-about-your-healthdata-privacy-will-make-you-sick.

Bell, Terena. 2019. "This Bot Judges How Much You Smile During Your Job Interview." *Fast Company*, January 15, 2019. https://www.fastcompany. com/90284772/this-bot-judges-how-much-you-smile-during-your-job-interview.

Beniger, James Ralph. 1999. *The Control Revolution: Technological and Economic Origins of the Information Society*. Cambridge, MA: Harvard University Press.

Benjamin, Walter. 1999. *The Arcades Project*. Cambridge, MA: Harvard University Press.

Bennett, Jane. 2010. *Vibrant Matter: A Political Ecology of Things*. Durham: Duke University Press.

Bertoni, Steven. 2017. "Tinder's Sean Rad On How Technology and Artificial Intelligence Will Change Dating." *Forbes*, February 14, 2017. https://www.forbes.com/sites/stevenbertoni/2017/02/14/tinders-sean-rad-on-how-technology-and-artificial-intelligence-will-change-dating/#7f1222aa5b99.

Burton, Robert A. 2017. "Donald Trump, Our A.I. President." *The New York Times*, May 22, 2017. https://www.nytimes.com/2017/05/22/opinion/donald-trump-our-ai-president.html.

Chin, Monica. 2017. "Google is Locking People Out of Documents, And You Should Be Worried." *Mashable.com*, November 1, 2017. https://mashable.com/2017/10/31/google-docs-locking-people-out/.

Copjec, Joan. 2012. "The Sexual Compact." *Angelaki* 17(2) (June): 31–48. https://doi.org/10.1080/0969725X.2012.701047.

Devlin, Kate. 2015. "In Defence of Sex Machines: Why Trying to Ban Sex Robots is Wrong." *The Conversation*, September 17, 2015. http://theconversation.com/in-defence-of-sex-machines-why-trying-to-ban-sex-robots-is-wrong-47641.

Dewey, Caitlin. 2016. "Here are Mark Zuckerberg's Full Remarks About How Much He'd Like to (Literally!) Read Your Thoughts." *Washington*

Post, June 14, 2016. https://www.washingtonpost.com/news/the-intersect/wp/2016/06/14/here-are-mark-zuckerbergs-full-remarks-about-how-much-hed-like-to-literally-read-your-thoughts/?utm_term=.c4fd95fd9563.

Edelman, Lee. 2007. *No Future Queer Theory and the Death Drive*. Durham: Duke University Press.

Fink, Bruce. 1995. *The Lacanian Subject: Between Language and Jouissance*. Princeton, NJ: Princeton University Press.

Fussell, Sidney. 2018. "The Next Data Mine is Your Bedroom." *The Atlantic*, November 17, 2018. https://www.theatlantic.com/technology/archive/2018/11/google-patent-bedroom-privacy-smart-home/576022/.

Gibbs, Samuel. 2014. "Elon Musk: Artificial Intelligence is Our Biggest Existential Threat." *The Guardian*, October 27, 2014. https://www.theguardian.com/technology/2014/oct/27/elon-musk-artificial-intelligence-ai-biggest-existential-threat.

Gibson, William. 1986. "The Winter Market." In *Burning Chrome*, 145~181. New York: Harper Collins.

Gates, Bill, Nathan Myhrvold, and Peter Rinearson. 1995. *The Road Ahead*. London: Viking.

Horkheimer, Max, and Theodor W. Adorno. 2002. *Dialectic of Enlightenment*. Stanford University Press.

Jonze, Spike. 2011. "Her: Original Screenplay." http://www.screenplaydb.com/film/scripts/her.pdf.

Keiles, Jamie. 2019. "How ASMR Became A Sensation." *The New York Times*, April 4, 2019. https://www.nytimes.com/2019/04/04/magazine/how-asmr-videosbecame-a-sensation-youtube.html.

Kurzweil, Ray. 2001. *The Age of Spiritual Machines: How We Will Live, Work and Think in the New Age of Intelligent Machines*. New York: Texere.

Lacan, Jacques, Juliet Mitchell, & Jacqueline Rose. 2000. *Feminine Sexuality*. London: Macmillan.

Levy, David N.L. 2007. *Love + Sex with Robots: The Evolution of Human-Robot*

Relationships. New York: HarperCollins.

Lipton, Eric. 2019. "This is Our Reality Now." *The New York Times*, December 27, 2019. https://www.nytimes.com/interactive/2017/10/05/climate/trump-environment-rules-reversed.html.

Markoff, John. 2019. "Elon Musk's Neuralink Wants 'Sewing Machine-Like' Robots to Wire Brains to the Internet." *The New York Times*, July 16, 2019. https://www.nytimes.com/2019/07/16/technology/neuralink-elon-musk.html.

O'Connell, Mark. 2018. "Why Silicon Valley Billionaires are Prepping for the Apocalypse in New Zealand." *The Guardian*, February 15, 2018. https://www.theguardian.com/news/2018/feb/15/why-silicon-valley-billionaires-are-prepping-for-the-apocalypse-in-new-zealand.

Osnos, Evan. 2017. "Doomsday Prep for the Super-Rich." *The New Yorker*, January 22, 2017. https://www.newyorker.com/magazine/2017/01/30/doomsday-prep-for-the-super-rich.

Phillips, Michael. 2013. "In Jonze's Hands, Future in 'Her' Feels a lot Like Now". *Chicago Tribune*, December 21, 2013. https://www.chicagotribune.com/entertainment/movies/chi-spike-jonze-her-interview-20131221-column.html.

Pignataro, Rose Juliana. 2017. "Artificial Intelligence Dating is The Future, Tinder Co-Founder Says." *International Business Times*, March 4, 2017. https://www.ibtimes.com/artificial-intelligence-dating-future-tinder-co-founder-says-2519791.

Platonov, Andrei. 2013. "The Anti-Sexus." *Cabinet Magazine* 51.

Popovich, Nadja, Livia Albeck-Ripka, & Kendra Pierre-Louis. 2018. "78 Environmental Rules On the Way Out Under Trump." *The New York Times*, December 28, 2018. https://www.nytimes.com/interactive/2017/10/05/climate/trump-environment-rules-reversed.html.

Reuters. 2016. "Trump Tells Mother to 'Get the Baby Out of Here' During Rally." *The Guardian*, August 2, 2016. https://www.theguardian.com/us-news/video/2016/aug/02/trump-tells-mother-get-baby-out-rallyvideo.

Rosenblum, Nancy, & Sean Illing. 2019. "Why Conspiracy Theories are Getting More Absurd and Harder to Refute." *Vox*, April 21, 2019. https://www.vox.com/2019/4/11/18291061/conspiracy-theories-trump-qanon-pizzagate-nancy-rosenblum.

Rushkoff, Douglas. 2018. "Survival of the Richest." *Medium*, July 6. https://onezero.medium.com/survival-of-the-richest-9ef6cddd0cc1.

Rushkoff, Douglas. 2019. *Team Human*. W.W. Norton & Company, Inc.

Spoto, Donald. 1999. *The Dark Side of Genius*. Da Capo Press.

Turkle, Sherry. 2017. *Alone Together: Why We Expect More from Technology and Less from Each Other*. New York: Basic.

Turner, Karen. 2018. "The Pros and Cons of Having Sex with Robots." *Vox*, January 12, 2018. https://www.vox.com/conversations/2018/1/12/16880870/pros-cons-robot-sex-ces.

Vonnegut, Kurt. 2010. *Breakfast of Champions*. Random House.

Žižek, Slavoj. 2013. *Less than Nothing: Hegel and the Shadow of Dialectical Materialism*. London: Verso.

Žižek, Slavoj. 2016. *Disparities*. London: Bloomsbury Publishing Plc.

Žižek, Slavoj. 2018. "Modalities of the Absolute." *Podcast lecture. Lecture recorded at Birkbeck*, University of London on November 5, 2018. http://zizekpodcast.com/2018/11/06/ziz216-modalities-of-the-absolute-05-11-2018/.

Zuboff, Shoshana. 2019. *The Age of Surveillance Capitalism: The Fight for the Human Future at the New Frontier of Power*. London: Profile Books.

Zupančič, Alenka. 2008. *Why Psychoanalysis? Three Interventions. Uppsala*, Sweden: NSU Press.

Zupančič, Alenka. 2012. "Sexual Difference and Ontology." *E-Flux*, February, 2012. https://www.e-flux.com/journal/32/68246/sexual-difference-and-ontology/.

Zupančič, Alenka. 2017. *What is Sex?*. Cambridge, MA: MIT Press.

찾아보기